从合格班主任到优秀班主任

陈宇 著

中国人民大学出版社
·北京·

图书在版编目（CIP）数据

从合格班主任到优秀班主任 / 陈宇著 . —北京 ：中国人民大学出版社，2019.8

ISBN 978 – 7 – 300 – 27108 – 8

Ⅰ. ①从… Ⅱ. ①陈… Ⅲ. ①中小学 — 班主任工作 Ⅳ. ① G635.16

中国版本图书馆 CIP 数据核字（2019）第 138301 号

从合格班主任到优秀班主任

陈　宇　著

Cong Hege Banzhuren Dao Youxiu Banzhuren

出版发行	中国人民大学出版社		
社　　址	北京中关村大街 31 号	**邮政编码**	100080
电　　话	010 - 62511242（总编室）		010 - 62511770（质管部）
	010 - 82501766（邮购部）		010 - 62514148（门市部）
	010 - 62515195（发行公司）		010 - 62515275（盗版举报）
网　　址	http://www.crup.com.cn		
经　　销	新华书店		
印　　刷	北京华宇信诺印刷有限公司		
规　　格	720 mm × 1000 mm　1/16	**版　　次**	2019 年 8 月第 1 版
印　　张	15.25　插页 1	**印　　次**	2025 年 3 月第 10 次印刷
字　　数	220 000	**定　　价**	49.80 元

目录
CONTENTS

第二讲 巧做班级常规管理

第三讲　构建班级文化有艺术

第四讲　扭转班风，转化后进生

自 序

从 1990 年到 2007 年，我在教师岗位上安安稳稳地度过了 17 年，也安安稳稳地做了 17 年班主任。虽然我挺喜欢这份工作，也喜欢和学生在一起，但却没有多少成就感。

做班主任工作，每天和学生接触，看着他们成长，确实有很多感触。带班时也常有一些灵光一现的“神来之笔”。我常常会为一个小小的创意而兴奋好几天。再往后，就这么过去了。新的事情不断发生，过去的事渐渐淡忘，年复一年。

但是，2007 年发生的一件事改变了我。学校让我接手一个很差的班级，而当时我刚刚离开了班主任岗位：实在做得心灰意冷，不打算继续做了。经不住领导的劝说，我二次上岗。没想到，正是这个班级，彻底改变了我，让我对班主任工作“大彻大悟”。从那一群谁都看不惯的“差生”身上，我仿佛看到了自己的影子。我要带着他们走出泥潭，同时也要自我救赎。

带班的过程是艰难的，特别是带那样一个特殊的班级。唯一值得我欣慰的是，学生给了我很多的情感回报。与以前带班相比，辛苦的程度大大增加，而且我还多做了一件事：把这个艰难的过程记录下来，并且不是简单地记流水账，而是融入自己的想法和感悟。我把这些文字放在博客里。我每日书写，在不到两年的时间里，积累了近百万字。很多人通过我的博客，知道了有这样一名班主任，带着这样一群学生，为不虚度每一天时光而做着顽强的努力。我之所以这样记录，还有一个重要的原因：当时我已经 40 岁，我以为那将是自己最后一次做班主任；如果再像以前那样只做不写，那自己的班主任工作生涯将不会留下一点儿痕迹，将来回首往事，真要遗憾了！

但不管怎么说，当时也就是记录而已。尽管我认为有点儿价值，读者也爱看，但没想过有一天那些文字会变成铅字，出现在其他教师的书桌上。然而，机缘巧合，其中的部分文字结集成书，并取了一个很励志的名字——《你能做最好的班主任》。

说到励志，我觉得我不需要和老师们专门讲别人的励志故事，我自己的经历就很励志。不是名牌大学毕业，也不是特级教师，虚度了多年光阴后，40岁才开始努力，41岁发表第一篇文章，43岁出版第一本专著……我的身份，至今从未变过——一名普通教师。一个人努力，从什么时候开始都不算晚。不向命运低头，不在乎周围人异样的目光，是我今天能有一点点成绩的最大原因。

班主任，一定要先给自己励志，不然就不可能做了20年以上还不倦怠。

《你能做最好的班主任》出自名不见经传的普通教师之手，写的都是凡人琐事，却取得了意想不到的成功，数年里一再加印。它之所以打动了一些读者，我想，是因为那些文字都是我自己的心声——流畅、自然、真实，很多班主任从书中读到了自己的故事，读出了自己的影子。所以，与其说这是读者对我的理解，不如说是班主任们对自己的理解。

此后，我又出版了《班主任工作十讲》《学生可以这样教育》《班主任工作思维导图》等专著。今天回看《你能做最好的班主任》，依然有相当多的文字能够打动我。所以，我欣然接受了对这本书的改编再版计划。这本书最初的读者已经成长起来或已离开班主任岗位，而新班主任还在源源不断地充实进这支队伍。我想，书中的一些观点和做法，对他们仍有参考价值。

我希望，这本经过全面修订的《从合格班主任到优秀班主任》，同样能给新读者带来良好的阅读体验，并能使更多班主任从“合格”进入“优秀”的行列。

第一讲

寻找教育的大智慧

教育中的所有策略或技巧，如果离开了对学生成长的真切关注，就将毫无价值。

小技巧永远不会像大智慧那样能给学生带来更恰当的教育。

一、班主任必须经历的八个转变

陶行知先生说："千教万教教人求真，千学万学学做真人。"时代的变迁不能改变教育的真谛，改变的是教育的方法而不是教育的内涵。要成为适应时代发展需要的班主任，就应该在对教育基本信条的坚守下，不断更新、修正自己的教育思维、教育手段、教育行动，使其具有鲜明的时代特征。要达到这个目标，班主任朋友们需要历经八大转变。

（一）由经验型向科学型转变

经验是一名班主任带班的财富，但也可能成为束缚班主任进一步发展的枷锁。如果仅仅停留在经验的积累上，甚至只运用经验来带班，那么班主任是无法实现自我超越的。

注重经验的积累固然重要，但要成为适应时代发展需要的班主任，就必须由仅凭经验教育学生转变为运用科学的方法教育学生。德育尽管不同于学科教学，但同样是有科学性的。既然有科学性，就一定有规律可循。不懂科学，怎能提升教育的层次？

班主任工作的一项重要内容——班级管理，也非常讲究科学性。当代的班主任，对管理科学的理论基础如果能略知一二并将其运用于班级管理中，那么，管理效果与"跟着感觉走"就会绝对不同。

不少班主任认为，管理科学的知识是企业或学校的管理者应当关注的，带班用不到这些。其实，他们忘了，班主任就是一个管理者。班级虽小，意义却大，我们不能看轻了自己。

（二）由技巧型向智慧型转变

如果只注重带班实务中技巧的运用，甚至热衷对技巧的追求，那么充其量就只可以做一名熟练的工匠而非人师。说得严重一些，如果我们将教育对象 —— 我们的学生，真正当作有血有肉、有思想的人来对待，那么任何技巧对真正的教育可能就都是有害的。

班主任的教育智慧和操作层面上的娴熟技艺完全不同。

过度追求技巧，有可能让学生和班主任之间的关系演变为敌我斗争的关系。将学生看作对手，寻求克敌制胜的方法，每天上演警察与小偷、猫和老鼠的暗战游戏，一些班主任似乎乐此不疲。这与教育目标是背离的。

班主任带班确实需要技巧，但这不应该是班主任追求的终极目标。所有教育策略或技巧，如果离开了对学生成长的真切关注，就将毫无价值。

小技巧永远不会像大智慧那样能给学生带来更恰当的教育。

所谓班主任的智慧，源自他那种能打动别人的力量，源自他基于对学生的真正关爱而不断创新教育方法，力图达到最佳教育效果。当然，智慧也可以从不断的学习和实践中习得，前提是班主任善于思考并且对学生充满爱心。

这样的智慧，主要由以下几个方面构成。

其一，善于学习、思考，可以迅速找到理论中契合自己已经模糊形成的教育思想精华的部分，经过加工，拿来为自己所用，并且发挥理论的巨大指导作用，使自己的教育实践有较强的理论支撑。

这种在众多教育理论中迅速搜索到适合自己的信息并将其迁移到自己的具体工作中的能力，可以使班主任出手不凡，而不是总停留在经验的习得和总结上。这是班主任专业化发展的前提，也是班主任智慧的重要一环。善于在经典理论中寻找自己教育归属感的班主任，才有可能成为一名智慧的班主任。

其二，教育方法不断创新，与时俱进。

首先，教育创新是能在大量重复的常规工作基础之上，制订出适合学生发展的有战略意义的教育计划。这种教育计划富有个性，针对学生的个性特点量身定制。

其次，是能针对某个具体情境或突发情况迅速找到解决问题的办法，采取行动并达到良好的教育效果。也就是说，那种“灵光一现”的即兴发挥，能在一个高明班主任的教育生涯中经常出现。他的想法总是与众不同，他经常不按常理出牌，既出乎人们的意料，又在情理之中。他常常能给学生带来惊喜，带领学生从一个成功走向下一个成功，让学生感觉到在这样的班主任手下做学生是幸福的。他永远不重复自己，永远在超越自己。而这一切，只有用心思考才能做到。

其三，具备敏锐的目光和非凡的洞察力，能透过现象看到本质，能一眼看进学生的内心，迅速找到学生问题的关键，用合适的方式一击中的。

其四，善于调动和整合各方面的力量，善于做好和教育密切相关人士（包括家长）的工作，以形成教育合力，实现教育的多元化、立体化等。

（三）由专制型向民主型转变

从专制（用这个词可能有些严厉）走向民主，不仅是做法或策略的转变，更是教育理念的变革。这不能只停留在理论探讨上，而是要付诸行动，落实到班主任教育学生的各个方面。如果教育观念还停留在“我说你听”“我要你做什么你就要做什么”上，仅凭职业赋予的权威来完成带班任务，就会失败。

就我所带的班级而言，班级大会、班委例会这些制度已经深入人心。班级大会有实实在在的权力，它有权决定班级的大事。在处理一些问题时，即便学生的想法和班主任的相左，哪怕学生的决定有不足之处，班主任也不能通过说理的方式说服学生按照班主任的意愿处理，因为班主任的权威、班主任的明示或暗示对学生而言就意味着决定。班主任必须保护学生的民主意识并善加引导，让它更加健康地成长。只要引导正确，学生的决定就不会偏离大方向。当然，班主任需要权衡什么事情可以放手让学生去做，在什么事情上要收回这种权力，而不是任何事情都由学生决定。

（四）由单向输出型向双向互动型转变

学生是可以教育老师的，我们从学生的成长中学到的东西并不比学生从我们身上学到的少。

有些教师是不愿意承认这一点的。因为教师自认为学识、阅历、经验以及观念的正确性都远胜于学生，所以内心有下意识的优越感。他们认为，被教育的只能是学生，自己的话就是正确的，自己是不需要做什么改变的。教师和学生地位的差异，也使得教师更愿意成为知识和观念的输出者。

陶行知先生却说："人只晓得先生感化学生，锻炼学生，而不知学生彼此感化锻炼和感化锻炼先生力量之大。"

教师向学生学习，不是因为教师师德高尚，做到了蹲下去看学生，而是因为这是教师发展的必需。学生不仅可以教育教师，也可以成就教师。从这个意义上说，教师应该对学生说一声："谢谢！"

我们要了解当代学生关心、感兴趣的事物，学会理解他们。对学生中出现的流行思潮、说法或做法，不应本能地排斥，而应确信任何事物的产生或流行都有特定的背景和原因。我们要做的，首先是了解，然后是分析、寻求解决方案。

（五）由封闭型向开放型转变

难以想象一个整天只坐在办公室里埋头于作业批改等事务性工作，用多年不变的方法来说教的班主任不会被时代淘汰；也难以想象，用"两耳不闻窗外事，一心只读圣贤书"的观念"教育"出来的学生在今天这个时代还能生存得很好。

"跳出教育看教育"可以发现教育中的很多问题，"跳出教育做教育"可以让你的思路豁然开朗。事实说明，有什么思想的班主任就可以培养出有什么思想的学生。

教育的对象是人，是社会中的人，不是只能在书桌前读书、解题的机器。

如何让我们的教育变得更有实效，更有活力？闭门造车肯定是不行的。外面的世界很精彩，外面的世界也很无奈，我们必须让学生看到这两个方面。这仅仅依靠有限的活动是做不到的，关键在于班主任的持续引领。一个思想开放、视野广阔的班主任一定会带领学生摆脱思想的桎梏，从必然王国走向自由王国。

（六）由老黄牛型向“成功人士”型转变

时代发展让“优秀班主任”的评价标准发生了变化。

在传统观念中，优秀的教师，一定是生活清苦、无欲无求的苦行僧，除了认真教书，不应该有什么物质、名利上的追求。

这样的教师虽然值得敬佩，却不是人人都可以仿效的。工作效率很高、生活富足、事业有成的班主任才更有普遍意义。什么时候教师能真正进入中产阶层，才是一个国家的幸事。所幸的是，这样的观念已经逐渐被社会各界所接受。

我们的教育对象——学生并不喜欢生活困顿、个性迂腐的教师形象，教师自身的不成功会使教育的说服力大打折扣。而生活方式现代、个性阳光的教师才是更能被学生认可的。

我们更愿意看到一个身体健康、富有生活情趣的班主任出现在学生面前，用自身的成功向学生传达职业自豪感。

（七）由严师型向良师益友型转变

用“良师益友”“亦师亦友”等语句描述良好的师生关系古已有之。严格要求、不苟言笑的班主任固然权威很大，班主任工作表面上的、短期的效果也会很明显，但他的班级的师生关系绝不是最和谐的。

班主任应该从单纯追求教学业绩中摆脱出来，向更健康、更高尚的目标进发。支撑这种转变的动力，一是通过学习和反思提高自身的境界，二是看到了改善师生关系带来的成果。

亦师亦友型的师生关系可以最大限度地调动学生积极向上的主观能动性，使学生学习、参与活动的主体意识增强，使师生双方的幸福感都得到提升。

（八）由专业化向个性化转变

不可否认，班主任专业化发展目前仍然较多地停留在研究层面上，因为很多政策并不能为班主任专业化发展提供保障。

尽管困难重重，但是我们的眼光似乎可以放得更远，那就是在专业化发展的基础上，进一步向个性化发展 —— 通过个人的奋斗和积累、领导的肯定与扶持，在遵循教育规律和规范的前提下，形成自己独特的教育个性。

学生是具有鲜活个性并且性格差异极大的个体，难以想象他们会被毫无生气、毫无个性的班主任带成什么样子。学生在成长过程中身上或多或少会留有班主任的一些烙印。因此，班主任的人格魅力就显得格外重要，其影响力甚至会超过知识传授。

正如我们应该赏识一些有思想、有能力、有个性的学生一样，学校管理层对班主任个性化发展也应该抱有宽容的态度，为他们提供更多平台，鼓励和扶持他们。压制班主任的个性往往会削弱其教育智慧，剥夺其教育热情，这对其发展是不利的。从长远来看，在大家同样具备专业知识、经验、能力的情况下，可以说谁更有自己的风格，谁就更能脱颖而出，甚至成为学校的品牌。

我们并不缺少专业知识丰富、爱岗敬业的好班主任，我们缺少的是有思想、有个性、有特色的班主任。如果大家都墨守成规，教育的形式都是千篇一律，谁都不敢越雷池一步，那么班主任的人格魅力就无从谈起。教育具有创新性，不断创新才是它的魅力。

所有这些转变，对那些已经有一些成就感的班主任而言，是有一定考验的，甚至是痛苦的。但是不经过这些转变，就不能成为“适应时代发展需要的班主任”。不能战胜自己内心的恐惧，就不能获得继续前进的力量。“破茧成蝶”“浴火重生”，这些词语虽然有些凝重，但这是新时代班主任生存和发展的必由之路，应该成为班主任自觉的追求。

二、同“病”异治

我的很多教育思想和理念，都来自和教育界同行们的探讨。

有一次，我应邀去北京市密云第二小学讲学。赶到时已经将近晚上10点了，接机的王书记一行和我都还没有吃晚饭，于是找了一家他们熟悉的餐馆，坐下来边吃边聊。

王书记提到，现在做教育的困惑之一是学生不怎么听老师的，而很多老师，在学生的种种问题面前，显得办法不多，甚至手足无措。

“这下好了，你来我们这里给班主任们上课，要多向他们介绍一些教育的方法、策略……”王书记说。

“我教育学生根本没有方法呀。”此言一出，我感觉王书记有点儿吃惊和失望，于是赶紧解释。

“我的意思是，教育中的不确定性恰恰是教育的魅力。我们的教育对象是始终在变化的。面对不同的班级、不同的学生，怎能用同样的方法呢？我面对学生经常是没有方法的。如果我们拿现成的方法去教育学生，那多半是没有用的。那我是怎么做的呢？我不是拿现成的方法去套我的学生。也就是说，我不是先有方法然后再教育，我是在和学生的接触过程中不断地寻找方法，寻找那种只适合他的方法。随着接触的增多、了解的加深，方法就会渐渐浮出水面……

“不要先入为主。我们做老师的，千万不要去追求对付学生的方法，永远不要低估学生的智慧。你有一百种方法对付学生，学生就能想出一百零一种方法来对付你。不要让自己陷入和学生斗法的泥潭，那样会很累。

“我不用方法对付学生，学生自然就不会用方法对付我，即使他们想出了办法来对付我，我也装作不知道。其实，凭借多年的教育经历，学生一张口我就知道他说的是真话还是假话。即使他在骗我，只要不会引起严重后果，我就会装作不知道——让他骗一下又怎样？我们当班主任的，不要以有一双火眼金睛为骄傲，其实那是一种悲哀。如果所有学生都是你的‘敌人’，你一个人要对付四五十个学生甚至更多，不累死才怪。有条件、有原则地忽视和遗忘，是班主任经常要做的事。也就是说，要给学生必要的空间和时间让他们去长大，不要把他们所有的时空都填满。

“说到对学生具体的教育，其实我给不出固定的建议。但是我走遍全国，从发达地区到偏远地区，重点中学、薄弱学校、职业学校，高中、初中、小学的老师都听过我的报告，都很欢迎。他们为什么喜欢听我的报告？就是因为里面没有具体的方法。我只讲人性中相通的那些东西，人们心灵深处共有的那些情感。而且我深信，无论在哪里、无论学生的基础和背景如何，他们在成长过程中遭遇的问题以及我们老师遇到的困惑都是相似而有共同规律的。这是教育的规律。而教育是没有定律的。我的故事只属于我，但我遇到的问题一定是每一位老师都曾经或即将遭遇的。

“我始终认为做教育没有一个万能的定律。如果有，教育就太简单了，只要按部就班地操作就行了。这可能吗？教育的投入和产出没有必然联系，天道酬勤并不完全适用于做教育。也就是说，不是像解理科试题那样，只要方法和步骤对了，结果必然就正确。做教育并无一一对应的关系，每种做法都有出现各种结果的可能性，这种变数就是教育的困难之处，当然也是教育的魅力所在。有智慧的教育者会不断根据教育的进程调整策略，选择合适的方法，谋求达到最佳教育效果。

“我的教育历程一直是很艰难且收效甚微的。或许教育本来就应该是这个样子的。我们必须承认，在学生的成长过程中，教师起到的作用是有限的，不能一味夸大教师在转化学生中的作用，因为学生会受到各个方面的影响，班主任只是众多影响源之一。这样去想，我们就不会在工作中背上沉重的十字架。或许别人有很好的化腐朽为神奇的方法，但是我没有。这不是说我就是正确的，别人就是错误的，而是说做教育本身就是带有个人色彩、各显神通的。我为什么不讲方法、技巧？我做班主任有没有方法、技巧？当然有，而且还不少。但我从来不讲，为什么？因为我觉得讲那些没用，那些东西是不可复制的，连我自己都无法复制，别人就更不可能了。我们始终要随学生身心的发展变化而变化方法、技巧。每个人都有自己的方法，我们不仅要善于总结，而且要善于遗忘或抛弃具体的技巧，只有这样才能获得大智慧。

“如果说我做教育和现在流行的一些教育方式有什么不同的话，那我打个比方，现在很多教育策略是头痛医头，脚痛医脚，哪里出问题就想办法在哪里解决。这就好像西医治病，发现病症后，治疗就直接指向病灶。我的教育好比是中医治病。虽然我不是很了解中医，但在我看来，中医遵循的一些基本原则倒是非常好地诠释了我的教育理念。比如，‘辨证施治’‘同病异治’‘异病同治’等，都有相当深的哲理。我做教育其实也是这样。

“中医的所谓‘同病异治’，是指对表现相同的疾病，可因人、因时、因地的不同，或由于病情的发展、病机的变化、正邪的消长等差异，而采取不同治法的治疗原则。比如，两个人都是肚子疼，西医通常在肚子里找原因，然后有针对性地用药。中医则认为，肚子疼的原因很可能不在肚子里，两个同样是肚子疼的病人很可能得了完全不同的病。中医讲求从源头上寻找病因。类比到教育，两个孩子犯了同样的错误，他们的背景、动机可能完全不同。如果我们用相同的方法去教育他们，很可能就达不到预期的效果；如果仔细分析错误背后的原因，我们往往就会看到两个完全不同的世界。所以，我们必须用不同的方法教育这两个犯了同样错误的学生，甚至用不同的方法去教育同一个学生。这就是我所谓教育中的‘同病异治’原则。

“与此相对应，中医也有‘异病同治’的说法，它是指对表现不同的疾病，由于发病机理相同，而采取相同治法的治疗原则。中医认为，相似的病理，其表现方式却可能完全不同，有的是在脸上出现症状，有的是在脚上出现症状，但是无论表现方式有多么不同，都可以用相似的方法治疗。考察一下孩子的问题，两个孩子犯了不同的错误，甚至一个犯了错误，一个做了好事，但是他们可能有相似的动机。班主任要能透过表面现象探寻问题背后的原因，仔细甄别，去伪存真，找到不同表现后面的相似心理，找到孩子成长过程中共同的规律。

“这就是我对教育的理解。我从未教过小学或初中，明天要面对你们学校的小学老师们讲课，我想就教育中这些相通的地方和老师们好好交流一下。”

三、取得学生的信任

同事刘姐很坚强，但是那天她哭了，哭得很伤心，为了一个学生的事。这个学生的傲慢无礼把性格耿直的刘姐气得浑身发抖、一夜无眠。

我和刘姐关系很好，平时“刘姐”长“刘姐”短地喊着，也特别爱和她开玩笑。刘姐是个认真负责的好“老班”。能做一个好老班，首先就要是个好人。我们办公室的老师都喜欢刘姐。看到刘姐受委屈了，大家都为她打抱不平，纷纷要求严惩那个欺负刘姐的学生。其结果当然是学校站在了老师这边，学生受到了严厉的处罚。刘姐说：“我和那个学生的事就是标准的《农夫和蛇》的故事，他多次犯严重的错误，我都原谅了他，结果他居然这样对我！什么难听的话都骂出来了。”

刘姐很认真，不像一些“老奸巨猾”的老班，表面上气得要命，心底里却淡定得出奇，刘姐真的会和学生生气，为学生伤心。那个学生上晚自习时拼命捣乱，严重影响了其他学生自习，值班老师劝阻也没用。我们学校的晚自习都是学生自愿参加的，一个害群之马就能闹得所有人不得安宁。所以，按规定，这样严重违纪的学生是要被取消上晚自习资格的。刘姐在和该生说这事的时候，他暴跳如雷，情绪异常激动，刘姐说一句，他说三句，而且话说得很难听，气得刘姐差一点儿当场晕倒。

我们是事后才知道这事的，大家安慰了刘姐一番，不外乎是劝她不要因为和学生生气伤了身体。我半开玩笑地说了一句：“在我 20 年教师生涯中，《农夫和蛇》的故事不知道上演了多少回，但是我还没有被蛇咬死。”其实，我们当班主任的，确实经常像那个善良而无知的农夫，妄图用我们的体温去温暖那些铁石心肠，结果经常被弄得遍体鳞伤。这也几乎是班主任的宿命之一。

这个学生一贯表现很差，而且性格乖张，脾气暴躁，发起火来不计后果。骂人还是小事，有一次他竟然把一个同学打得鼻子鲜血直流。他具有明显的暴力倾向。班级里有这样一颗炸弹，做班主任的哪有不烦恼的？但是越是怕事，越是来事，因为学生总是会犯错误，班主任必须面对。

第二天，这个学生被勒令停课反省，刘姐情绪平静了一点儿，对我们又把事情说了一遍。她说，她昨天一回家就往床上倒，把家里人吓坏了；说班主任这样当是要当死人的，这样一个家庭不就垮了吗？大家又是安慰了一通。

我心疼刘姐，就说：“对这样的学生不要真生气，和他谈话的时候也不要发火，否则人家好好的，你被气个半死，不值得。”

刘姐说：“我是好好和他说话的呀，哪知道他突然发火了，还说我总是针对他，整他……”

我问：“你当时是怎么和他说的？”

刘姐说：“我心平气和地对他说‘你不要来参加晚自习了’。”

“结果呢？”

“结果我刚说完这句话，他就跳起来了。”

这下，至少起因我有点儿清楚了。

我对刘姐说：“你和他打交道这么长时间，很清楚他是个什么样的人。你这句话一说他当然要跳起来，因为他一直以为你在整他。他有很大的问题，他这是用攻击别人来保护自己。结果你又是个认真的人，当然要产生冲突。如果换了我，我绝不会一开口就说这句话。”

“那，你会怎么说？”

“我一定会先说很多别的事，像闲谈一样，最后再绕到晚自习的问题上。”我虽然不能很清楚地告诉她我会说些什么，因为我毕竟不是当事人，但是，我明确地知道我一定会有合适的方法和他谈话，而且一定让他不好意思发火——并非我比刘姐高明，可能只是因为我对这样的学生多多少少有点儿了解吧。

说话的语气固然很重要，但说话的内容更重要。即使同样的内容，对不同的人说，其反应也往往不一样。同样的内容对同样的人，在不同的时机说，效果也往往是不一样的。

当然，班主任选择什么样的方式和学生谈话对教育效果的达成仍然是至关重要的。

无论什么方式，都应该是学生能够接受的方式，这是判断我们所采取的策略正确与否的唯一标准。班主任采取什么谈话策略有三个出发点：第一，通过长期的观察和接触对学生个性的了解；第二，谈话时对学生情绪的观察；第三，谈话时自己的立场。

以上面这个案例为例，如果我们知道学生具有暴躁、叛逆的个性，在谈话时就应该注意不去触动他那根火爆的神经。这并不意味着我们不敢批评、教育学生，而是要求我们从教育的效果出发。我们动用权威也许可以将学生的"嚣张气焰"压下去，但这不是我们谈话的目的。如果教育变成了战斗，就不会有赢家。这就需要班主任具有控制、调节学生情绪的能力，而不是让学生的情绪牵着走。这种调控不仅体现在谈话之初对谈话定下的基调中，也体现在谈话的过程中。另外，谈话时自己的立场、自己与学生的关系也十分重要。有智慧的班主任永远不会把学生推到自己的对立面，而是让学生时刻感觉到老班和自己是"一个战壕里的战友"，即使批评、责骂，也是"打是亲，骂是爱"。

说来说去，问题出在战略上而不是战术上。因为我发现，所谓策略，如果离开了学生对你的信任和你对学生的爱，就不会有任何实质作用。在很多场合下，我们所谓的教育其实就是居高临下的"压制"——你不服不行。还是说这个案例，其实学生早就在心里恨班主任了。此时，班主任任何善意的教育都会被他看作"整他"。在这种心理的驱使下，即使你再和风细雨地对他说话，在他听来也是恶语相向，更何况第一句话就是宣判而没有任何铺垫，难怪学生会跳起来。

要解决这个问题，关键不在采取什么战术（当然，有时候战术也能起到一定作用)，而在回到问题的根源上 —— 让学生确信你是在帮助他而不是在害他。建立起信任关系后，用什么方法，就不重要了。

很多有关班主任的培训都强调方法和技巧，却对教育的大方向问题视而不见。事实上，很多班主任都没有也不重视和学生建立信任关系，只是忙于管理班级。而且，和个性张扬的学生之间，这种好不容易建立起来的信任一旦被破坏，重建往往就需要十倍的力气，甚至永远无法恢复。

如果有 50 个学生，我一定会以 50 种不同的方式取得学生的信任。这需要很长时间，也需要花很多代价，甚至要遭受很多误解和委屈。但是，信任关系一旦建立，就将是一根非常牢固的纽带，会让你在后续的教育中不必那么谨小慎微，时刻防着学生误会。

所以，与其把精力花在研究教育管理的技巧、策略上，不如让复杂的问题变得简单 —— 让学生信任你，充分地信任你，在任何时候，无论你对他说什么、做什么，他都会坚定地对自己说："老班是为我好，绝不会害我的！"

四、变"三座大山"为"三座靠山"

班主任面对复杂的班情、学情，面对个性迥异、灵动鲜活的学生，面对学生各色各样的家庭背景，即使再能干，也会经常感到力不从心。

做班主任有几大难处，除了学生难教育外，还要和家长打交道，协调各科任教师之间的关系，还要应对来自上级主管部门 —— 年级组、德育处，乃至校长的种种压力。所以，我也经常感受到班主任的"苦""累"，不仅仅是体力方面的，更有心理、精神层面的。我经常说，班主任人微言轻，说起来一个班的学生都归你管，但实际上没有多少权力，就是批评学生，还得教育部授予你"适当"的批评权。要想在这个行业里做到从容不迫、游刃有余，除了个人能力外，巧借外力，整合教育资源，使多方面的力量形成合力是必需的。

如上所述，除了学生，班主任经常面临来自三个方面的压力 —— 家长、科任教师和学校领导。所以，有些班主任把这三种压力形容为压在班主任头上的“三座大山”。我们能不能换个思路或做法，把“三座大山”变成“三座靠山”呢？也就是说，不要害怕压力，也不要只想着搬走（对付）这“三座大山”，而是想办法把它们变成帮助自己做教育的资源。

如何变“三座大山”为“三座靠山”呢？

（一）第一座“靠山”—— 家长

班主任应争取赢得全班家长的鼎力支持。如果家长都支持你，那你就可以放开手脚，再无后顾之忧了。然而，你得让家长心甘情愿地支持你，而不是因为孩子在你手上是“人质”，被迫就范。所以，我们先明确一个前提：来自家长的支持必须是自愿的、自发的。如果违背了这个前提，即使家长表面上说你的好话，背地里也会恨你；孩子毕业后，你就等着他骂娘吧，也许都不用等到毕业。现在，家长们的维权意识更胜过去，谁怕谁呀？

赢得家长的支持没有多少技巧，只要让家长感觉到孩子在你的班里能幸福、健康地成长，能有所进步就可以了。所以，首先要对学生好一点儿。学生是传声筒，回家会和家长说学校、班级和老师，其中还经常有夸大、偏颇之词。学生有一个特点，会专门拣对自己有利的话说。如果犯了错误，也多半会为自己开脱，把责任推到别人或者老师身上。这是学生成长过程中的通病，并不是什么严重的道德品质问题，即使成年人犯了错误，也多半会找借口。家长也存在偏听偏信的问题。所以，有时家长对老师产生了误会甚至不满，老师还浑然不觉。不出事还好，如果出了问题要解决时，这种隐患就会暴露无遗。

为了避免出现这种情况，班主任应该和家长保持常态联系，让家长及时了解孩子在学校里的表现情况。信息的沟通非常重要。从道理上说，家长有知情权；从班主任自我保护的角度来说，及时把信息传递给家长也是非常必要的。切莫等到问题严重了再找家长，那时就被动了。所以，我一再强调，一定要在学生特别是难教的学生，没出事的时候与家长保持联系，建立友谊。这样，若出了问题，怎么商量都可以，因为那时你们已经很熟悉，甚至已经是朋友了。

没有经验的班主任经常会遇到一种令人尴尬的情况，就是学生犯了错误，班主任把家长请到学校时，却对家长的所有情况——个性脾气、工作情况、家庭背景、为人处世之道，一无所知，见了面就言辞激烈地批评孩子或者拿出处分方案。这是很危险的。遇到理智一点儿或弱势一点儿的家长还好，一旦遇到性格暴躁，甚至仇视社会、对老师不满的家长，便很容易发生冲突。一旦冲突起来，受伤的往往是班主任。所以，请家长前要做到知己知彼，不能盲目采取行动。想一想另一种场景，一见面班主任就对家长说："真不好意思，又麻烦你到学校来了，孩子成长过程中总是免不了要犯错误的……"那边家长说："哪里哪里，是我孩子不好，总是给老师添麻烦……"在这种和谐的开场白之后，还有什么问题不能坐下来协商呢？

如果班主任确实不了解家长的个性，特别是第一次接触时，有一个补救的办法，就是不要直奔主题，而是先闲聊几句。这一方面能缓和家长的焦虑情绪，另一方面也可以给班主任一些试探、观察的时间。几句话一说，这位家长的谈吐、素质、个性就能看出来，暖场之后再切入正题也不迟。

对学生我们要有人文关怀，对家长其实也要有人文关怀。做家长的都不容易，特别是那些难教学生的家长，他们是很焦虑的。所以，我们对家长首先要态度亲和，要理解他们的难处，切实为他们想办法。一声问候、几句寒暄，可以拉近和家长之间的距离，创设一种美好、和谐的家校关系，何乐而不为呢？所以，我们要利用手上的一切资源，经常向家长表露心迹，既让家长感受到温暖，也让家长了解我们的不容易。班主任和家长能相互理解，事情就好办了。

我们学校有短信平台，可以向所有家长发消息，也可以具体发给某个学生家长。所以，每逢父亲节、母亲节、中秋节、春节、感恩节这些节日，我都会发短信给家长表示问候，顺便关心一下学生——天热了要注意防暑，天冷了记得加衣服，态度友善，语言温馨。不要小看这些短信，这是家校关系的润滑剂。不要让家长一收到信息，发现不是考试分数就是收费通知。不过，利用短信平台和家长联系，频率不能太高，要适可而止。我们都反感垃圾信息，不要让我们的信息被家长当作垃圾信息。

和家长交流时，要避免几种不良姿态。

1. 俯视

我常看到一些有点儿身份、地位的家长，因孩子不争气，经常被老师“请”到学校去。事后我常听到他们这样感叹：“别看我在单位里呼风唤雨，说一不二的，到了学校照样像个龟孙子，给老师训了还点头哈腰。”我也常听到老师说：“别看他家长是个人物，到了我这里，再大的官也得听我的。”

我们一些老师对家长缺乏尊重，家长来了之后既不与之打招呼也不让座，开口就很不客气地训斥学生，甚至连家长一块儿教训。学生是你的学生，家长不是你的学生，我很反对老师批评甚至训斥家长。每逢这种场合，我都会为班主任捏把汗，心想：“万一家长和你闹翻了，那可就麻烦了。”

2. 仰视

有的班主任对有身份、有地位、有权势的家长一味迎合，或者因为接受过家长的礼物，而对家长一味迎合，在处理学生的问题时有所顾忌甚至偏袒。这犯了班主任工作的大忌。有的家长确实不像话，和班主任说话很不客气，动辄搬出和某某领导的关系来压班主任。如果班主任遇到这样的家长，我送给你们八个字：“有礼有节，不卑不亢。”只要我们坚持原则，站得正，就不必在意家长的强势，更不必仰视家长。年轻的班主任尤其需要注意这一点。

3. 歧视

对身份、地位卑微，不善于和老师沟通，不太会说话的家长，有的班主任虽然表面上应付，内心却不屑一顾。如果学生的表现再不好，班主任心里就更不舒服了，以至于在言谈举止中都有所显露。这种姿态很不妥当。家长和班主任的人格是平等的，虽然学生的问题在很大程度上和家庭教育有关，但我们对待家长不应该歧视。很多家长确实不会教育孩子，试想，如果家长都把孩子教育得很好了，那还要班主任干什么？不管什么样的家长，把孩子送到学校上学就是把孩子拜托给你了。

对这类家长，我们要有充分的耐心，即使心里有些想法，也要克制，要换位思考家长的不易。对交流起来滔滔不绝的家长，要尽量学会倾听，有时倾听比给出建议更重要。如果交流时间太长，可以以要去上课或开会为由礼貌地结束谈话，并和家长约定有机会时再交流，不要表现出不耐烦的样子。

4. 忽视

对表现平平、没有特长、不惹是生非的学生，班主任是最容易忽视的。这种忽视，也会迁移到这些学生家长的身上——不和他们保持常态联系，开家长会时对这些学生也鲜有提及。这些家长无疑会很失落，他们的孩子在班里好像不存在一样。其实，再普通的孩子在父母眼中也是不平凡的。有智慧和爱心的班主任绝不会忽视这类学生。只需要投入不多的关注，对他们的激励作用就会远远超过优等生和后进生。

这类学生的家长平时也不太会和班主任主动联系，我们班主任是否可以稍微主动一些？须知，任何学生都是不可以被忽视的。但班主任工作琐碎，一忙起来，最先遗忘的就是这个群体。为了克服自己的惰性和片面，我曾经采取过两种方法。第一种，规定一些学生的家长必须主动联系我。每个月至少一次，可以面谈，也可以电话联系，实在太忙发个信息交流一下也可以。这种“半强制性”的要求，对家长的鼓励作用非常大。班主任反客为主会让家长感觉很温暖，他们当然会全力支持你的工作。第二种是按照学号顺序，强迫自己和家长联系。哪怕话不多，闲聊一下也是必要的。为了完成这项任务，避免和家长无话可说，谈话前必须关注一下学生的状况。这对自己的工作也是一种促进。同时，要让家长有说话的机会，班主任可以听听学生在家里表现如何、有什么样的特点。

我的感觉是，其实每一位家长都有和班主任交流的愿望，只是由于各种原因，有的可能没有完全表现出来。对不主动联系班主任的家长，班主任可以适当主动一点儿，效果通常会很好。

每一个学生都是重要的，每一位家长也都是重要的。没有任何一位家长会存心和班主任过不去，只要我们工作到位了，家长就不可能不支持我们的工作。

班主任工作中的任何技巧，与家长无条件的支持相比，都是等而下之的，因为家长无条件的支持将从根本上免去你工作中的后顾之忧。

（二）第二座“靠山”——领导

在学校里，班主任是个人人都可以支派的角色，因为只要是涉及学生的事务，通常都会由各个口子汇总到班主任那里，通过班主任的工作落实下去。在德育工作和活动方面，班主任这条线上的直接领导是年级长、德育处主任、德育校长；在教学工作方面，班主任的领导是年级长、教务处主任、教学校长。这还不包括安全、财产管理（总务处），班主任的课题和教科研任务（教科室）方面的领导。平时各部门的各种检查、考核、评价压得班主任喘不过气来，很多教师不愿意做班主任多是因为不胜其烦。

但凡事要从两个方面理解，虽然班主任“深受压迫”，但压在班主任头上的“大山”，其实也是班主任在教育工作中可以依靠的重要力量。有智慧的班主任从来不会逞匹夫之勇，把所有问题都一个人扛下来，况且有的责任确实不是班主任所能承担的。这是策略问题，也是战略问题。班主任个人的力量未免渺小，班主任工作需要有坚强的后盾，这个后盾自然就是各级组织。

如何利用好这个后盾呢？

首先，要和领导多沟通。要让领导知道你带班的思路和困惑，要让领导对你班上的一些“重点人物”有所了解。班级出了问题，特别是涉及一些原则性、政策性的问题时，班主任不应轻易承诺，不应随便下结论。一些可能会产生不良后果的处理，如收费、停课、处分等，班主任都不应随意做出。班主任不应做任何超出权力范围的决定。对没有把握的决策宁可放一放，要学会请示，学会请求帮助，要相信在关键时刻，学校还是会支持、保护班主任的。

其次，在制定一些班级管理的规定时，要注意和学校有关规定保持一致。这可以让你说话有依据，有底气。这一点在后面《巧做班级常规管理》中还将论及，暂不展开。

最后，对学校组织的活动、下发的任务要持理解、支持的态度。对领导的一些做法，班主任也要学会换位思考、理性分析，不要本能地反感、反对。我认为支持是相互的，每个人都有需要帮助的时候，班主任和上级主管部门之间也是互相支撑的，不完全是领导与被领导的关系，更不是有利益冲突的。要学会理顺一些关系，这对班主任的工作只有好处，没有坏处。作为一名普通的班主任，我想说的是，一些教师总是希望领导多理解一线教师的辛苦，这一点没错。不过，将思路换一换，一线教师是否也该理解领导的苦衷呢？

只有相互理解，才能相互支持。有智慧的班主任一定是协调各方面关系的能手，能把看上去不利的因素转化为有利于开展工作的因素。班主任做学生工作、做家长工作，有时会面临种种困难甚至一定的危险。班主任面对难题时，要尽量避免单兵作战，以免陷入孤立无援的境地；要学会依靠组织，保护自己，实现有层次、有梯度的立体化作战。要相信团队的力量和智慧一定高于个人的力量和智慧，要相信班主任、年级组、德育处、校长这四条防线足以抵挡任何力量的冲击。

（三）第三座“靠山”—— 科任教师

有的班主任习惯称呼自己班的科任教师为“上帝”，这种带有调侃性质的称呼暗示着班主任对待科任教师的微妙心态——既希望科任教师将最好的教学水平奉献出来，以提高自己班的学习成绩，又担心科任教师在自己班上课时心情是否愉快，是否愿意为自己班倾尽全力。所以，班主任工作的压力有一部分来自科任教师。

班主任为什么要让自己班的科任教师成为自己工作的压力呢？科任教师是一支重要的教育力量，班主任应该团结所有科任教师，全力打造以班主任为核心的教师教育团队。如此一来，教育的力量就会强大很多。全体教师团结一致是教学教育工作成功的保证。

谁做自己班的科任教师一般情况下不是班主任说了算的，领导在配备一个班的科任教师时，会综合考虑多方面的因素，其中很重要的一条就是“平衡”，不可能全部给你配备最优秀的教师，而且优秀与不优秀往往是相对的。所以，班主任手上的这把牌是花色齐全的。有智慧的班主任会把这把牌理得很顺，让每张牌都用在适当的地方，发挥适当的作用。这就要求班主任要了解、研究科任教师，熟悉他们的教学能力、教学风格、对课堂的驾驭能力以及个性、脾气，要像研究学生一样研究科任教师。这是搞好协调工作的基础。

了解科任教师，就会知道他们的强项是什么、容易在哪些方面出问题，在对学生进行教育时就可以善加引导，巧做安排。既然班主任无权调换科任教师，就要全力以赴做好服务科任教师的工作。学生对不同的科任教师会表现出不同的好恶，即使是一位很优秀的科任教师，也不可能让所有学生都喜欢。学生的看法往往带有个人色彩，比较片面。当班主任发现某位科任教师不太受学生欢迎或学生对其意见比较大时（其实这是可以预判的），首先要在对学生的意见表示理解的基础上，多做疏导工作，强调人无完人，带学生从另一个角度看到科任教师的优点和长处，教育学生尊敬老师，与人为善。

我们学校过去有一位语文老师，教学很认真，但比较刻板。哪一个学生要是背诵、默写之类的不过关，她就会一直盯着不放，一直到你烦了、怕了才罢休。她个性很直率，不太会“讨好学生”，不会与学生“和谐相处”。以前她教过的好几届学生，尽管考试成绩不错，但他们就是不喜欢她，还曾经发生过学生集体投诉的事情。为此，当时担任年级长的我还专门为她开过座谈会，听取学生的意见。后来，她终于和我合作了一次。那时她已经过了退休年龄，在我的班级干最后两年，偏巧那个班又是当时全校最差的班，一方死认真，一方不肯学；一方是老太太，一方是活泼好动的调皮孩子。师生矛盾可想而知。的确，一开始的时候，学生确实也烦她，但她认真教学是对的，我总不能站在学生一边吧？怎么办？做工作呗。通过大量工作，我硬是把矛盾化解了。到后来，这一老一少、一静一动，倒成了绝妙的组合、难得的缘分。我常对学生说：“语文老师都是奶奶辈的人了，认真、严谨了一辈子，人家自己的孩子很优秀，名牌大学毕业，现在在国外。她看到你们的学习习惯，一定是很痛心的，但是她甘愿和我们一起拼搏。她这么大年纪了，衣食无忧，图什么？还不是因为把你们都看成了自己的孩子！能有一个对成绩如此差的班级还不离不弃的老师，是我们修来的福气。要懂得珍惜呀！”我知道，我班的学生再闹，对老师还是有感情的。学生明白了这一点，从情感上接受了，看老师就什么都顺眼了。

由于我精心呵护这种和谐的师生关系，我们班的语文成绩后来大有提高。同时，班上自习课的纪律再也没有让我操心过——每次自习课，语文老师都会不请自到，下到班里去辅导学生，学生再也没有反感过她。我想，这位语文老师在学校的最后两年一定是幸福的，我们用丰厚的情感回报让她几十年的教师生涯画上了一个圆满的句号。

实践表明，一旦学生与科任教师的关系步入良性循环，很多矛盾就将迎刃而解。这种良性循环的基础是建立良好的师生感情。有的科任教师与很多班主任合作都不愉快，教很多班级都不顺心，但是偶尔也会遇到特别顺的情况，我们常常认为那是一种缘分。其实不然，进行科学分析，“缘分说”是站不住脚的。其实，那是因为师生双方因某种因素产生了感情，故而“相看两不厌”。其中，班主任的“催化剂”作用是非常关键的。一旦班主任帮助科任教师与学生建立了良好关系，这第三座“大山”就算从心里搬走了。

关于这一点，我有以下几条建议。

1. 和科任教师多交流

这种交流可以是定期的、正式的，也可以是不定期的、随意的；可以谈教育教学，也可以闲聊家常。这样交流有两个好处。第一，班主任可以得到大量有价值的信息。因为科任教师有他的人脉，有他看问题的角度，有他掌握的一些信息。比如，有的话学生不一定告诉班主任，却可能对关系比较好的科任教师说。科任教师的信息和班主任的是可以互补的。第二，科任教师对学生的了解往往仅限于本学科，缺乏对学生学习状态和思想品德的总体把握。班主任则可以总揽全局，协调各科任教师对学生的教育。科任教师从班主任那里了解到一些信息后，对调整他的教学策略会有帮助，特别是在涉及特殊学生的教育时。

2. 力所能及地帮助科任教师解决实际困难

比如，如果有科任教师身体不好还坚持上课，这时不妨在教室里给他放一把椅子。他不一定会坐，但你的这一举动一定会让他感动。

3. 集思广益，和科任教师共同研讨问题解决方案

在制定班级规定、教育策略时，不妨多征求科任教师的意见。有时当局者迷，旁观者清，科任教师的一条建议可能就会让你豁然开朗。有困难时要学会向科任教师求助。

4. 帮助科任教师扫清工作上的障碍，减轻工作之外的烦恼

要帮科任教师选一个好课代表，经常让学生帮科任教师做点儿事，这

样一来可以增进师生感情，二来可以培养学生尊师重教的品质。要让科任教师有一个舒心的上课环境，包括硬环境，如讲台、黑板、教室卫生状况，和软环境，如课前准备、上课礼仪、课堂纪律等。

5. 在班级里大力培养学生关心、尊重科任教师的风气

要旗帜鲜明地捍卫科任教师的尊严，如果师生在课堂上发生矛盾冲突，要先让学生冷静下来，课后再处理。班主任要积极介入，平息事态，化解矛盾。班级里举行活动时，要让班干部或课代表真诚地邀请科任教师参加，参加活动是能增进师生感情的。

有了这些举措，相信你所带班的科任教师一定会紧紧团结在你的周围，为班级的发展尽心尽力。

做好这些工作，“三座大山”就会变成“三座靠山”，这样你的班主任工作就将如虎添翼，省力省心。

班主任工作看上去是很累人的，每天除了有做不完的事之外，还要花心思去“讨好”家长、“讨好”领导、“讨好”科任教师。其实，做这些，都是为了“讨好”学生。但这样做有什么不对呢？做教育不就是这样吗？其实，“看上去如何”与“实际上如何”还是有很大区别的。班主任如果能做好这三方面的工作，把压力变成依靠和动力，那么不仅带班轻松，效果还好，学生感觉幸福的同时，班主任自己也是受益者。

面对“三座大山”，心态决定了看法，决定了班主任的幸福感。协调好三大关系，胜过学会很多对付学生的技巧。所以，班主任在自我成长的过程中，首先需要做的，不是提升技巧，而是改变心态；不是增强技能，而是修炼境界。班主任工作其实并不复杂，也不是那种需要很高智商和技巧的工作。其中虽然也有一些专业性的方法，但总体来说，离不开一些做人的基本原则。班主任工作是与人打交道、做人的工作的，所以，做人的智慧很多也可以迁移到做班主任上。

我们追求的，是做教育的大智慧，而不是小技巧。

五、从根本上解决问题

外出讲学，在中场休息时间，总会有很多老师过来和我交流。他们很尊敬我，但是我却很不安。因为我确实和他们一样，只是一名普通的班主任，更重要的是，我担心不能圆满地解答他们的问题。

对老师们当面或在网上提出的大量问题，其实我都不能给出答案 —— 因为教育本身就没有唯一正确的答案。但是，如果我这样回答，有人就会认为我是在敷衍。我真的不是在敷衍，只是实话实说。

我根本没有一整套严密、“科学”、高效的管理手段。我所带班上的学生也经常犯错误、挨批评，我也经常被批评。我不太在意这些批评，就像给了我什么荣誉我也不觉得多么有成就感一样 —— 我就是这样的人。我即使做了什么事，也只是为了学生而已。不是谦虚，事实如此。

听课的老师提出的往往都是具体问题——收费问题、批评权问题、家长投诉问题、组织活动问题……我无法回避。

我该如何回应呢？

我认为，很多人在做教育时，过多关注了具体的细节问题，而对大局和问题的本质视而不见。他们只关心出了这样的问题怎么解决、有什么办法应对学生或家长。这其实是没办法回答的。

我喜欢找到问题的本质。很多问题并不是它表面上显现的那样，我们要读懂其中的潜台词。比如，有老师问到收费问题，班级搞活动需要经费，班级不能创造财富，只能收钱，但收钱又担心会有家长投诉。我们把精力放在怎样防止家长投诉上就是用错了地方。我们应该看到问题的本质：家长为什么会投诉？家长是愿意在孩子身上花钱的，只要他觉得是为了孩子好、对孩子有帮助。但是，如果他觉得孩子在学校、在班里不幸福，得不到老师的帮助，他对学校本来就有意见，那么即使收一块钱他也可能去投诉。这不是钱不钱的问题，家长只是借此宣泄自己的不满情绪。所以，问题不是出在钱上，而是出在信任度、家校关系上。家长不信任你，自然就不会支持你的工作。

在前面的《取得学生的信任》部分，我对此已经做过分析。现在，我仍然要强调，看问题一定要去看它的本质，在源头上找原因。我所能告诉老师们的，不是技术性问题，我仅仅是指出解决问题的方向。我始终在强调，要为学生创设一个善意的成长环境，学生在这样的环境里能自由地生长、发展。有人以考上重点大学为奋斗目标，而有人则没有那个学习能力，学生首先要成长为一个有责任心的人，一个有正确的人生观、价值观的人，一个正直、善良的人。如果他们在集体中学会了怎样和他人相处、怎样解决问题，将来至少能自食其力，不会成为社会的负担或不安定因素。每个人的选择都需要得到尊重。当然，我们也会加以指导，但切不可认为自己的指导就是绝对正确的。

我很喜欢带学生搞活动，特别是外出活动。但是很多老师怕出问题。有一次，班级组织旅行，一位家长把孩子送到出发地点，对我说了一句："孩子交给你，我放心。"对此，我很欣慰。

如果我们能让家长说出这样的话，很多问题其实就都不会成为问题。有了困难，学生、家长、老师共同想办法解决，解决困难也就成了一个幸福的过程。

在一次培训中，我对老师们说，我们每天和学生说那么多话，也经常批评学生，在气头上批评学生时难免口不择言，说出一些过头的话。那是防不胜防的。你不可能每说一句话前都要考虑这句话能不能说，说了会不会对学生产生伤害、会不会被投诉。有人建议教育部对班主任的批评权做具体界定，这实在是简单化的想法，很多事是不可能说得那么详细的。如果我们天天处心积虑地想着怎样保护自己不被投诉，那就只能畏首畏尾了。我们要想一想：为什么学生或家长会因为你的一句话而投诉你？那是他成心找你的碴儿。如果他信任你、喜欢你，怎么可能跟你过不去呢？所以，你要做的，不是天天防着，而是通过行动赢得学生和家长的信任。

我所能提供的建议就是：凡事一定要找到它背后的原因，要从根本上解决，而不是头痛医头，脚痛医脚。

说来说去，教育的方法千条万条，没有现成公式可以套，唯有从源头上找到解决问题的方法才行，扬汤止沸，不如釜底抽薪。

六、认真工作

做教师累，这是很多人的说法。教师不仅要谋生，更有很多精神、文化层面的问题要面对。教师，作为通常意义上的知识分子，不是说解决了温饱、衣食无忧就可以解决一切问题的，个人发展、自我实现，也是教师格外关心的。

教师应该朝哪个方向发展？我们有没有为自己制订一个个人发展规划？有进取心，想发展，以我个人的体会，做班主任工作、搞德育研究还是很有意义的。一是这比较大众化。教育人人都需要，也人人都能听得懂。其中的乐趣也很多，做起来不会枯燥。二是就目前教师发展的状况来看，大家都在挤学科教学这个独木桥，从千军万马中突围出来也不容易。而潜心研究学生德育工作的人比较少，一线教师更少。平心而论，过去我的学科教学也不错，但要想出类拔萃比较困难，因为生源决定了考试成绩，考试成绩决定了你的话语权。为什么学科名师多半出自名校？原因很简单，学生起点高，学校名气大，教学平台高，机会也多，发展就相对顺利。德育则不一样，无论什么样的学校都有很丰富的德育资源，薄弱学校的德育资源更是得天独厚，用一位教授的话说就是，那里是“诞生教育家的地方”。这么一块宝藏却很少有人去开采，甚为可惜。

（一）吃亏与占便宜

有智慧的人，一定会明白“人弃我取”的道理。很多人愿意带好班，因为比较省劲，又容易出成绩，而差乱班谁都不愿意带。我则认为，带差乱班富有挑战性，挑战就是机遇。差乱班因为起点低，有一点儿进步就能放得很大，教育效果会更明显；差乱班的学生因为普遍得不到关注，你情感投入的回报会更丰厚。如果你带的是差乱班，别人对你的期望值就低，你退也可退，没有后顾之忧，这是你可以一展身手的大好机会。如果好班你给带差了，你就惨了，而你带差班，谁都不会埋怨你，只会夸你勇挑重担。有智慧的人从来不会计较一时的得失，他总是把眼光放得很远。做教育最重要的理念就是“风物长宜放眼量”。带差班到底是吃亏还是占便宜，可以自己去掂量。看一看那些名师、专家，哪个没有带过差班？把差班带出来，那些令人头痛的后进生在被你一个个转变的同时也会成就你。没有他们，你哪里去找那些案例、故事？一个这好那好的班级，平静得让你一点儿功夫都不用花，你还有什么发挥的余地？

要学会利用一切可以利用的资源，暂时吃亏是为了更好的发展。

（二）个性与统一

有人取得了一些成绩和荣誉，带班也有自己的个性后，便开始“不听话”了。因为有了可以和学校叫板的资本，对学校的工作安排或者办学理念开始随意发表看法，甚至自己另搞一套。我们发现，这样的“个性班主任”其实是难有更大发展的。我自己就曾有过这样的毛病，总觉得自己聪明能干，别人都不如我。这种不经意间流露出来的优越感只是满足了自己一时的虚荣心，其实有多大意义呢？真正有智慧的人，一定是大智若愚的，也一定是虚怀若谷、从善如流的。其实，很多人都有值得我们学习的地方，任何领导，他能坐在他的位置上指挥你，就一定有他的成功之处。不同的人有不同的生活态度和价值观，我们也可以有自己的个性，但是我们不应鄙视任何人，我们需要专心做好自己的事。

说一个我吃了不少苦，活没少干，好评价没有，倒落了个“不听话”名声的例子。有一次，我对学校的一个安排有意见，具体什么事记不得了，很久之后有人告诉我，说当时别的班都服从了安排，只有我不听学校的。领导从此对我很有意见，影响了我几年的发展。这事连我自己都忘了，别人却清楚地记得。明白了这个道理后，我就一直努力去克服自己个性中的弱点。克服不掉的，就忽视它，把自己擅长的发扬光大。

有一次，我带学生做新年联欢的准备，我们的计划是走出校门搞活动，而学校要求所有班级必须在校内开联欢会。我们准备好的计划要泡汤了，我很生气，差一点儿和校长吵起来。这时，我面临一个选择——是以自己的“个性”和学校抗衡，还是服从学校安排。我分析了一下，这不是教育中原则性的问题（如果是原则性问题，则绝不让步），只是一个安排上的区别。如果我一个班这样另类，我可能会得到学生的拥戴，然而这能给我带来什么，又能给学生带来什么？是让他们学会和上级对抗，还是学会怎样正确地处理“个性”与“统一”的关系问题？从各个方面考虑后，我决定在学校的统一安排下调整活动方案。这一转变是微小的，但对我来说，却很有意义。这标志着我在处理这类问题时思维方式的改变——虽坚持自己的个性，但在一些非原则性问题上不以自己的个性与学校的统一要求对抗。话又说回来，如果过去不坚持自己的个性，我就不会有那么多精彩的教育案例。但是做了适当调整后，未必不能继续演绎精彩。如果在校内能把活动搞得精彩，也是一种成功，而且这种成功会得到学校领导的肯定和支持。这样的姿态对我今后继续我的教育实践很有益——我不是简单迎合，于人于己都有利的事，为什么不做？越是有了一点儿成绩，就越是要识大体，在大方向上和学校保持一致，有那些抱怨的时间和精力不如去好好想想怎样做得更好。

七、重视感觉

人人都可以做班主任，但个人感觉，要成为一名优秀而有智慧的班主任，是需要有一点儿天分的。卓越的班主任能充分调动学生自主发展的能动性，对班级有强有力的掌控能力，对学生的精神世界，产生持续影响。此外，卓越的班主任对教育有极好的感觉。

感觉是什么呢？如果用你的眼光对班级快速做一次扫描便能发现其中潜藏的问题，如果你从学生的眼神和只言片语中就能读到些什么，如果你从学生不经意的言行举止中就能预感到有什么事可能要发生，这说明你已经具备初步的感觉能力。

闪烁的言辞、游离的目光、突然的失态、意外的冲动……学生的一切实际上都写得明明白白。但没有感觉的班主任会不明就里或者视而不见，往往等事情发生后才恍然大悟：原来这事有预兆。有感觉的班主任一定会敏锐地察觉到什么，并及时采取相应的对策——要么防患于未然，要么将危机化解于萌芽状态，要么抓住教育的最佳时机。

这话说得有点儿玄，但同道中人应该能理解我的意思。

有一次秋游，自由活动时，学生三五成群地在玩耍，老师们也有了一段难得的放松、休息时间。我和学校的德育校长以及几个同事坐在草坪上闲聊。职业习惯让我们时刻注意观察周边的情况，一点儿也不敢大意。我们正聊着，远远地，看见一个男生急匆匆走过，他没穿校服，手里抓着手机，表情有些异样。虽然距离比较远，看得不是很真切，但我和校长当时都觉得有点儿不对劲。校长当时就对那个学生的班主任张老师说（张老师当时和我们在一起）：“这个孩子有些不对头，如果你们班要出什么事，第一个就是他。”话说了没两分钟，那位班主任的手机就响了，是另一位带队老师打来的，说他们班的学生聚在一起，好像有什么事情要发生。电话里说得很含糊，因为打电话的老师也吃不准。我们都要张老师赶紧过去看看，张老师走了没几步，我也站起来说：“我陪你一起去看看。”

到了现场，我们发现除了几个学生站在那里，一片安宁，看不出有什么事会发生。我们叫住几个学生问情况。他们都说没什么，大家准备去爬山，然后就离开了。刚才那个男生也在场。看着学生离开，我总觉得有问题，我对张老师说：“把那个男生扣下来，再问一问。”这时，校长带着德育处的老师们也赶了过来。那个男生面对我们的询问依然说真的什么事也没有，态度非常诚恳。

我在旁边怎么看怎么感觉不对劲，于是开始询问他：“你脖子上的红印子是怎么回事？”“爬山时被树枝划的……”“身上的泥是哪里来的？”“刚才爬山时不小心摔了一跤……”

他对答如流，像是事先对过台词一样。我继续问他：“摔了一跤怎么摔出鞋印子来了？”他无言以对。

见此情景，我认为时机已到，于是单刀直入：“已经打过了吧？和谁打的？在哪里打的？”

他无奈，说确实已经打过架了。再问他：“刚才是不是去喊人的？吃亏了，心里不服气，是吧？一定要把面子找回来，对吧？”

他只好承认。

突破口一打开，我们迅速问明情况，展开工作，事态得到控制。

你说校长的感觉灵不灵？这是多年从事德育工作练就的本领，能透过现象看见本质，从学生的一个细微的举动中就能窥见其背后的东西。

事情还没说完。我们在现场立即对这个男生进行教育，校长亲自和他谈话，一番晓之以理，动之以情，一再告诫他此事到此为止，绝不能因为心理不平衡，继续寻衅报复。

那个男生依然态度诚恳，对校长的话频频点头称是，并保证绝不会再惹事，一切到此为止。校长又吩咐班主任继续教育并注意观察，然后众人散去。

我总感觉事情没完，就对张老师说：“今天要注意他，不要让他离开你的视线。这事没这么简单，他虽然答应校长了，但根据我对他的感觉，明天他一定还会招集人马杀过去，要控制住他。”

第二天，那个男生果然打电话召集了一帮人，和对方约好了时间、地点，再次开战，规模超过第一次。结果当然是那个男生受到了学校的严肃处理。然而，有一件事我不知道，那就是班主任第二天有没有或者说是怎么做那个男生工作的，因为我们不在一个办公室，所以我无从知晓。

有的事班主任是无法控制的，但我们应该尽最大努力控制局势。比如，如果明确感觉到那个男孩会有事，第二天就一定要把他扣在办公室里，和家长联系好，让家长放学时来接，这样一直坚持到他的情绪彻底平静下来。过去，我班上有一个男生，曾无故被人殴打。尽管做了大量工作，处理了打人者，他也保证不再继续追究，但我仍然不放心。那天晚上，我想想不对劲，就一直用手机和他保持联系，不让他的情绪出现反复。同时，我告诉家长放孩子两天假，看住他，不让他到学校来。因为他一旦回到班上，听到同学刺激性的语言，会再次心理失衡，难保不做出冲动的事。等到他完全平静下来时，他权衡利弊，理智终于战胜了愤怒。

回到主题，我觉得感觉是可以培养的。能产生感觉的前提是善于观察、反思。拥有洞察力是优秀班主任的基本素质之一。对事情的发生要有预见，对事情的发展要有预知，对事情的结局要有预测。反思就是回顾已经发生的事情，看看还有哪些细节是事前没有注意到的，还有哪些迹象表明还会发生事情，还有哪些措施是可以早一点儿采取的。这样，以后出现类似问题时，就知道如何应对了。吃一堑，长一智，感觉就是这样慢慢培养起来的。所以，反思并非事后诸葛亮，而是为今后处理问题积累经验。要勤于观察，练就一双火眼金睛，不放过蛛丝马迹。

人有“第六感觉”并非捕风捉影、无中生有，任何感觉的产生都有它的道理。这种感觉曾经多次让我果断采取行动，将危机提前化解。故事很多，限于篇幅，不再列举，我总的看法就是不要忽视一些看似无意义的细节。我们要对学生的行为有一定的预见性，别人感觉很紧张的事，有时往往没那么严重；而别人认为无所谓的事，我们却往往需要如临大敌，一点儿也不能大意。要知道，危险总是在大家不在意的时候发生，而大家都很重视时，往往就不会有问题。下面，我们再分析一个案例。

9月1日，新学期开学报到，某中学校长在给全校师生开会时，初三学生小伟在下面看MP4，被班主任王老师发现，予以批评。在第二天的自习课上，小伟再次拿出MP4看，王老师遂将MP4暂扣下来并让小伟通知家长。此后，小伟曾四次向老师请求归还MP4，但老师没同意。放学后，小伟在家看书，并无异常。晚上小伟的父亲回来后发现孩子不在家，以为他出去玩了，也没有在意。晚上9点半小伟仍未回家。这时，小伟的父亲发现了儿子写的一封信，居然是一封遗书。上面写着：

我永远是最倒霉的，今天我看了MP4，其实我很想坦白，但是您的严厉和不近人情又怎么会给我机会？老师发现后就拿我开刀，我无话可说也毫无颜面。如果您知道了这事，我就是生不如死，还不如解脱。电子书给了我慰藉，也使我越来越脆弱，我的愧疚使我想活下去努力回报你们，但是老师一步步逼着我去寻找快乐的源泉。

小伟的父母感觉不妙，匆匆出门寻找，半小时后一无所获，于是打电话给王老师。很快，学校校长带着王老师和另一名老师赶来，一起寻找小伟，直到夜里 11 时，也没有发现小伟的踪影。他们感觉大事不妙，到派出所报了案，一些亲友闻讯后也加入寻找的行列。9 月 21 日，在出走 19 天后小伟投江自杀，遗体被江水冲到下方十几公里外的江边。

小伟平时学习成绩优秀，为人开朗、活泼，几乎年年都是三好学生，还获得过学校奖学金。他乐于帮助同学，做了不少社会工作，深得同学信任，是我们通常意义上所说的“品学兼优”的好学生。但是，这个学期一开学小伟就像变了一个人，由开朗、活泼变得沉默了。小伟多次说，看 MP4 上的言情小说很是开心、过瘾，假期中每天都如饥似渴地看。

小伟在遗书中写道：“爸爸妈妈，我实在是无脸见你们了，你们对我的希望如此之大，而我却无法回报你们，你们的失望注定要大。我在这个暑假里没有事做，便下了些电子书看。没想到一看就上瘾了，每天每夜都要看，越看越是开心、过瘾。知道为什么吗？在学校老师只看上了我的学习成绩好、有点儿能力，对我很严格。我的职务多，私事也很多，复习、看书秩序全乱了，老师就说我办事不力，同学之间关系越来越陌生……”

小伟父母认为校方，特别是班主任，对这起悲剧的发生有不可推卸的责任。而该校校长则认为，悲剧不单单是由 MP4 引发的。按规定老师有权暂时扣下学生的东西。小伟上课时偷看 MP4，MP4 被老师暂扣下来，是老师出于对小伟的关心，希望他好好学习，不要分心。老师的处理没有错。老师还让小伟通知其父母到学校来，所以在这件事的处理上，学校并无责任，也无过错。

这就是当时一起轰动全国的由 MP4 被扣导致初三学生自杀的事件。从事件的前半段来看，表面上似乎正如该校校长所说，老师的行为没有不当之处，学生想不开要自杀是不可预见的。但我们可以分析一下：这起悲剧发生前是不是一点儿征兆都没有？如果有，那么为什么无论是老师还是家长都没有注意到呢？

首先，小伟犯错误之前实际上有很多迹象表明，他的内心世界已经发生了变化，他在情感方面的需求从电子书上得到了慰藉。一个在别人眼里优秀的学生却迷上了言情小说，这种冲突已经让他的内心失衡。他觉得自己已经不优秀了，一旦犯了错，老师和家长就都会否定自己。所以，虽说悲剧是由MP4 被没收引发的，但在此之前，他已经对自己感到失望甚至绝望了。

其次，小伟的 MP4 被收走后，情绪是有变化的。比如，他不停地去找老师要，目的就是想让自己看 MP4 这种“不好”的行为从老师心中消失。他是优等生，不想给老师留下不好的印象，也怕家长知道这件事，而老师并没有注意到小伟内心的焦虑。另外，他的 MP4 是借的同学的，他也不想让同学因此受到连累。讲一句事后诸葛亮的话 —— 如果老师把 MP4 还给小伟了，可能就不会发生后面的事了。虽然任何人都很难先知先觉，这种事确实有不确定性，但我们是不是还可以观察得更细致一点儿？是不是还应该更积极地跟进一点儿思想工作？显然，班主任对这件事的后果估计不足，一方面可能是因为经验问题，另一方面可能是因为小伟一贯的优秀让老师失去了警惕。

再次，班主任虽无明显过错，但从教育的细节来讲，存在“观察不力”的问题。他没有注意到学生行为和心理上的细微变化，也没有及时采取行动，丧失了最佳挽救时机。第一天发生的事已经足以引起班主任的重视 —— 如果有一样东西比校长讲话还重要，那我们就应该去思考这是什么。它的诱惑力大到可以让小伟无视校长讲话和学校的纪律，我们就一定要弄清楚原因。可惜的是，第一天班主任并没有行动，第二天在没收了小伟的 MP4 之后也没有进行教育，只是用了孩子们最怕的一招 —— 请家长。这就有些过于简单了。从结果来看，这是导致小伟离家出走的直接原因，当然也是导致悲剧的诱因之一。小伟反复向班主任索要 MP4，每一次都是教育机会，但班主任都没抓住。

小伟索要 MP4 未果，他带着“请家长”的任务回家，会是一种什么样的心情？班主任可能因工作忙而忽视了，如果能早一点儿和家长取得联系，家长了解情况并进行教育了，小伟就没有机会做内心的挣扎或做出那个付出生命代价的决定了。一个 15 岁的孩子心智毕竟没有完全成熟，在没有人疏导的情况下完全可能走极端。此前只要有任何亲近的人（父母、同学或老师）开导他一下，悲剧就可能可以避免。遗憾的是，没有人这样做。

最后，小伟离家出走后，学校采取的行动是比较积极的，但已经回天乏术。应付这种事情的最好方法就是将它消灭在萌芽状态中。如果再补充一点，那就是如果寻找的力度再大一点儿结果可能会好些，因为从小伟离家出走到自杀，中间有 19 天时间。如果发动更多力量在此期间找到小伟，当然也就可以阻止悲剧发生。

事实上，我认为，一个动不动就离家出走的孩子往往不会做出轻生的举动，因为这已经成为他排遣心中烦恼、让情绪得以宣泄和平复的手段。而小伟这种一贯优秀的学生一旦出走，问题就十分严重了，必须引起高度关注，因为这是反常的举动。任何反常的举动背后都可能隐藏着巨大危机。小伟出走前的一些举动就很反常，但因为不太“出格”而被忽视。如果小伟在办公室里大吵大闹，引起了老师的注意，反倒可能救了他。

很多偶然、巧合促成了悲剧的发生，如果我们能在任何一个“偶然”的环节稍加留意，事情就有可能向好的方向发展。班主任不应忽视学生的反常举动。学生任何“不对劲”的表现都应引起我们的高度重视。所以，我们应从注意观察学生的异常举动开始，培养自己的教育感觉。

八、爱生如子

在多年的教育工作中，我始终换位思考。站在学生的角度想问题：“假如我是一个学生，我希望我的老师怎样做？”站在家长的角度想问题：“假如我是一个家长，我希望我的孩子遇到一位怎样的老师？”这样想着、做着，与学生和家长的关系无形间便拉近了许多，也让彼此加深理解，跨越年龄、职业、身份的距离，形成和谐的关系。

班主任只要关心学生的前途、命运并为之付出努力，就能和家长达成共识，形成教育合力。如果说我与其他班主任有什么不同的话，那就是我属于不太计较眼前利益的那种人。因为不太计较，所以经常被人误解。我从不歧视后进生；我也关心升学率，但决不把所有心思都用在这个上面，因为我认为那样做有辱我对教育的理解。

在和家长的沟通中，我经常反客为主，有时甚至帮学生做家长的工作。我知道，实现和家长良好沟通的方法之一就是多站在家长的角度看问题、抢在家长前面把话说了、用家长的口气说话。

我经常讲，不要刻意去感动学生或家长。我更注重的是做一些真正让人感动的事。把学生看作自己的孩子就是让家长很感动的事。这也是我班上的家长一直都很支持我的重要原因。我始终觉得做一名优秀的班主任并不是很难的事，只要有换位思考的习惯，就成功了一大半。但是，从另一个角度讲，做一名优秀的班主任也是非常困难的事，因为单是这种换位思考的习惯，就已经把一大半人拒之门外了。

我想，一些很伟大的教育理念往往就隐藏在很小的细节里。我很相信这样一句话："爱是需要能力的。"尽管爱有不同的方式，但是无论用什么方式，爱都是我们内心深处最可宝贵的情感的呈现。很多家长和班主任之间的良好关系都止于学生毕业时。在这方面，我算是做得好的，很多毕业生的家长至今仍和我保持着联系，因为我曾经为他们的孩子真正付出过情感。但是，纵然更多的家长杳如黄鹤，也不能改变我对教育的看法和做法。毕竟，我真诚地、真正地为了孩子做过些什么，做得好不好是一回事，是不是真心的我还是很清楚的。

第二讲

巧做班级常规管理

最能体现班主任教育智慧的恰恰是这些平凡而琐碎的常规工作；优秀的班主任能够把一件件小事做出艺术来，在平凡中见伟大。

我们需要思考的问题是：为什么有的班主任从早忙到晚，工作也未见得有多少起色，而有的班主任看似不怎么费力，效率却很高？

一、常规管理：琐碎中显现班主任智慧

（一）“弹钢琴”工作法

很多教师不愿意做班主任，重要原因就是班主任每天需要做大量常规管理工作，这非常繁杂、琐碎。从清晨开始，一直到下午放学，一直忙个不停。有些学校，还有晚自习和住宿管理。下了班也不得安宁，需要随时准备接听家长的电话，应对突发事件……这一切，不仅对班主任的体力是个考验，更重要的还在于会给班主任带来较大的心理压力，令班主任疲惫不堪。

一般而言，学生的学业成绩、升学状况、竞赛获奖情况、上级领导的肯定和学生家长的认可，会给班主任带来一定的成就感，可以使班主任在一定程度上获得职业幸福感，但烦琐的日常工作仍然会使班主任产生职业倦怠。对班主任来说，辉煌是暂时的、偶尔的，疲惫是持续的、常态的。但最能体现班主任教育智慧的恰恰是这些平凡而琐碎的常规工作；优秀的班主任能够把一件件小事做出艺术来，在平凡中见伟大。

我们需要思考的问题是：为什么有的班主任从早忙到晚，工作也未见得有多少起色，而有的班主任看似不怎么费力，效率却很高？

根据工作状态，班主任可以分成四种。

第一种，既不动脑也懒得动手。这类老师根本不能胜任班主任工作，只是在这个岗位上混日子而已。

第二种，工作勤奋却不爱动脑筋，工作很辛苦却没有多大进展。这类班主任需要学习、反思。

第三种，喜欢动脑筋，有理念、有想法，能用一些小技巧把工作做得较好，但却不够勤奋。这类班主任有发展的潜质，但很多班主任工作毕竟是需要亲力亲为的，只会用技巧偷懒是不能成大器的。

第四种，既有教育的方法和智慧，也能以饱满的热情投入工作中。这类班主任能够成为优秀的班主任。第四种班主任和第三种班主任的最大区别，体现在对待常规管理工作的态度和投入程度上。

实践出真知，我们必须在常规工作中学会做常规工作的方法和智慧。这些方法和智慧经过思考和总结，上升到一定理论高度，就可以为以后的工作提供借鉴。

毛泽东在《党委会的工作方法》一文中，把开展工作比作“弹钢琴”，他指出，要——

> 学会“弹钢琴”。弹钢琴要十个指头都动作，不能有的动，有的不动。但是，十个指头同时都按下去，那也不成调子。要产生好的音乐，十个指头的动作要有节奏，要互相配合。党委要抓紧中心工作，又要围绕中心工作而同时开展其他方面的工作。我们现在管的方面很多，各地、各军、各部门的工作都要照顾到，不能只注意一部分问题而把别的丢掉。凡是有问题的地方都要点一下，这个方法我们一定要学会。钢琴有人弹得好，有人弹得不好，这两种人弹出来的调子差别很大。

这段“‘弹钢琴’工作法”的论述，很形象地指出了我们应该如何艺术地处理繁杂工作——既要全面观察，又要重点关注，围绕中心，各项工作要配合好，不能蛮干。人的精力是有限的，需要合理分配。在什么时候做什么事，在每一段时间都要有工作的重点，在各项待处理的事务中也要有一个中心工作。对出现的问题，在处理时也要分先后次序和轻重缓急，等等。

（二）举重若轻，举轻若重

对出现的问题，班主任需要做到“举重若轻，举轻若重”。

有些班主任对待班上的任何事情都如临大敌，整天诚惶诚恐，大惊小怪，班里出了任何一点儿问题都觉得仿佛是世界末日。这样心理负担就太重了，整天背着如此沉重的思想包袱，是做不好工作的。

“举重若轻”是指在工作中心态要放平和。孩子犯错误没有什么大不了的，在成长过程中哪个人不犯错误呢？即使成人不也经常会犯错误吗？犯了错误没关系，努力改了就好，严重的，还有校纪甚至法律的制裁，天塌不下来。

“举轻若重”是指不要放过任何教育契机，眼睛要能看到问题。常规工作的特点就是细小、琐碎，很多班主任都流于应付，为做事而做事，错过了许多教育良机。其实，对学生的教育主要就是在这些常规工作中完成的。没有平时一点一滴的教育积累，学生哪来良好习惯和健康人格？

比如，男孩子打架是“轻”（很多男孩在长大的过程中都打过架），通过打架得到教训可以加快成熟的脚步；向教室地面乱吐瓜子壳是“重”，因为这牵涉一个人的基本素质，会影响其终生。扭转一个人的思想是“重”，得慢慢来，出现反复和退步没关系，应看淡一点儿，心态放轻松一点儿；一个小小的坏习惯是“轻”，但一个“小恶”能影响班级风气，必须花大力气来抓。

处理好这一“轻”一“重”，就能让人带着良好的心态去做那些平凡的小事了。

（三）伤其十指不如断其一指

在策略上，班主任要遵循“伤其十指不如断其一指”的工作原则。

“‘弹钢琴’工作法”告诉我们，虽然弹钢琴时十个指头都要动，但如果十个指头同时按下去，就弹不出什么美妙的音乐。这就好比班主任工作，千头万绪，如果平均分配精力，什么事都管，就会把人搞得很累，还什么事都管不好，让人相当没有成就感。所以，有智慧的班主任一定是有所为有所不为的。蜻蜓点水般地做事，好像什么事都做了，但没有一样做彻底，都是虎头蛇尾甚至有头无尾，长此以往，学生也会失去信心。所以，“伤其十指”不仅没有效果，往往还把自己的心态搞坏了。如果从一团乱麻中梳理出一个主要问题，花精力去好好处理，解决一个是一个，由此及彼，扩大战果，情况就不同了：既能看到即时的效果，又可以为打好下一场战斗树立信心。这就叫“集中力量打歼灭战”。“伤其十指不如断其一指”，既是毛主席指挥作战的艺术，也是我们带班做事的原则之一。所以，我对习惯的养成，要求就是“培养一个，巩固一个”。

那么，班级常规管理工作中什么是最重要的？没有最重要的。教育无小事，事事皆重要，只有最先要解决的、最有把握解决的。在带班的不同阶段都有不同的工作重心，有首先要解决的工作和可以暂时放一放的工作，我们要学会分类、取舍。“‘弹钢琴’工作法”很形象地揭示了工作有它自身的节奏和规律，踩准节拍，形成共振，就会事半功倍。

二、容易忽视的细节：让科任教师感受幸福

我们不缺勤劳不缺智慧，我们缺的是做细节的精神。

（一）宝贵的课前两分钟

面对几十个性格、脾气迥异的孩子，班主任即使能力再强，也不可能凭单打独斗搞定一切。一个有智慧的班主任，一定善于调动、整合一切可利用的力量帮助自己做教育。其中，科任教师团队就是一个极好的资源。班主任最头疼的事情之一，就是一下课班级的科任教师就来告状：“你们班又怎么怎么了……”更有甚者，课上到一半，不是将学生赶出来就是自己

跑出来。此时，班主任必须对科任教师赔笑脸，从中斡旋，有时还要和学生说好话，劝他去向科任教师道歉。一个冲突发生，就有许多工作要做，不胜其烦。科任教师承担的责任相对较少，大不了还可以往班主任身上推，而班主任则是退无可退，所以很多教师不愿意做班主任。如果反过来，科任教师上课都不用你操心，他们能在课堂上发挥最好的教学水平，甚至课后还能和学生谈心，帮你做教育，那你这个班主任就当得太幸福了。

要想把科任教师紧紧团结在你的身边，和你同心同德，共同搞好班级教育教学工作，就必须让他经常从你所带班级的学生那里体会到幸福。无论你带的是好班还是差班，都可以做到这一点。我曾经就带过很差的班级，但我们通过努力，改变了科任教师对我们的看法，营造了一种和谐的班级氛围和良好的师生关系，最终赢得了情感和学业的双丰收。印象最深的就是一位科任教师曾经用两句话来评价我们的学生：第一句——“你们班学生成绩真差”，第二句——“在你们班上课真幸福”。这两句话放在一起说是很有意思的，所有科任教师都会关注成绩，在一个成绩很差的班级上课怎么会幸福呢？

其实，这没有什么秘诀。让科任教师感受幸福，并不需要在教师节给他送花、送礼物，学生的学习成绩也不一定非要优秀，只要为科任教师做好两项服务工作即可——一个安静的课前准备和一张干净的讲台！

课堂教学秩序管理按理说应该是科任教师的事，不用班主任多插手，但是每个科任教师驾驭课堂的能力是不一样的，每个班级学生的素质也是不一样的，所以，协助科任教师管理课堂也就成了班主任的工作之一。如果班上的教学秩序混乱，班主任是脱不了干系的，人家会说“某某班很乱”，而不说“几年级几班很乱”，这个“某某”就是班主任的名字。这是班主任的宿命，当一天班主任就要承担一天。如果班级的教学秩序很好，科任教师上课就会轻松，这样学生受益，班主任的口碑也好，皆大欢喜。

做老师的都有这样一个体会，就是有时候一节课上得很顺，教学任务完成得很好，心情也很舒畅；而在同样的班级，有时一节课上下来感觉则很糟糕。面对同样一群学生，同样认真备课，为什么上课表现会起伏不定？因为师生双方的情绪和状态都是会波动的，任何一个环节出了问题，都会影响教学工作的顺利展开。

上好一节课的关键是什么？是课前两分钟的准备。如果课前准备做好了，教师一走进课堂，神清气爽，心无杂念，马上就能进入状态，把最好的一面展现出来。如果课前准备一团糟，教师就先要花力气整顿秩序，到正式讲课时，热情已经消减大半，接下来就很难充分发挥，往往也没有了发挥的兴致。良好的开端是成功的一半，这话丝毫不假。明白了这个道理，班主任就应该知道力气往哪里使了。不要小看这两分钟，至关重要哇！现在，很多学生已经没有了课前准备的概念，至少我进过的班级，很多情况下都是乱糟糟的。打了预备铃还是和之前一样，原来在说话的还在说话，原来站着的还站着，在他们心目中，打了预备铃不算上课，打了上课铃还不算上课，老师进课堂了还不算上课，甚至老师喊了“上课！”口令也还不算上课。那么什么算上课呢？老师板起脸来整顿课堂纪律时，他们才意识到已经上课了，声音才逐渐小下去。老师刚刚开口讲课，那边再来个迟到的，一声“报告”把老师的话头打断，如此反复几次，一节课已经过去五分钟了。

我理想中的班级，应该是打了预备铃，学生就迅速地坐到自己的座位上，立即把书本等物品摆好，安静地等待老师来上课，而此时，讲台和黑板都已经擦得很干净了。这不仅是规矩，更是对人的尊重。最重要的是，这一环节是上好一节课的前提。如果学生心不定，难以进入状态，课堂效率就低。

就这么一件小事，班主任要当作新接班的头等大事来抓，这就叫举轻若重。以前带过一个班，还是个比较好的班级，我曾经用整整一个学期来帮助学生养成课前准备的习惯。为了督促大家，我请班干部一打预备铃就立即上岗执勤，劝诫那些忘乎所以的学生回到自己的座位上。本以为学生素质比较好，应该很容易做到，但结果完全出乎我的意料。一开始根本贯彻不下去，学生不买班干部的账，依然故我。班干部力量有限，独木难支，索性不管了。

我意识到，这个顽症不除，想要提高课堂教学效率将是天方夜谭。为此，我把这件事当作班级管理的头等大事来抓。别的工作可以迁就，这项工作必须做好。“伤其十指不如断其一指”啊！

班会课上，我向学生指出，课前准备有三个层次。第一个层次，没有准备，老师在教室外面就能听见教室里的喧闹声，进了教室后喧闹声也没有任何改变。第二个层次，老师走进教室前大家十分吵闹，见到老师来了能安静下来。这就有进步了。第三个层次，用安静的课前准备迎接老师的到来。这才是我们的奋斗目标。我说，现在我们还处在第一个层次，完全不像学生的样子，为此，我们将不惜一切代价打好这一仗，直到达到第三个层次。

为了帮助班干部和科任教师把好课前准备这一关，我自己要辛苦一下。每次打预备铃时，我都当作是自己去上课，抢在科任教师之前出现在教室门口，检查班干部是否到位，帮班干部提醒学生此时应该做什么。有时科任教师来了，我还要等一等，直到开始上课了才离开。课前准备做好了，一节课就有了个好开始。就这样一点点地做，一点点地矫正。根据学生的整体素质，养成这个习惯要花几个星期乃至几个月的时间。但是一旦大家养成习惯了，就不必再为此烦恼了。先苦后甜，从长远的角度看，这个精力花得值。

还要提醒一句，班主任千万不要在课前准备时到教室里发通知、讲事情、收东西。一通话讲完了，抬腿走人，把一个骚动的课堂甩给科任教师，这样你还不如不到教室来。所以，即使有什么重要的事情要布置，也应在快下课时等在教室外，等科任教师上完课走出教室后，你再进去说。

这样的工作哪里有什么技术含量？关键是用心。把精力大量投放到习惯的养成上，这是一项长期投资，回报在远期。一个好习惯一经养成，就可以长久地发挥作用。

班主任要有服务意识，为科任教师、为学生提供良好的服务，这并不有损班主任的尊严。班主任不仅要让学生感受到幸福，也要让科任教师感受到幸福，让他们愿意来上你所带班级的课，愿意为学生多付出一点儿。学校给每个班级配备科任教师都是经过精心考虑的，强弱搭配，不可能每个科任教师的能力都很强。有的科任教师驾驭课堂的能力并不是很强，遇到调皮的学生、纪律不好的班级时，会有一种很无助的感觉。学生不懂事，总是欺软怕硬，此时科任教师就特别希望班主任能帮他一把。这种帮助对科任教师来说就像雪中送炭，远比教师节时给他送花或者小礼物重要得多。班主任要掌握不同科任教师的能力和心理，及时予以协助。帮人就是帮己，最终受益的，还是你所带的班级和你自己。

这么多年来，我教过许多班级，看到有的班主任，特别是一些差乱班的班主任，课前基本不到班上来 —— 可能是自己也不想看到那些不好的现象吧。他们的心情可以理解，但是如此一来，班级就会越来越差，越来越乱。反过来说，扭转风气也是简单的，只要班主任能在大家最需要的时间和地点出现，大胆地管理，坚持下去，就一定会成功。

（二）可以改变心情的讲台

李镇西老师说："让人们因我的存在而感到幸福。"

一些班主任说："让学生因为我而感到幸福。"

我说，完满的幸福应该是双向的。我们做班主任的，不仅要让学生因为我们而感到幸福，还要让我们的科任教师因为学生的存在而感到幸福。

如何做到这一点？靠我们的教育，靠不断地做工作。

教师的幸福感来自哪里？其实，教师的要求大多都很简单，学生尊敬自己，爱学习，就是教师最大的幸福。

尽管我的学生并不优秀，但是我要培养他们的尊师之情，而且要始终坚持下去。

一踏进教室，老师原来很愉快的心情可以在一秒钟之内变得很差，原本温柔、文静的老师可以瞬间变得像一头野兽那样咆哮起来。当然，也可以是另一种情形：原来情绪很坏，或者还生着病，但是一看见学生，立马什么都好了，甚至病都好了一大半。后者，才是我们努力的目标。

如果老师爱学生，就会更有耐心，就想多教一点儿，就会牵挂学生能否听懂、能否考出好成绩，如果学生考不好老师就会惋惜，但会更悉心地教学。如果老师讨厌一个班级，讨厌一群学生，一下课就会拔腿便走，绝不拖堂，甚至上课时都会在心里暗暗想：“该死的下课铃怎么还不响？”学生不爱听，懒洋洋地睡倒一片，底下玩什么的都有，说他两句还和你顶嘴，原本精心准备的课件、备好的课，真是明珠暗投，一片苦心换来一声叹息；索然无味地上课，像是自说自话，一种悲凉之情便会油然而生。

这一切，我太熟悉了！因为我也经常会有这种感受。我教育所带班的学生，成绩差一点儿不算什么，对学习没有兴趣也不强求，但做人不能差劲，要友善，要尊敬老师。

我喜欢一进课堂，就有一个整洁的环境，所以，我一直强调要把教室卫生搞好。这不仅让我们的学生有个好环境学习，也能给上课的老师一个好环境。我喜欢有一个清洁的讲台好放我的书，所以班级卫生工作的第一件事就是，请一个非常负责的学生在每节课前把讲台擦得干干净净。虽然这只是个细节，但往往一个细节就能改变老师对一个班级的看法。

我们班的讲台上会放上一小盆花。粉笔盒也收拾得整整齐齐，绝不留一个粉笔头在讲台上。老师上课讲累了，或在学生做题目时，可以伏在讲台上休息片刻。虽然这不符合所谓教态规范，但是人在累的时候总想靠一靠，这是人之常情，可以理解。如果讲台很脏，谁愿意靠在上面呢？

我追求这种细节。黑板槽要清理得很干净，里面不能有粉笔灰；黑板槽下方的地面上也不能落满粉笔灰。这些都有专人负责。老师上课时难免会在教室里走动，所以，整个教室必须保持干净。我在一些班级上课时，曾经走到教室后面，发现满地的垃圾无人清扫，令人倒胃口。于是，回到自己班上后我立即检查，后来教室后排也干脆派专人清扫。教室卫生，不能靠几个值日生每天放学后打扫一下就完事，而必须时刻保持清洁。放学后再打扫，给谁看呢？

搞好教室卫生与课前准备的意义，绝不仅仅在于常规的纪律要求，还在于这能直接为我们的科任教师带来幸福感。

我带任何一个班，首要的事情就是把课前准备工作做好，把讲台收拾干净，不管花多大代价、多少时间。我深知，这个头开好了，一节课就容易上好。科任教师情绪好，学生也会很快进入状态。我知道科任教师怕进一些教室的门，因为等待着他们的，是一个肮脏的教室、一群素质很差的学生，学生在喧哗、哄闹，无视他们的存在。为了让科任教师心情能好一点儿，让学生养成安静地等待老师来上课的习惯，我经常早于科任教师来到课堂上，帮他们压阵，把一个安安静静的课堂交到他们手上。后来，在预备铃响之后班委会在教室里执勤，请同学们回到座位上安静下来。

我在班会课上一遍又一遍地重申我的理念，告诉学生我最希望看到的是什么，最不愿意看到的是什么。我每天都做着这样琐碎的事，不断重复，就是为了一点点的改变。其实，我有什么神奇的法宝呢？没有。

教室脏了，我会默默地拿起扫帚扫地，但是我绝不会给学生做保姆，包办代替。我深知学生是不懂事的，要让他们学会感恩是多么艰难！想想有些学生的父母为他们做了多少牺牲，洗了多少套衣服，流了多少眼泪，他们如果明白，就不会总让父母操心、伤心。所以，我在扫完地之后，总会严肃地问他们："那么多班干部、三好生、团员，都看不见吗？难道只有我一个人看见地上有垃圾吗？这教室是我一个人的吗？我把教室看成自己的家，你们呢？评先进、要荣誉的时候有你们，尽义务时人都到哪里去了？"我深知，响鼓是要重锤敲的，人的责任心是需要唤醒的。

坚持努力，情况就会慢慢发生变化：学生的责任心有了提高，经常有人主动为班级做事了，教室里也越来越干净了。人是可以改变的，我们工作没有做到位，就不要抱怨学生差、难教育。

学生和科任教师有争执时，我一定站在科任教师这一边。谁与我们的科任教师作对，就是和我作对。科任教师批评完，我再批评。平时学生和我再好，也别想在这个问题上讨到半点儿便宜。正因为我是真心对学生好，所以谁也不敢在这个问题上冒犯我——这样的事很少发生。

这一切，既是为了教育学生怎样做人，也是为了让科任教师因为我们班学生的存在而感到幸福。幸福的感觉应该是双方的，是相互的。如果仅仅让学生因为我的存在而感到幸福，那还是没有完全达到我的教育目标，还要让科任教师也能分享我的幸福、我的教育成果。

给科任教师一个安静的课前准备、一个整洁的讲台、一面干净的黑板、一个真诚的鞠躬，再加上几十双充满善意的眼睛，科任教师就会感到幸福。事情就是这么简单。

我要让所有教过我们班的老师，都不愿意离开我的学生，不管他们的成绩如何。为此，我一直在努力。

三、班级管理学入门：让班级高效运转起来

管理就是确切地知道要别人去做什么，并使他用最好的方法去干。

（一）任务布置：从模糊到具体

很多班主任都知道在班级管理中要“人人有事做，事事有人做”，但如何切实地做到这一点就得各显神通了。为什么有时候任务布置下去后完成情况不好或根本没有完成呢？这时，首先要检查一下自己是怎样布置任务的。

任务布置一定要明确、具体，具体到人，具体到需要达到的要求，切不可含糊其词，否则会让学生无所适从。什么样的任务布置是模糊的呢？举例如下。

①把个人卫生搞一搞。

②这件事由张三和李四负责。

③把稿件在最快的时间内写好并交上来。

④大家都要踊跃报名参加。

⑤这个任务我们必须高质量地完成。

这样布置任务的结果是什么呢？

① 个人卫生仍然没有达标。

②张三推给李四，李四推给张三，或者张三干了，李四不高兴。

③事实上，交上来的稿件寥寥无几。

④除了几个积极分子，其他没有什么人报名。

⑤任务完成得不理想。

为什么会造成这种情况呢？分析一下就会发现，看上去我们已经把任务布置下去了，但都存在一个通病 —— 不明确，不具体，学生当然摸不着头脑。还是上述五个任务，如果我们按下面的方式改一改说法，效果就会大不相同。

①你今天回家把指甲剪短，明天给我看（“个人卫生”是含糊的，“剪指甲”是具体的）。

②这件事就交给张三你了，明天告诉我结果（不要笼统地把任务交给两个学生，而是分解一下，一个学生做一件事）。

③把稿件在星期三早晨第一节课上课前交到各组组长那里，由组长收齐交给宣传委员；宣传委员在第二节课上课前把稿件放到我的办公桌上，同时附上没有交的同学名单（“最快”是个含糊的时间概念，说了等于没说，一定要改成具体时间，比如“三天”“后天上午”等）。

④所有同学都必须报名，有特殊情况不能报名的直接向我报告（“踊跃”是对报名参与情况的描述，而不是要求，应该具体到什么人可以不报名，什么人必须报名）。

⑤我们要争取进入前三名（何为“高质量”、怎样才算达到“高质量”，很含糊，不如改成明确的目标，让学生更清楚，完成还是完不成都可以有说法）。

一件任务布置下去，到时候完成不了，班主任通常都会责怪学生不积极主动，而不会反思自己任务布置得有没有问题。时下，无论是规则制定还是任务安排，有很多是口号性的、纲领性的，可操作性很差。关于班级发展的大方向，口号式的语言未尝不可，如果任务布置也是口号式的、笼统的，学生就会茫然。看上去人人有事做，其实却是人人都不知道怎么做，于是只好不做。

要做好一项工作，任务布置下去只是第一步。在具体实施过程中，还必须随时关注进展，及时提醒、督促学生并给予必要的帮助和指导。不同年龄段、不同层次的学生，能力有强有弱，班主任要根据这些特点合理布置任务，不要让学生去做超出他们能力范围的事。培养学生的能力，要循序渐进，量力而行。既不要不相信学生的能力，不敢放手，也不要把事情想得过于简单，想当然地觉得学生都这么大了，这点儿事还做不成吗？学生毕竟是未成年人，很多事确实是做不来的。

（二）程序设计：从混乱到有序

有一次，学校组织学生学农，调用了八辆大客车，因为需要在外面住几天，所以每个人都带了一些行李。为了方便行动，大多数人选择使用拉杆箱，把所有东西往里面一放，不管多重，拉起来就能轻松地走，很省事。

由于车辆比较多，不可能全部停在学校里，我们只能在校门口上车。我们学校地处闹市区，门口就是交通要道。早晨路上上班的人很多，开车的、走路的、骑车的，川流不息。大客车在校门口一停，顿时就造成车流不畅。四十多人上一辆车，放行李时，行李舱的门一打开，又占据了一些空间，这更加重了交通拥堵。学生从校门口到车门前要经过慢车道，此时慢车道上已经很繁忙，学生的队伍一堵，结果是一片混乱。为了不造成大面积拥堵，学校要求学生尽快上车，但是上车客观上需要一定时间。大客车都在路上排队，上满一辆才能开走一辆。前面的班级上车速度很慢，每个人都是先把行李放进行李舱，再挤出人群从前面排队上车，一个班没有个七八分钟上不去。

看着交通堵塞，又担心学生的安全，大家都很着急。但是到了上第四辆车的时候，我发现情况开始改变了。这个班的学生在班主任的指挥下，走到行李舱门口，把行李放下直接转向上车，行李舱前留三四个力气大的男生专门往里面放行李，这样就不会造成很多人挤在行李舱门口的状况。等那边学生都上车了，这边的行李也放得差不多了，最后这几个男生再上车。就这样一个简单的改变，还是那么多人上车，却只用了三分钟，而且一切都很有序地进行，丝毫没有忙乱的景象。后面几个班如法炮制，很快车辆就在校门口疏散了，学校门前的秩序也恢复了正常。

从这么一个很小的事情就可以看出有序和无序的差别——再小的事情中也有智慧。一个有智慧的班主任一定是善于动脑筋的。我发现很多班主任都是懒得动脑筋的，做什么事都很被动或呆板，不愿意多想一想怎么做才更合理、更高效，结果自己很忙、很累，还经常搞得乱七八糟。

如果把一些常规的事情都程序化，就能彻底改变混乱的状况。有时我们不应怪学生乱，而要反思我们的管理、控制能力。

从混乱到有序其实很简单，只需要先设计一套科学的程序，然后把程序详细地告诉学生，再进行一些练习，就可以了。

班主任应该在实践中不断思考，设计、整理一些程序，逐步将常规事务程式化，通过对学生的引导和训练，帮助他们养成凡事按程序走的习惯。很明显，经过训练的学生和没有训练过的学生是有很大差别的。

为班级工作设计的程序，可以是常规的、可以反复使用的，也可以是一次性的。如果学生训练有素，即使是一次性工作（比如，前面讲到的上车），也能养成按程序操作的习惯，和那些“散兵游勇”相比，显然专业得多。

我们设计程序并训练学生按程序操作的目的是当事情发生时，我们一声令下，每个学生都知道该做什么、该往哪里走，这样效率就可以大大提高。消防演习中的疏散就是有严格程序的，否则出了事非乱不可。班主任做事要举轻若重，把看上去不起眼的小事当个事来对待，这样就能不断激发自己的创新能力。所以，班主任自己首先要养成设计程序的习惯，才能通过言传身教，让学生也养成好习惯，这对学生今后的发展也是大有好处的。

（三）程序设计示例：座位变化、大扫除

[案例一　座位变阵，乾坤大挪移]

我们学校因为地处市中心，经常会承接一些社会考试的任务，比如自学考试、研究生考试什么的。这些考试一般都放在休息日。每逢有这样的考试，都要事先布置考场，而考场座位的设置和平时上课时的座位排列并不一样。平时我们每组是 6 排座位，4 组共 24 张课桌，而考试时需要安排 30 个座位，按 7、8、8、7 张课桌排成 4 组，简单地说就是每组的后面加 1 个座位，中间两组的前面再加 1 个座位。教室里哪来 30 张桌子呢？放心，

学校都已经将这事考虑好了，每个班都有若干张双人课桌和单人课桌，平时两张单人课桌拼在一起组成一张，有需要时可以拆成两张。此外，考试时还要求把6把椅子放在教室门外，组合成物品存放处，供考生放东西。尽管只是一点点差别，但需要搬动教室里所有的课桌椅，牵一发而动全身。比如说，原来第一排是顶在最前面的，现在要在第一排之前再加一个座位，那么所有课桌椅就都要往后移动，否则就无法安放加出来的座位。

我带的是高中班，学生应该算是比较成熟的了，但在第一次带学生布置考场时，还是一片混乱。每个人都在动，又不知道该怎么动，挤在一起，堵在一块儿，费了好大的力气才布置停当。我想这可不行，布置考场是个常态工作，得设计个程序把这个问题解决了。

观察了一番后，我首先把教室里的单人课桌全部集中到第一组，其余三组都是双人课桌，这样在拆分课桌时就只牵涉到一个组，其他课桌不受影响。然后，我公布了布置考场的程序。

高一（1）班座位排布变化程序

班级座位由平时排布变化为考场排布，具体要求如下。

第一步，每个人清理自己的抽屉，将所有物品清出，腾空抽屉。

第二步，第一、第三组的第一位同学用垃圾袋从前往后收纳同学清理出来的杂物，最后将垃圾袋放至教室前面供打扫卫生的同学继续使用。

第三步，第二组左边一排的6个同学将自己坐的椅子拿到教室外，椅背朝外，按顺序排好。

第四步，第一横排的座位向后平移20厘米，最后一排保持不动，中间各横排依次调整座位间距，第一组以最快的速度调整好，其余各组向第一组看齐。

第五步，第一组靠走道的单人课桌调整如下：第一张、第二张放至讲台左右两侧，第三张放至第二组最后（第七排），第四张放至第三组最后，第五张放至第四组最后，第六张放至本组最后。

备注：座位调整好后第一、第二组彻底清扫教室地面，第三、第四组拖地，其余各人承包的项目正常运作。

从以上这份“座位排布变化程序”中，我们可以看出，它的每一个环节，包括前后次序和每一步该做哪些事、哪些人要行动，都非常清晰。这样学生一看就很清楚，避免了混乱。一个小小的变阵，居然如此大动干戈，这还是印证了“举轻若重”的原则。

有了这个程序，再训练一次、巩固一次，我们就再也不会为此而烦恼了。所以，学生确实是有主观能动性的，但班主任必须予以指导，以使其能力得到充分发挥，不能做甩手掌柜，否则最后还是自己受累。在多年的实践中，我发现，学生需要的是具体的指导，而不是纲领性的、笼统的要求。

［案例二　大扫除的排兵布阵］

大扫除时，有经验的班主任一定会事先安排好每个学生的分工，到时候各人忙各人的，干完自己那份就可以离校。而我们经常看到这样的景象：大扫除开始后，一些学生干得很起劲，另一些学生在旁边闲着没事干，教室里乱哄哄的，好像很繁忙，其实进展很慢。认真的班主任往往身先士卒，干得满头大汗，而有的学生已经乘乱溜之大吉了。干完活学生离开后，班主任往往发现还有若干卫生死角没打扫，此时已经没有学生了，只好自己完成剩下的工作。

这样的班主任好不好？他确实认真，但绝对不是一个有智慧的班主任。难怪都说做班主任累。做班主任是累，但应该累在动脑筋上，累在想创意上，累在转变学生思想上，而不是累在干体力活上。一次大扫除，如果安排合理，形成常态，完全可以在 15 分钟之内做好。

方法很简单：把所有工作想仔细了，给每个人分配好；把大扫除的流程想好，比如，第一步先清理个人物品，然后扫地、擦窗户、擦门、清洗黑板等工作同时进行，然后是排座椅、换垃圾袋，最后是拖地，地拖完了就结束。所以，拖地的人应先出去玩一会儿，不要待在教室里碍事，应等第一批人干完离开后再进场。需要拖地的人肯定多于拖把的数量，所以应把拖地的人分组，第一组干完把工具交给第二组，像接力队一样，有三组就可以全部搞定，教室被拖了三遍能不干净吗？因为每个人都是干完就走，所以动作就快，就不会乱。要派一个人专门负责检查，每个人干完后让他检查一下，过关了就可以走了。劳动委员留到最后检查，有什么不到位的地方再补做一下。班主任干什么呢？班主任可以和学生一起劳动，也可以机动替补，顺便督促提醒。这样进行大扫除不仅效率高，班主任也能轻松许多。

我曾经计算过，第一个例子中全班座位的调整用时两分钟；精心设计好程序后，拍一张集体照，从集合整队到拍照结束上车，用时三分钟。这都是因为有序而变得高效了。

带学生外出活动时，我从不点名，我只问组长："某某组，人到齐了吗？"不管学生是不是一个班的，我做的第一件事就是给他们分组，让组长掌握每一个组员的联系方式，由组长负责点名。

这些事看上去都很小，但就是这样一点一滴从小处积累，最终才能让班级高效运转起来。

一个有智慧的班主任应该是调度有方的，在活动中能做到有条不紊，忙而不乱。从混乱到有序，是班主任实现从业余到职业转变的标志之一。

四、运筹帷幄：让班主任立于不败之地

学生不是用规则可以教得好的，规则总是会被他们忘掉。但习惯一旦培养成功后，就能自然地发生作用。

（一）制定班规的指导原则

从某种意义上说，班主任做学生的思想教育工作、带学生开展活动、搞班集体建设很像带兵打仗。打胜仗不能靠蛮干，做任何事都要用智慧，做事情不动脑筋只能事倍功半。

班主任新接班时，往往热情很高，抱负很高，期望很高。为了在短期内取得效果并借此树立自己的威信，班主任会推出自己的治班策略，制定一些班规，正所谓“新官上任三把火”。渴望首战取胜的心理可以理解，但也经常会有这种情况出现：政策执行起来有困难，甚至在推行过程中受到学生的抵制，引发师生冲突。

如果班主任搞不清状况，一上来就强行推进自己的治班政策，等遭到学生抵制时再回头一个个做工作，不仅伤神、伤脑筋，效果还差。有时班主任明明已经发现政策执行起来很困难，但话已说出口，覆水难收，只有硬着头皮上，动用班主任的权力，搞强权管理。结果是弱一点儿的学生口服心不服，强一点儿的学生不仅心不服，就连表面上也不给班主任留面子。这让班主任很受伤。

比如，中学生的发型问题是个老大难问题，令班主任们很头疼。某教师在新接班时制定了这样一条班规：“发型不合要求的必须整改，拒不整改者停课反省，整改合格后才允许来上课。”

这条班规能否顺利执行，是一个问题。也许你运气好，碰到了一个很听话的班级，执行起来那就没有难度，但一般而言，遇到阻力也是很正常的。有的老教师认为，过去一直是这么做的，都没有问题。但问题就出在凭经验办事上。现在是什么时代？学生和家长的维权意识变强了，过去没有出现问题不代表没问题，也不代表现在不会出问题。如果我是学生，和你较上劲，我看你能拿我怎样：什么样的发型算合格？合格的标准是什么？上课是我的权利，我没违反课堂纪律，凭什么停我的课？

这种事确实发生过，学生被勒令停课回家剪头发，结果家长告到校长那里，说：“即便我家孩子发型不合要求，也应该要求他放学以后去剪，上课时间就是要上课，你凭什么让我家孩子停课剪头发去？我家孩子学习耽误了谁负责？”

不管最后处理结果如何，班上发生了这种事总是不愉快的，对班主任的威信也是个打击。是人心不古，师道尊严不存在了，还是我们的理念和方法出了问题？无论如何，现在已经不是老师的话就是圣旨，学生必须不折不扣地执行的时代了。如果我们还抱残守缺，不碰壁才怪！

讨论对错没有意义，我想说的是其实这条班规是可以执行的，但是要在条件成熟的时候推出。问题不是规定合理不合理（这不在本文讨论的范围之内），而是班主任是在什么基础上制定这些规定的。在做班主任培训时，我多次强调“带班绝不打无准备之仗”。此处的“打仗”，并非指和学生斗，而是指班主任做一件事、在班级推进一项班规或搞一次集体活动。

上面讲的“那一仗”班主任为什么会输掉？因为班主任犯了用兵大忌。《孙子兵法》云：“知彼知己，百战不殆；不知彼而知己，一胜一负；不知彼不知己，每战必殆。”上述案例即属于第二种情况：不知彼而知己。班主任知道自己的决心和力量，但是不知道学生的看法和力量。如果运气好，遇到听话的学生，可能这一仗就胜了；如果运气不好，遇到不听话的学生和难缠的家长较起真来，可能就要出师不利。

要想百战不殆，不仅要知己知彼，还要运筹帷幄，做好充分准备。

输掉一场战役并不可怕，关键是要认真分析失败的原因，为以后的决策提供经验。

所以，政策、方针出台之前一定要“三思”，这样才能避免吃败仗。

一思，换一个角度看问题：如果自己是学生，这样的规定是否过于不近人情？这叫换位思考。换位思考是班主任工作中最重要的思维方式之一。

二思，自己有没有把握去应对学生及家长的质疑，解决可能会出现的麻烦？这叫理性分析，把困难想在前面。

三思，自己有没有能力将规定坚持下去？这叫合理评估自己的能力，避免盲目冲动，最后坚持不下去导致虎头蛇尾。

把这些都分析清楚后就算“知己”了，如果三条中有一条没有把握，就应该缓行。不要觉得规定只是约束学生的，其实，第一个被规定约束的就是自己。为什么有的班主任当得那么累？因为规定太多，给自己揽了太多的事。

班主任应认真考虑每一个方案、每一个决策的可行性，力求出手就打胜仗，积小胜为大胜，带领学生一步一步走向优秀。如果把带班的事真的当回事来思考、来运作，像做学问一样，就不难积累智慧，成为一名成功的班主任。

以下几招，希望能对大家有启发。

1. 第一招：宣传造势

如果你想把自己的设想付诸实践，先不要急着动手，先要为你的想法宣传造势，让大家都能了解你的意图和决心。你要大力宣传，一方面营造气氛；另一方面可以给学生一个心理适应期，待政策出台时大家不会感到突然。开班会讨论就是一个好办法。另外，要用好周记，对在班级影响较大的学生要个别谈心。等宣传到位，准备工作就绪，学生也认可了，就可以进入操作阶段了。

2. 第二招：自下而上

班主任一定要有这样的理念：把自己的需要转化成学生的需要。一件事，自己说好不算好，学生说好才是真好。有时候自己的想法是美好的，但学生并不领情，因为那不是他们的需要。只有他们自己想要，那才挡都挡不住，否则永远是你往下“压、压、压”—— 你能不累吗？

不要小看群众的力量，一旦大家被发动起来，你就不需要多管了。你要想办法激发学生的集体荣誉感，培养他们的团队意识，要让学生知道他们哪些地方是可以做得比别人好的，要通过努力积累荣誉，“让优秀成为习惯”。

民主讨论、民意表决是一个很好的方法，从表决结果可以看出一个班级的风气和氛围。我刚当班主任那几年，遇到过这么一件事。那时刚刚开始有校服，学校并没有规定每个学生每天都必须穿校服上学，只是提倡，结果每天只有很少的人穿校服。不知怎的，大家都觉得校服难看。我很想让学生每天穿校服，既整齐美观，又体现了平等；同时，别的班学生不穿，我们穿，这就会成为班级的名片，成为班级的风格。但因为学校没有强制规定，我没有后援，于是在做了不少正面宣传之后，我组织学生开了一次辩论会，专门讨论穿校服的利与弊。最后，全班用无记名投票的方式决定是否在本班执行每天穿校服的规定，结果有四分之三的学生支持。班规通过，另外的四分之一学生就不得不从众了。全班学生整齐地穿着校服，成为当时学校里一道亮丽的风景线，这增强了学生的集体荣誉感。从上面这个小案例中可以看出，学生自己讨论、制定的规定远比班主任个人制定的规定容易执行。

3. 第三招：火力侦察

店铺开张之初一般会有一个试营业的过程。为什么要试营业？因为通过实际运转，可以发现很多问题，各个部门也需要磨合。当这些问题都解决了，就可以正式营业。在试营业期间暴露出的任何问题，都有改进的机会。“试营业”的概念在班主任带班时也很重要，一项班规在执行之前永远是纸上谈兵，不到实践中检验一下是不会发现问题的。要想知道梨子的味道，就必须先尝一尝。在执行过程中可以收集反馈意见，发现问题，及时修正，同时也能为班主任解决矛盾、调整思路留下时间和空间。

在“试营业”期间，出现问题是可以原谅的，通过实践改进甚至完全废除规定也是有可能的。这样班主任就能始终掌控局面，立于不败之地。如果效果好，得到了大家的支持，就可以顺理成章地转入“正式营业”。此时，该暴露的问题暴露了，该做的工作也做了，到“正式营业”时大家已经开始形成习惯了。

4. 第四招：巩固后方

和任何一项制度打遭遇战的当然是学生，但是请不要忘记，学生背后有家长。所以，务必让家长了解你的工作思路，取得家长的支持和配合，至少事先要让家长知道，孩子出了什么问题会有什么样的后果。在处理学生的问题时，一定要和家长结成盟友，形成家校合力，而不是反过来，家长被学生说服了一起对付班主任。

我们要向家长反复强调利益的一致性，即都是为了孩子的进步（事实也确实如此）。对我来说，常用的策略就是反复向家长宣传这个道理，并且抓住一切机会向家长表示感谢。在家长会上、在平时的短信中，我常常会对家长的辛苦表示理解，会对家长的支持表示感激，站在家长的立场上说话。获得家长支持的良好境界就是家长对你说："请把我的孩子当作你自己的孩子来教育，孩子交给你教育我们放心。"如果能做到这一点，你的政策实施起来，阻力就会小很多。

切记，无论如何都不能把家长推到你的对立面，否则你就会腹背受敌 —— 麻烦可就大了。反之，如果学生了解到家长和老师已经达成了默契，就不敢以家长为靠山和你叫板了。

巩固了大后方，就可以放开手脚去做了！

5. 第五招：树上开花

树上开花为"三十六计"之一。古语云："借局布势，力小势大。"意为借助某种局面（或手段）布成有利的阵势，虽然兵力弱小，但可使阵势显得强大。

班主任的权力是很有限的，所以在制定、执行班规时，一定要有所依托。班规与校规在大方向上必须一致，并且要得到学校的支持。有了年级组、德育处乃至校长的支持做后盾，执行起来底气就足。要让学生意识到教育的层次性，班主任代表的不是个人意志，而是背后强大的行政力量。在前面那个关于发型的案例中，如果班主任在制定相关班规时能征询一下校方的意见，和校方通好气，那么在有麻烦时就可以得到学校各级组织的支持和配合，避免陷入孤立无援之境。

6. 第六招：网开一面

凡事都有例外，任何规定都不应该是绝对的，因为有很多不确定因素，做教育更是如此。教育是做人的工作，人不是机器，机器还有罢工的时候，何况是活生生的人。人的素质不同、个性不同，事件的背景不同、时间不同，都会给规定的执行带来意外的麻烦。这并不是说谁要刻意搞破坏，因为有的事确实很难说。即使你很聪明，很有智慧，把很多问题都想到了，准备工作也做得很好，各项保障也能到位，但还是会出现例外，这是不可避免的。

俗话说："满饭好吃，满话不能说。"把话说满了，就没有了退路，等于把自己逼上了绝路，除非你想食言。而你一旦食言，就等于失信于民，会威信扫地。为什么不给自己留下余地呢？这不是圆滑，这是由教育工作的特殊性决定的。

比如，关于迟到的处罚规定，我就觉得一定要留有余地，不能把话说满了，不允许有例外。特别是现在城市的交通状况和过去不能比了，早晨堵车是很常见的，而由于拆迁、城市建设范围扩大、房价上涨等因素，现在的中学生住得离学校越来越远，迟到的概率也越来越大。如果班主任一味强调严格、统一，对迟到者一律严惩，就会让那些并非恶意迟到的学生很委屈。有的班主任会对迟到的学生说："请再提前一些。"请问，提前多少能确保不迟到呢？有学生回答："我 6 点钟就出来了，还是迟到了……"早晨 6 点钟出门，意味着 5 点多钟就要起来赶车，就这样，还不能保证提前到校。

为什么不能给那些确实住得很远的学生留一点儿通融的余地，允许他们在一段时间里因意外迟到几次可以不被严厉处罚呢？如果因为怕有人浑水摸鱼而不允许有例外，这就是一种不动脑子的做法。办法一定有，班主任要思考，而且必须思考。

网开一面不是降低要求，这是一种弹性管理，体现了人文关怀。因为我们的工作对象是人，制定规定时要体现规则意识，但具体执行时也要体现人文关怀，而不能像对待机器一样。

退一步讲，纪律也好，规定也罢，有一定的弹性可以让班主任有更大的回旋余地，也可以避免没有退路的尴尬。顺便说一下，有的班主任好像和学生有仇一样，或扮演着驯兽师的角色，不把学生治服了誓不罢休。这样，班级即使可以获得表面上的整齐划一，在常规评比中也能获得红旗，但损失的可能是更为重要的 —— 精神关注和人文关怀。

有智慧的班主任不是这么做的，境界高的班主任不会把学生想得那么坏，高明的班主任一定会给自己的工作留有回旋余地。

（二）班规制定和执行示例一：学生迟到怎样管理

班主任每天面对的都是一大堆小事。今天又有老师在我的博客上留言了，问有的学生总是迟到该怎么办。

> 老班你好！我接的班也是高一的。现在我们班有很多男生一直迟到。我每天每次（早读、上午、下午）都是早早到教室里，可是起不到榜样作用。你能给我提一些建议吗？我该怎么做？

我理了一下思路，回复道：

> 你每天都早到还是不能让他们按时到，你的早到就是没有意义的。应尽快制定相关规则，对迟到的学生要有一定处罚，处罚的力度必须渐次加大。规则中要留有一定的回旋余地，以防学生确实因客观原因迟到。榜样是长期才能起作用的，短期的成果只能用规则来达到。

我仔细看了一下这位老师的问题，他每天都坚持早到，可学生还是迟到，这是一个很奇怪的现象，这说明学生根本没有把老班放在眼里嘛！还有，现在的学生就是这样，你想身教重于言教，以身作则为学生做榜样，但这是暗示，学生并不理会。就像校长带头在校园里捡垃圾，光自己捡不教育学生怎么行？否则，你捡你的，他扔他的。这就是一些学生的现状，或有意或无心，他们是不懂暗示的。所以，我建议他用规则约束学生，有时很直白的规则是很管用的。

这样回答只能泛泛地谈谈，如果要讲清楚，还需要进一步分析。

其实，教育中的很多问题，应对思路是相似的。学生迟到分两种情况：上学迟到和课间迟到。按每天在校上八节课计算，就有八个时间点需要管理。班主任一般主要关注上学迟到，对课间迟到的管理则有所松懈，毕竟工作量太大。如果不能实现学生自主管理，单靠班主任的力量是无法完成的。再说，如前面老师所说的情况，就算班主任早到了，学生不是照样迟到吗？有什么解决方案呢？

既然迟到分两种，那就得分别解决这两种情况。先解决最重要的——上学迟到，再解决最烦琐的——课间迟到。之所以要有先后顺序，是因为班主任精力有限，同时解决，自己可能忙不过来，学生也可能适应不过来，容易分散注意力。毕竟迟到管理是常态管理，是班主任常规工作中的一项，不可能为此耗费所有精力。要在解决第一种迟到问题的同时，观察第二种迟到，思考解决方案。正所谓“嘴里吃着一个，眼里看着一个，心里想着一个”，各个击破，忙而不乱。“饭是一口一口吃的，仗是一场一场打的。”管理学生的迟到现象，我在有意无意间用了三招。

1. 第一招：以理服人，创设正向的舆论环境

不管做什么事，班主任都要先讲清楚道理，先在“理”字上站稳脚跟。当然，即使学生理解了道理，也未必能做好，但这一步又是必需的，这叫“晓之以理”。

迟到意味着什么？迟到不仅影响班级常规评分，也反映出一个人的素质。提高自身素质，应从小事做起。不守时会给他人带来麻烦，影响老师上课，也影响同学听课。你一迟到全班都向你行注目礼，你很光荣是不是？那是在谴责你呢！你要做一个大家都讨厌的人吗？影响班级评分也是一个方面，班级荣誉因为你一个随意的举动没有了，大家不开心，你就开心了？迟到的时间往往都不长，也就几分钟，你就缺这几分钟？但就这几

分钟就说明你是一个不可靠的人、一个没有责任心的人。守时也是有公德心的表现。每个人都要成为有责任感的人，成为受人尊敬的人，良好形象是靠一点一滴的努力慢慢积累起来的。

有时候同一个问题换一个说法效果会很不同。我习惯于把“不许迟到”这种负面的语句说成“守时是一种良好的素质”。这听上去舒服多了——在教育中要多用柔和的、正面的语言，少用生硬的、负面的表述。

不仅如此，我们还把迟到问题写进了班级公约，我们的班级公约只有96个字，针对迟到却用了8个字：“惜时守时，牢记不忘。”可见我们对这个问题的重视，而且我们没有使用类似“不许迟到”的表述，而是用了鼓励性的语言。

这些工作看上去和具体的迟到管理没有太大关联，但却在无形中形成了正面氛围，倡导了一种理念，那就是要做一个文明人，做一个有素质的人。班主任的文化素质决定了他的教育管理是富有文化内涵的，还是仅仅流于就事论事。

2. 第二招：高屋建瓴，用高位要求解决低位问题

其实，我根本没有把精力用在对付学生上学迟到问题上，而是大张旗鼓、全力以赴地抓另一件事——早读。如果学生无事可做，即使早到了又有什么意义？我们得让学生到校后有事做。比如，我校规定每天开始早读的时间是7点35分，而我们班则提高要求，不等老师进班，7点25分就开始自行组织早读。我们规定到校时间是7点20分，留5分钟交作业，7点25分一定开始早读。

我将工作重点放在了早读上，直到问题解决。解决了早读问题，迟到问题自然就迎刃而解。早读时间比上学时间提前了10分钟，你想想看，他都能开始早读了，还会迟到吗？工作思路一变，情况立即改变。

所以，上学迟到问题是在抓早读中“顺带解决”的。我绕过了讨论迟到问题的事，倒是就早读开始的时间和学生做了大量研讨工作，最后才确定了“7点25分”这个大家都能接受的时间。为此，我专门征求了学生的

意见：哪些同学在 7 点 20 分到学校有困难，以及路远的可以适当放宽，由班长把他们的名字记下来，其他同学不得模仿。但这样宽容的态度反而让学生不好意思为这几分钟纠缠了，结果全班一致通过，问题顺利解决。这样利用学生集体的力量解决学生自己的问题，比班主任简单规定有效得多。这就是智慧。班主任要像一名高超的战术指挥员，能让学生的注意力随着自己的意图而转移。

早读的要求当然高于不迟到的要求 —— 用高位的要求可以很好地解决低位问题。实践证明，这是非常有效的做法，屡试不爽。

我一直要求学生对自己提出更高的要求，对自己要求高了自然就不会被规则惩罚。这才是最重要的 —— 把规则“踩在脚底”。我告诉学生要把主要精力放在该放的地方，而不是整天想着用什么办法对付老师，为迟到编织美妙的借口，迟到了就是迟到了，没什么大不了的，不需要借口，下次不迟到不就行了吗?

3. 第三招：规则约束，以严明的纪律规范学生的行为

上学迟到的问题解决了，但课间迟到问题就不是那么容易解决了。每天有数个时间点，而且学生平时对此都不太在意，他们认为早晨和下午上学不迟到就行了，课间迟到不算迟到。

课间迟到当然也要管起来，但我一直在观察、等待，以选择一个合适的时机。有时候选择时机比选择方法更重要。开学后大约一个月，班级情况基本稳定下来，各个方面都取得了不小的进步，班级已经形成了自己的某些风格，此时每个人都有了一个明确的理念 —— 我们班的人是做什么事就要成什么事的。在这一理念强大的暗示下，不断接受新的挑战和考验，不断在应战中取得成功，已经成为学生的一种品质。于是，我才决定向课间迟到这一难题发起进攻。

早晨不迟到，为课间不迟到打下了坚实的基础。做到前者比做到后者难度大，困难的任务尚且可以完成，简单的任务就更应该没有问题。解决两种迟到问题的思路是不一样的，坚持做到早晨不迟到需要毅力，而做到

课间不迟到只需要思想上重视即可。

其实，我校本来对迟到有严苛的管理规定：迟到累计三次就要去德育处领取一张过失通知单，一个月内表现良好可申请撤销，申请时需要书面申请、家长签字、班主任签字，报德育处，手续很烦琐。如果撤销不掉，累计三张过失单换取一个警告处分，处罚力度依次递增。这个规定很少被认真执行过，因为较真起来执行难度太大。但如此一来，这一规定就成了一纸空文。如果班主任再疏于宣讲，就会导致很多学生都不知道有这项规定。我在班会课上就把这项规定搬了出来，目的不是处分学生，而是用纪律来震慑学生，要让他们在思想上重视起来。因为规定比较严苛，宣讲的时候我就用了比较轻松的口吻，我把这项规定比喻成“积分兑换”，全班大笑。学校有规定，班主任说话就有底气，如果需要，可以随时将学校的规定拿来作为处罚依据。我一直认为，纪律处分规定更多的是一种威慑力量，能不动用就尽量不要动用。

用规则约束学生，是建立在前期大量准备工作之上的，而不是一开始就生硬地宣讲规定。如果宣讲前学生已有足够长的适应期，其心理抵触情绪就会消减。这也是掌握时机的问题。由此可见，我们不是不用规定，相反，是要把规定运用得恰到好处。

不要过高地估计学生的自控能力，即使是高中生，也常常有人直到快上课时才意识到要去上厕所。既然这种情况在所难免，那么该怎么办呢？快去快回呗。只要抓紧时间，还是能不迟到的。看到学生急匆匆地一路小跑，我心里想的不是斥责，而是感动；不是催促，而是叮嘱：“慢一点儿，别着急！”毕竟还是孩子啊，能有这样的意识，已经很不容易了。如果快速奔跑出了意外，那可就得不偿失了。在严格执行规定的同时施以一定的人文关怀，可以让学生更好地遵守规定。

我们班的执勤班委每节课都会统计迟到的人数。按规定只要打了预备铃还没有进教室就算迟到，但我悄悄地嘱咐执勤班委，把记录的时间延后到打正式上课铃时。就是这两分钟，给学生处理应急事务预留了时间，也减小了执行规定的难度和压力。谁没有个意外情况？这两分钟给规定的执行留下了回旋余地，尽管我们班学生可能用不到这两分钟，但我们事先必须考虑周全。人不是机器，是人就有失误的可能，因此校内的规则不应该是铁板一块。事实上，这两分钟的弹性时间至今很少使用，学生们基本上都能自觉守时。尽管如此，这两分钟仍然是必需的。

前面我曾经说过迟到管理规则的制定原则，其中之一就是要给规定预留一定空间，以免把学生和自己都逼得没有退路。所以，在我过去所带的班级里，每个学生每个月都可以有一次无理由迟到。一个月不迟到，额度可以转到下个月使用，就算用来睡懒觉也无妨。这样做的目的是不让学生为了编理由而撒谎，我觉得与不迟到相比，诚信更重要。

我们班经常有一些学生因为交作业本或和老师谈话而影响了回教室的时间。按理说因公事迟到无可厚非，但是我看到的情况是学生总是急匆匆地一路小跑着回班级。每当这时，我的心中总是充满了感动：这是一群多么可爱的孩子！一件小事就可以折射出人的素质。再严苛的规则，因为有了爱和人文关怀也显得富有温情。

（三）班规制定和执行示例二：学生使用手机的管理

学生带手机进入学校，是个新的老问题。说它新，是因为手机普及并没有多少年。说它老，是因为自从有了手机后，关于学生带手机上学的讨论就一直没有消停过，但至今仍无一个普遍适用的、能为大家所接受的管理方案。最近几年，随着手机功能的日益强大，学生带手机到学校的问题再次引起公众的关注。从目前的讨论情况来看，反对声占了上风，但实际效果却不理想。谁能拿出个好办法解决这个问题？恐怕很难。

在此，我只就事论事地从纯技术角度探讨一下学生使用手机的管理问题。

现在，很多规则的制定完全是荒唐可笑的。荒唐之处不在于规定本身。比如，“禁止学生携带手机进入校园”这个规定本身不可笑，但和实际情况一对照，就变成了一件滑稽的事。制定规定的人只知道把规定定下来，以为这就算完成了任务，至于规定有没有可操作性、由谁来监督执行，则不是他所关心的。结果是，谁也不会把规定放在心上，手机照带不误，因为没有人来管规定执行的情况怎样。学校经常发生这种滑稽的事，这会导致学生养成不遵守规则的习惯，甚至会影响他们走出校门，进入社会之后的表现。对规则视而不见，是一个普遍的社会问题，根子还是在教育（我这里所说的教育不单指学校教育）。

我们造成或助长了学生的狡黠，让学生学会了“观察”和“分析”：遇到厉害一点儿的教师就老实一点儿，遇到不怎么负责或宽容一点儿的教师就钻空子。他们知道，规定的执行力度在于执行人的威力，而不在于规定本身的威力。养成这些坏习惯很不好，长大以后，他们在处理问题时也会带着这些习惯。

对学生使用手机的管理，最不动脑筋的做法就是简单操作：在班上宣布所有人一律不准带手机，如果发现了，就没收。其实，谁都知道这不可能做到。宣布完了就没事了，学生仍然在用，发现了，第一次警告，第二次没收。教师没有权力没收，所谓“没收”也只是暂扣一段时间，最后还要还给学生本人或家长。糟糕的是，被发现受到处罚的学生只是认为自己运气不好，从没有想过自己违反了规定；只是想下次要做得更隐蔽一点儿，而没有认识到不应该这样做。

我们班也同样存在这样的问题。我该怎样处理呢？我要在班级里推行什么政策，第一原则就是以理服人，让大家口服心服。理不讲透，不强行推进；理讲透了再执行，一旦执行起来就没有含糊的余地。我做一件事，一定是有计划、有步骤的，进展到哪一步就做哪一步的事，一切按照事物发展的规律来办。

能完全禁止手机进入校园吗？我看不能。特别是学生到了高中时。有人说，现在学生使用手机绝大部分不是用来和家长联系，而是用来和同学、朋友联系，所以不能让学生带手机。学生大了，难道不应该有自己的世界吗？学生难道一使用手机就会变坏？我们不能掩耳盗铃，对学生使用手机这个现实视而不见。既然禁止不了，那就要管理好。使用手机本身没有错，需要制止的是不正确地使用手机。

和一般的处理方式不同，我在班级里并没有一开始就制定“严酷”的政策，把自己逼上绝路，而是先让问题暴露出来，再和大家讨论怎么解决。

1. 第一步：宣传造势，观察准备

首先，我开始利用班会课进行宣传：学生最好不带手机到学校，以避免麻烦。凡事都有两面性，手机能带来便利，也会带来烦恼。没有手机，一样可以和外界联系，关键是自己怎么看待这个问题。手机已经成为一种大众通信工具，使用手机不存在炫耀的问题，没有手机也不是什么丢脸的事。如果你觉得带手机弊大于利，就不要带到学校里来，过一种简单的生活也挺好。没有手机的，也不必缠着家长买，以后确实需要了再买，也不是什么大不了的问题。

我确实认为这没有什么大不了的，有或没有，都不重要。我不会一看到学生使用手机就如临大敌，或形成职业习惯，一看到学生使用手机就收走。这种淡化、宽容的态度本身就是一种姿态，有时候我们越重视、越反对，反而越会强化学生的反抗意识。

讲清道理后，可以先让一部分学生自觉遵守。一个班级是有自己的气场的，如果玩手机成风，自然就会有一种暗示，更多人就会加入进来；如果有一部分人认为玩手机不好，也会影响一些人。

对带手机到学校的学生，我们首先强调学校的要求，告诉他这是违规的行为。然后，暂时不采取其他行动，观察一下会有什么问题出现。

光讲道理对一部分人是没有用的。他们会不以为然，以为只要不被发现就没事。所以，开学后不久就有人在上课时使用手机了——玩游戏，看视频，发信息。

要让学生上课时不玩手机，首先就必须让他们认识到这件事不好，建立是非观念。我会在班上加强宣传力度，告诉学生上课时使用手机是规定不允许的，被发现了将会受到处罚。宣传力度是逐渐加大的，一开始是很温和地讲道理，然后强调规定，然后在全班警告。但仅限于此，我仍然没有进一步的行动。因为把这件事彻底管好得有个契机，如果没有身边切实的案例，教育的力度往往就不够。

慢慢地，学生分化成了不玩手机的和玩手机的两派，其中前者占了大多数，后者人数较少但很顽固。这种分化减轻了我的工作量，因为大部分

学生在明确了规定之后已经自觉地遵守了，他们不仅不会让我操心，还成为教育其他学生的榜样，他们对少数违规学生有一种无形的震慑和影响。这样，在没有实施任何惩罚的前提下，大势已经形成，大多数学生的态度对少数学生已经形成了包围圈，那些玩手机的少数人要顶着很大的心理压力。能分化瓦解的尽量不要诉诸武力，《孙子兵法》云："不战而屈人之兵，善之善者也。"

2. 第二步：尊重民意，制定规则

两个星期后，问题充分暴露，哪些学生上课特别喜欢用手机大家已经心知肚明。大家都很清楚这是违规的，是非明确之后就好做下一步工作了。不久，我第一次处理了一起玩手机事件。班上一个学生在晚自习时玩手机被值班老师发现并扣下，他很不服气，认为老师首先应该提醒，不应该一发现就没收。下课后他就去找老师索要，老师当然没有同意。第二天我来处理此事，过程、细节就不具体描述了。总之，我只是不厌其烦地讲道理，分析利害关系，因为我只想让他心服口服。第一次处理此类事件时，务必慎重。和学生谈归谈，必要的处理还是要有的：让学生写出认识，暂时扣留手机一个星期，不通知家长。

处理完后，我没有在班上宣讲此事，因为我相信"好事不出门，坏事传千里"。不用我多说，班里学生一定都会知道。我不声张，给了他面子，但也同样达到了传播效果。

周五，我布置了周记，要求每个学生对班级的情况做分析、提建议。星期一周记收上来后，我发现果然有不少学生提到上课玩手机的事。那好，那就把这件事拿到桌面上来讨论。

班会课上，我们召开了班级大会。本次大会讨论的主要议题就是如何正确使用手机。大家对此发表意见，达成了共识。

（1）上课使用手机违规。

（2）确实有人不顾禁令继续在课堂上使用手机。

（3）这件事必须管起来，不然不良风气就会蔓延。

（4）目前要想完全禁止带手机到学校并不现实，所以，关键在于管理。

大家意见基本一致后就开始讨论处理办法。又是一番讨论，再次达成共识。

（1）第一次发现，暂扣手机一个星期，不必事先警告，因为规定已经强调过多次了。

（2）第二次发现暂扣手机一个月。第二次的意思不是在同一个同学身上发现两次，而是只要有一个同学被处理了就算第一次，下一次另一个同学违规就算第二次。

（3）第三次发现则一个学期禁止将手机带入学校。

（4）每次违规都告知家长。

讨论结果由班长记录下来，打印好，每个人签字，作为班级规定试行。班级大会的总体原则是大家要充分讨论，每个人都有发表意见的权利和机会。所以，规定是大家提出的，不完全是班主任的个人意志。这样执行起来阻力会小很多，特别是真正处理时，被处理的人将无话可说。制定完了以后把这些内容打印好，每个人签字，作为共同遵守的规则。

3. 第三步：加强监管，一步到位

前期工作要慢、要细致，准备要充分，给学生的适应期要足够长。一旦付诸行动，就要坚决、果断，绝不拖泥带水。

既然大家讨论好了，下面就是执行的问题。

首先，每个学生都登记手机号码，没有的填“无”。号码全部整理好后和家长逐一核实。当时全班共 44 人，有 18 人没有手机或者从不带手机进学校，这样工作量就减少了三分之一强，另有 26 人每天带手机到学校。确

认无误后进入监管、检查程序——上课期间随机拨打登记的号码，如果手机处于开机状态，则视同使用手机。

这一招大家事先并没有想到，底牌总是最后再亮出。学生虽然有些意外，但是细想一下没有反对的理由，因为老师不能时时刻刻巡视、检查，而且即使巡视，也有可能检查不出来。如果全部依靠老师检查，那么执行力度肯定是不够的，所以大家必须自觉遵守，而不是躲避或存有侥幸心理。事前我们讲明白道理，让大家都能理解上课时完全没有必要开机，开机就有使用的嫌疑。

从规定出台至今，我随机抽查过若干次，无一人次被发现上课时手机开机。管理基本成功。

接下来怎么办？会不会一劳永逸，以后就不会有问题了？

答案是否定的。

第一，即使如此规定并且经过检查没有发现问题，也不一定就表明真的没有问题。比如，对付抽查上课时开机还是有办法的，虽然比较麻烦。对这个问题，我的理解是，任何规定都不可能滴水不漏，讲白了就是“防君子不防小人”。如果有谁挖空心思要想出聪明的办法来对抗规定，那也太无聊了。为了这几十分钟的关机，值得付出如此大的代价吗？而且群众的眼睛是雪亮的，冒着违规被处罚的风险在同学的视线内玩手机，心理压力会很大。当做一件事所承担的风险和背负的谴责超出做这件事带来的愉悦时，每个人都会掂量一下，权衡利弊，做出趋利避害的选择。这正是我们需要的姿态。明白了这个道理，我想，绝大多数人都会认可。这就叫以理服人、环境育人。

第二，以后会不会出问题？很有可能。怎么办？我的做法是不必杞人忧天，到时再想办法。现有的办法既然好用，就用下去。当然，不能忘了表扬和鼓励，让学生以遵守规定为荣，以破坏规定为耻。建立健康的荣辱观是很重要的，良好的班级风气就是这样一点儿一点儿形成的。

我对学生说，养成一个好习惯就要巩固一个好习惯。现在，我们不必再为手机的问题烦恼了，我们还有更多的事要做，让我们都把精力放在更重要的地方吧。

遵守了规定，其实也就轻松了，不必担心规则会惩罚你，换来的是更大的自由。规则与自由的关系，就是这么奇妙，有时候，遵守规则就是获得了自由。

五、制度育人：让评价保持客观、公正

记得苏霍姆林斯基曾经说过这样的话，大意如下：在家庭和学校里，起决定作用的是公正还是不公正，这一点决定着儿童的心灵状态，决定着他的内心世界与同他在一起生活或参与他的生活的人们之间相互作用的状态。

（一）评选先进不用愁

学校经常组织一些评选：三好学生、优秀团员、优秀团干部……对这些评选，有的班主任比较随意，一是认为这不是什么大不了的事，二是觉得反正班上就那么几个表现突出的。在推荐人选上也比较随意，往往是班主任自己把名单拟定一下交上去就行了。学生其实是很在意这样的荣誉的，哪个学生不希望受到表扬、表彰？如果评选不公开、不透明，而且永远是那几个老面孔，其他学生虽不至于反抗，但至少心里会不痛快。久而久之，学生就会觉得评选什么的都是班主任说了算，对这类集体事务就会变得漠不关心。更严重的是，因为评选过程不透明，也有失公允，这打击了很多人的积极性，挫伤了学生参与集体事务的热情。学生会认为，反正每次先进都是那几个人，和我们无关，你先进那你去干好了。成人世界不也是这样吗？

但如果走向另一个极端，凡是评比就搞海选，大家投票，班主任也不正确引导，如果班风再出点儿问题，那么评选结果往往就会很离谱。最糟糕的是学生投票往往是凭印象，没有多少依据。这样做虽然能反映一定的

民意，但也因为不科学而没有什么说服力。所以，搞民主也是需要引导和有基础的。完全靠海选显然是假民主，班主任不可随意使用。

以我的观点，评选先进既不应该是班主任搞一言堂，也不应该是全班搞海选，而要用制度产生先进。用制度自然生成先进，这样最公平；用事实说话，谁都不会有意见。如果想在班级里一碗水端平，做到公平、公正、公开，营造民主和公平竞赛的环境，就需要有一套保障机制。班主任平时应注意收集、保留学生的各类信息，到时候拿出来公示，这样大家都会心服口服，这就是建立学生档案的好处。现在有了电脑，建立学生档案就更方便了。

我的学生档案，采用电子表格的形式保存，这样便于编辑、修改、增减内容，十分方便。特别是一些刚性指标，及时记录、更新，到评选的时候就能派上大用场。

具体操作建议如下。用电子表格软件，在学生名字后设置你需要记录的项目，还可以根据每个项目的重要程度赋分。记录的项目包括学习成绩、参与活动情况、获得荣誉情况、好人好事、违纪记录等。可以根据不同年级、不同类型的班级设计。到评先进的时候，根据评选的具体要求计分，每一项都可以单独计分，也可以计算某几项的，还可以计算总分。也就是说，需要什么我们就调出学生在这方面的记录，以分值高低顺序予以推荐。有时候要看综合得分，比如“三好学生”“优秀团员”等。

在上述这些项目中，要注意把握“学习成绩”这一项，赋予其适当的分值。但在综合评比中，“学习成绩”一定只能是其中一项，不能完全根据学习成绩排名评选诸如“三好学生”等综合类的先进。此外，还可以设定条件格式，也就是最低标准或一票否决。如，体育成绩不及格的不能当选“三好学生”，参加活动项低于多少分就不能被评为“三好学生”，这些设置都很方便。经过这样的设置，筛选结果立即就会出来。用数据说话，最有说服力。

重要的是更新问题。数据要及时更新，可以每周更新一次或即时更新。班主任可以自己做，也可以让学生录入。但要注意及时，时间长了会忘。这套系统必须和班级日志配套，把日志上的一些信息反映出来。

最后，要注意几点。

①档案中的项目要事先告知学生，也可以和学生一起商量制定，让学生对项目做到心中有数。

②档案中的内容要及时公示，以便学生及时了解自己在班级中的位置，也有利于他们设置奋斗目标和成长规划。可以在教室墙壁上辟出一块地方，把档案的电子稿打印出来做成展板，随时往上写或贴。

③应注意鼓励平时不太关心集体和对集体事务不太热心的学生，特别是表现平平、没有特殊才艺、性格内向的学生；应设置一些项目，只要做了就能得分，而且做得越多分数就越高，完全可以竞争先进或优秀。

④及时点评档案，表扬、批评并举，设置单项的、班级性的、阶段性的先进评选，让更多的人有机会表现或得奖。

有人会认为这样做太烦琐了。其实，烦与不烦是相对的。平时更新数据虽然有些烦琐，但这会给你其他各项工作提供参考或帮助，帮助你做出公平、民主的决策，使你再也不用为评选先进之类的事纠结，学生评语写起来也能言之有物。总之，好处有很多，其实是帮你省事了。

再有，可以发动学生的力量分工完成档案记录，这样既可减轻自己的负担，又可增强学生的集体意识。

以上这些做法并不新鲜，关键在于坚持和执行过程中的艺术性。方法都是差不多的，主要是个人运用不同。班主任要学会运用数据科学地管理班级，更重要的是，通过长期坚持，把班级的风气往正道上引，构建健康、民主、和谐的班集体，让每一个班集体成员都得到良好发展。针对这一评价体系，有朋友提出了问题：“这样的方式你用过吗？现在对学生施行这种量化方案是否真的实用呢？我也试过，但两个月后就泡汤了。原因有很多，关键是很多学生都不在乎扣分或加分了。量化分最多的往往总是那几个学生……而且负责这事的学生花的时间也太多！”

对此，我答复道：“戏法人人会变，各有巧妙不同。我相信，操作得当一定会有效果。我的原则是以记录事件为主，量化为辅。目的是让学生知道自己和别人都干了些什么事，在评比时避免盲目性。即使最后结果集中到某几个人身上那也是正常的，因为做得好，别人就无话可说。虽然评出来的优秀可能差别不大，但从本质上说，一个是老师指定的，一个是自然生成的，意义完全不同。电子表格会极大地提高效率，录入的负担也不是那么重，养成及时更新的习惯就好了。”

事实证明，这套体系运转起来是非常给力的，在中期奖励、单项评比和综合评选中都能发挥很大作用。下一个案例就是我们怎么用这种方法生成“三好学生”的。

（二）自动生成的“三好学生”

每到学期结束，评选“三好学生”都是班主任的一项常规工作。且不说目前社会上对所谓“三好学生”的种种争议，即使是班主任自己，在对待这项工作时也存在随意、主观的问题。但不管怎样，这项工作每学期还是要进行的。

从“三好学生”的字面意义来理解，能当此荣誉的一定是班级里综合素质最好的一批学生。在新的评选名目没有出现之前，“三好学生”还是目前学生在学校里能获得的最高荣誉。按传统标准，“三好”为“学习好、身体好、工作好”。但我以为“三好”中的“三”可以按照古汉语中的虚数理解，也就是“多”的意思，或者像某些学校搞改革变成“五好”“五优”等名目。关键在于我们的评选结果是否能真实地反映学生的综合素质。任何标准，即使做得很细，也不能涵盖学生素质的各个方面，只能是在学校教育教学的大框架下尽量做到公正、全面。

我对“三好学生”的评选工作是比较重视的。这里的“重视”，是指评选时尽量做到严密、科学、客观、公正，不凭主观印象。无论是班主任自定，还是投票海选，都是主观印象、直觉占主导地位，还掺杂了一些人际关系。这些都将损害评选的公正、公平。准确地说，在我们班，“三好学生”不是评选出来的。既不“评”，也不“选”，“三好学生”名单是自动生成的。这样做虽然不能说完美，但至少在很大程度上避免了主观随意。在目前的情况下，这是我们所能采用的最科学的方法了。下面简单介绍一下，供大家参考、评议。

我们班“三好学生”的确定有一个重要的基础工作，这不是在期末才做，而是分散在平时做，就是给每个学生都建立一个电子表格档案，详细记载他们平时在学习、工作、活动中的表现。

我们的做法不少老师表示认可，有的老师说这也是他通常采用的做法；但也有老师心存疑虑，认为这样做很烦琐，而且学生并不是很在乎。对这些议论或评价，我还是想举一个例子来说明。

我们为学生在学校内的各种表现赋分，综合考虑学习、工作和活动所占权重。我们最终确定学习成绩、身体素质及体育比赛、班级活动、关心集体等方面，总分 500 分。学习成绩占 40%，体育占 20%，除学习和体育以外的表现占 40%。

1. 学习成绩，权重占 40%，共 200 分

以期中、期末两次考试年级名次相加得到一个数值，第一名为满分 200 分，用 200 减去第二名和第一名的数值差得到第二名的得分，依此类推。比如，我们班的第一名张欣竹同学期中、期末都是年级第一名，她就得到 200 分。第二名的数值是 15（期中考试第 7 名，期末考试第 8 名），他的学习分值就是 187（第一名的数值是 2，分值为 200 分，第二名的数值是 15，分值为 187）。期中、期末名次相加之和如果超过 200，这一项就会出现负分，但并不影响最终评选结果。因为我们最终是把分数从高到低排列的，而且成绩只是其中一项，就算拿满分也不过 200 分，此外还有 300 分是非成绩类的，学习成绩稍微欠缺一点儿可以用其他分数弥补。

我们之所以选择两次年级名次之和作为成绩判别的依据，一是为了从整个学期的角度考察学生的学习状况，不是“一考定终身”。每个人都有两次机会，只有每次都力争上游，才能获得比较好的分数。如果第一次考得不好，第二次加油取得进步可以弥补。第一次考好了，却骄傲放松，导致退步，将影响总分。二是考虑到用学科的具体分值操作比较麻烦，也不是很客观、公正，用年级名次，也就是某个学生在这个年级中的相对位置，更为合理。

2. 体育方面，权重占 20%，共 100 分，分成基本分和奖励性加分

体育成绩及格、达标，即获得 30 分的基本分。这一项通常全班学生都能得到。参加体育比赛的奖励分值为 70 分，只要报名参加了，无论能否得到名次，都可得到 10 分。获得了名次，根据名次高低有 10~60 分的加分。这一项全班有两个学生得了满分，他们体育成绩达标，运动会积极报名，而且在比赛中得了第一名。其余学生依此类推。体育不合格者一票否决（未出现）。

3. 活动方面，权重占 40%，共 200 分

这项评判是最困难的，所有依据都要来自平时的记录。每次组织活动之前，我们都明确表示，积极参与是有加分的。我们把一个学期所有活动都排列出来，共计 11 项，包括板报、文艺表演、健美操、校合唱团、军训、班徽征集、劳动、获得除学习以外的表彰、好人好事等，每项赋予一定分值，总计 200 分。担任班干部、课代表、组长等职务的学生为班级做出了一定贡献，也有分值，它含在这 200 分中，但不是很高。不担任任何职务，从客观上讲，工作量不可能超过班干部，在这一项分数上自然较少，这样也比较公平。承担了较多工作的班干部，学习成绩可能会受到一定影响，可以从这一项中得到一定补偿，但仅凭这一项也无法左右最后的总分。

有违纪现象的学生按情节轻重酌情减分，有纪律处分的学生一票否决。

三项分值相加，就可自动生成每名学生的综合分，从高到低排列。我们班“三好学生”的指标数是班级人数的 25%，11 人，故取前 11 名，并进行公示。公示期间，学生可以互相监督、评议，可以对自己的得分进行查询，也可以举报。如果觉得自己的加分项有遗漏，可以申述，补充证据，如果确实遗漏了，可以修改得分。

按此标准生成的结果是谁也没有想到的，前三名中有两个不是班干部，也不是班上的活跃分子，只是普通学生。但是仔细看他们的得分组成，大家也都无话可说。他们学习成绩优秀；其他方面，无论是运动会还是其他

各项活动都积极参加而且成绩显著；在遵守纪律等方面也堪称楷模。他们的确是班级正气的代表，也是优秀高中生的代表。像这样的普通学生，在11名三好学生中占了6人，比例超过50%。而有些活跃分子，虽然在活动方面得分较高，但综合分值却较低；一些考试成绩很好但活动参与不积极的学生未入选也在情理之中。生成过程完全公开，不搞一言堂，也不用多解释。这个结果让全班心服口服。

下面，我们具体分析一名学生是怎么成为“三好学生”的。

她是班上的一名普通学生，学习成绩并不特别突出。期中考试年级名次是第122名，但在期末考试中发愤图强，进步巨大，排名年级第17名。两项合成数值为139，用200减去139得61，再加上基数2，得63分，位居全班第19名。如果按照学习成绩，她绝无可能当选，因为仅在学习这一项上她就比班上成绩最好的学生少了137分。但她的体育成绩突出，获得满分100分，比学习成绩第一名的学生多60分。此外，学校和班级的各项活动她都积极参加，钢琴水平很高，是校合唱团的钢琴伴奏，而校合唱团获得了市级比赛特等奖，借此她可以加20分；她是军训优秀学员，加20分；积极策划班级元旦文艺演出，加20分；做好人好事，再加分……在活动方面她共得到130分，比学习成绩第一名的那个学生活动分又多了60分。这样她以班级总分第五名当选“三好学生”。她综合素质良好，为人热情活泼，乐于助人，在同学中威信很高，虽然没有“一官半职”，但这并不影响她优秀的事实。像这样的学生，我个人非常倾向于让她当选“三好学生”。但如果由我指定，其他学生多少会有一些想法。特别是她的学习成绩不是很突出，在以往的评比中会很吃亏。现在用这套评价体系，她就名正言顺地当选了。

我们先制定标准，再生成结果。在结果出来之前，我和大家一样，谁也不知道哪些人会当选。这些自动生成的“三好学生”，出乎意料，又在情理之中。看到这份名单，我很感慨，也很欣慰。至少，在评选先进这项工作中我尽到了责任，给了全班学生一个很好的交代，班级的科学、民主化管理又向前推进了一步。

第三讲

构建班级文化有艺术

班主任是学生的人生之师。在班级里唤醒生命，塑造学生的精神世界，是我们责无旁贷的使命。

一、班级文化中的硬与软

开学初，学校要求每个班都要设计班级文化墙展板，内容包括班名、班徽、班级口号、班级精神、班规等，一场轰轰烈烈的创建、打造班级文化的运动开始了。且慢，在班级文化“上墙”之前，有必要弄清楚什么是班级文化，它包括哪些方面，以及班级文化是如何形成的。

文化是指人类在社会历史发展过程中创造的物质财富和精神财富的总和。由此我们不难发现文化包括这样几个关键词：历史发展、物质、精神。换言之，文化是在历史发展过程中形成的。也就是说，需要一定的时间去积累。积累什么？物质的和精神的财富。如果说班级也有“文化”的话，那么它绝不是靠一个挂在墙上的展板所能涵盖的。展板做得再漂亮，也不能说这个班就有了文化。

班级文化可以分为“硬文化”和“软文化”两类。不难理解，所谓的硬文化是显性的，看得见，摸得着。做一个展板，上面写上一定内容，在教室的墙壁上贴上名言警句、名人画像或者自己班级学生的书法与绘画作品，教室里的图书角、书报架、板报等，都属此类。我们都知道“环境育人”的道理，所以构建班级的物质文化是必需的，它也是班级软文化的呈现载体。因此，学校要求每个班都制作班级文化墙展板，用意是显而易见的，就是要创设一个班级文化氛围。这个氛围必须是可见的，否则无法量化评分。

但我们也知道，一个班级仅仅有这些硬文化是远远不够的。一个班级有没有自己的文化，关键在于软文化的建设。软文化是隐性的，包括制度文化、观念文化和行为文化等。观念文化则是关于班级、学生、社会、人生、世界、价值的种种观念。这些观念弥漫在班级的各个角落，潜移默化地影响着学生。从制度和观念等引发出来，在学生身上表现出来的言谈举止和精神面貌，则是行为文化。

打造硬文化环境容易，搞一场运动，马上就能做得像模像样。而形成班级软文化则是一项长期的系统工程，是班级全体师生共同经营、共同珍惜、共同创造的结晶。班级软文化是一个班级的灵魂。一个班级，若没有渗入学生心灵深处的文化，即使有响亮的班名、漂亮的班徽、气势磅礴的班级口号，对学生身心的健康成长也不会有多少益处。不过，班级软文化、硬文化之间的关系是辩证的。创设一个优美、生动、富有教育意义的硬文化环境可以陶冶学生的情操，催生班级软文化的生成，班级因为有了软文化会使硬文化更加真实可信、温馨和谐。

班级文化是一种个性文化，它影响的是班级的全体师生，甚至学生家长。所以，一定要立足本班学生的特点构建“属于自己班级的文化”，不能搞模式化，更不能东施效颦、邯郸学步。班级文化代表班级的形象，体现班级的生命，使一个班级拥有个性鲜明的标签，对身处其中的每一个班级成员的健康成长都将产生重要影响。

班级文化的核心是班风和班级精神。每一个班主任都应把班风建设放在工作的首位，不遗余力地抓好。有了良好的班风，班级文化就有了根。

在构建班级文化的系统工程中，班主任的引领作用是最关键的。可以毫不夸张地说，一个班级有没有文化就看它的班主任有没有文化。如果班主任没有创建班级文化的意识，那么这个班就绝不可能有自己的班级文化。

二、一份班级公约出台的前前后后

班规、班级公约等都属于班级文化中的制度文化。班规该如何制定？班规需要写进哪些内容？有的班规措辞生硬、套话连篇，有的班规事无巨细、连篇累牍，大多数班规充满训诫，既无人文关怀，也无班级特点，放到任何一个班级都能用上。我认为班级公约也好，班级规定也罢，必须经过全班师生共同讨论，同时一定要有班级的个性和特色。如果在此基础上能加入若干富有文化的语句，那就是锦上添花了。

我现在所带的班暂时还没有制定班规，但有一份班级公约。我认为，用大家共同约定的方式规范自己的言行，比自上而下制定一个刚性的班规要好。刚开学的时候，学校就要求每个班级制定班规，而我们的班级公约二十多天后才出台，因为我们拟定公约的过程比较复杂。

班级公约是班级文化建设的一部分。班级文化应该是在学校和班主任的正确引领下，在班级运行、发展中逐渐形成的，而不是先有“文化”，再用“文化”去套某个班级。我本来还想再等一等，让班级发展一段时间再说；但学校的工作不等人，我们必须赶在交稿截止日前把班级公约制定好。

我带班不搞一言堂，凡事喜欢和学生一起商量，发动大家解决问题。对班级公约，我的理解是：既然是公约，那就是大家共同约定、共同遵守的事，必须全员参与。于是，我向全班学生征集公约内容，让每个人都为班级公约添砖加瓦。很快，学生的建议交上来了：有的详细，有的简单，体裁也五花八门。我也不管这么多，反正人人都为这个事情做了思考就是好事。建议是有了，但我们仍然要处理好几个问题。

（一）班级公约谁来做主

毫无疑问，学生是主人，但公约又不能完全由学生自定。学生的意见是分散的，而且限于认知发展水平，他们对一些问题的认识还比较肤浅，特别是在个人修养的提高方面，学生几乎没有什么意识。所以，必须由班主任做价值引领，把一些问题的实质点出来，而不是简单训诫。比如，几乎所有学生都提到了“不准迟到”“自习课不准讲话”等。其实，守时、在公共场所保持安静，既是纪律的要求，也是个人素质和公德意识的体现。学生想不了这么深，班主任就应该担负起启迪、引领的责任。班级公约的基本框架应该由学生来搭建，引领与升华则靠班主任。班主任是班级的一分子，班级公约必须由班主任和学生共同制定。

（二）到底要把哪些内容写进班级公约

一个班级制定什么样的公约，是由这个班级所在的年级、学生基本素质、班级整体情况而决定的。不同的班级，应该有符合其班级特点的公约。

我看过一些班级的公约，很多都是不迟到不早退、按时交作业、上课不玩手机之类的。那么，对我正在带的这个班又应该有怎样的要求呢？这个班级有它的特点——和全市高中班级的整体水平相比较是比较差的，而在我们所在学校和年级中又算是比较好的。一些学生的习惯和能力并不是很好，但和学校其他班级的学生相比，还有一点儿优势。

所以，这份班级公约的制定，让我颇费思量。我的想法是，它既要有基本规范，又要有较高的目标追求；既不能全部是不迟到、不玩手机之类的，也不能好高骛远、华而不实；既要有关于仪容仪表等基本规范的表述，也要有关于个人修养、公德意识培养的要求。

我把学生提出的班级公约按内容做了整理，分成仪容仪表、文明礼仪、集体活动等几个方面。除了学生的提议外，我为他们增加了关于个人修养、交友和责任感培养的内容。高中阶段和什么人交友对人的影响很大，而培养学生的社会责任感，也是教育的重要内容。

（三）以什么方式呈现班级公约

班级公约应力求短小精悍、简洁明了，因为内容越多，越不容易记住。班级公约的功能决定了它必须朴实无华，不可能有多么出彩。怎样在平凡中体现不平凡？把一件人人都做的常规事务做出特色来，是我的追求。我不喜欢落入俗套，即使内容本身很平实，也要尽量争取做得与众不同。我在想：第一，班级公约多少年来就是那个老面孔，充满套话，能否在形式上有所突破？第二，班级公约常常像冷冰冰的铁板一块，充斥着规训、惩戒，人文气息较少，我们的班级公约能否在用词、语气上做一点儿改变？说同样一件事，不同的表达方式收到的效果是完全不同的。

公约要通俗易懂，好读好记。只有这样，学生才有可能经常念叨。说多了，就印入脑海中了；否则，公约永远是挂在墙上的摆设。

鉴于此，我苦苦思考班级公约的呈现方式。我把学生的建议看了又看，希望理出个头绪。功夫不负苦心人，一个学生的纸条引起了我的兴趣。他没有用刻板的语言表述，而是用类似儿歌的方式说出了他心目中的班级公约。我的脑海中忽然闪过几句话："黎明即起，洒扫庭除，要内外整洁。既昏便息，关锁门户，必亲自检点。"这段话浅显通俗，成为多少年来被诵读的经典。为什么我们的班级公约不能像《朱子家训》一样有亲和力呢？想到这里，我来了灵感 —— 把班级公约的内容全部整合成四字短语。为了好读好记，我还给每句加了韵脚。就这样，一份班级公约拟定好了。因为只有 96 个字，故取名"九六公约"。内容如下。

仪容仪表　青春大方
言语文明　举止端庄
谈吐不俗　良好修养
尊重老师　友爱同窗
爱护公物　轻拿轻放
惜时守时　牢记不忘
自习课堂　公德考场
安静有序　无人守望
晨会集会　班级之窗
站姿挺拔　充满阳刚
慎交朋友　积极向上
诚实守信　勇于担当

这份公约言简意赅，朗朗上口。虽没有面面俱到，但也涵盖了高中生学习、生活的主要方面且详略得当。在应该强调的公德意识、个人修养、集体主义培养等方面不惜大费笔墨，而基础的要求甚至没有写入这份公约。

尽管有了班级公约，但从以往情况来看，绝大多数所谓班级公约，最终都成了一纸空文。把遵守公约转化为自觉的行为，是需要付出艰苦努力的。教育要实实在在地去做，而不能停留在口头上或流于形式。这次班级公约的制定，只能算是形式上有所创新，而把公约的内容转化为学生内在的品质，还有很漫长的路要走。

三、忘掉规则

每所学校、每个班级都有一些规则。相对于自觉遵守规则来说，制定规则即使再费心思，仍然是相对容易的。纸面上的规则是没有生命力的，规则只有深入人心，成为群体中的每个个体下意识遵循的行为准则并形成一种价值观时，才能上升到文化的层面。制定规则的目的在于忘掉它。这句话似乎是个悖论，但如果不经过这种升华，规则就永远不能成为制度文化。从不厌其烦地制定规则到一点儿一点儿地忘掉它们，正是让制度成为制度文化的过程。

从事教育的人言必称“规则”“规则意识”，似乎教会学生遵守规则了，教育的使命也就完成了。规则可以让我们养成很多好习惯，好习惯可以让我们终生受益。所以，魏书生老师说“教育就是培养习惯”。

很多学校和老师都喜欢制定规则，而且追求完整、详细。我见过的最长的班规竟然多达近两百条！分一日常规、一周常规、一月常规、学期常规、学年常规，常务班长、班委会、团支部常规……令人眼花缭乱。

我在想，不谈遵守，仅是记住这些规则，就需要多少时间和精力！我们为什么要记住这些规则？这些规则会给我们带来怎样的好处或者给学生的发展带来怎样的帮助呢？

我也看过其他一些班级的班规，它们虽没有那么细致，但也篇幅不短，处罚起来也毫不含糊。都说“没有规矩不成方圆”，一个班级如果没有规矩，就会“班将不班”！于是，学生处于规矩的包围之中，规矩无处不在，充斥校园的每一个角落。

我从不否认规则意识的重要性，问题在于：这是不是教育的全部或者说终极目标？教育到底是为了什么？是对学生的成全，还是把学生训练成只知道循规蹈矩的机器人？

另一个问题是，很多人热衷于规则的制定，而不是把精力放在规则的执行上。其实，不管怎么制定规则，效果完全取决于执行的力度和坚持的决心。事实是，大量班规最后都成为一纸空文。

我的班级也有规则：班级公约、卫生承包责任制、执勤班委工作流程、课代表职责……一个普遍的现象是，规则会越制定越多。因为我们总是会发现这里还没有规则、那里还缺少约束，我们在实践中不断地补充、完善……规则就这样日益膨胀起来。

我们班的班级公约够简约的了，只有 96 个字。要说公约没有涉及的地方，那真是太多了。在班级里宣讲公约时，我语出惊人："我们学习规则、遵守规则的目的是忘掉规则！"很多学生都不能理解。

为什么要忘掉规则？因为只有忘掉了规则，才是一个真正自由的人。在这里，忘掉规则的真实含义是，遵守规则已经成为一种下意识。如果你还能感受到规则的制约，那是因为你还会屡屡触及规则所不允许的区域。当你不懂得遵守规则时，会很难受，似乎整个世界都在和你作对，你稍不留神就会违规，因为你打心眼里没有自觉遵守规则的意识。

我曾经问过学生：假设你是一名司机，如果把闯红灯的罚款提高到一万元一次，你会受到什么影响？如果喊"不合理"，这样的人至少潜意识里还有不遵守规则的想法。如果开车时根本没有想过要闯红灯，那罚款一百还是一万有区别吗？

有一个很简单的比方，你吃饭时，根本不会考虑是用左手拿筷子还是用右手拿筷子。这说明什么？说明你已经形成了下意识。同样的道理，如果学生对一些日常问题的处理已经形成下意识，就不会为此纠结。

让基本的规则变为下意识的行为，让良好的规则成为品质，这才是我们制定规则的目的。

一个感受不到规则约束的人是自由的，此时他能考虑或从事更有意义的事，而不是整天为规则而烦恼。所以，即便是只有 96 个字的班级公约，我还是嫌多，想让它瘦身。

我采用的做法是将规则逐条删去，大家每养成、巩固一条，就从班规中删去一条。当每个人都记住了自己的职责，并内化为一种下意识的行为时，就可以将相关规则删去。每删去一条规则，就意味着班级又前进了一步，又有一些字面上的东西成为班级文化的一部分，融入学生的血液。所以，我曾经就班级“使用手机管理规则”的问题回复一位老师：“总有一天我会废除这些死规则的，等到我们都不需要用这些规则来管他们的时候。”

什么时候可以删去纸面上的规则？一是当规则早已被大家自觉遵守，大家已经感觉不到规则的存在时，就没有保留的必要了。二是低层次的规则要逐渐被高层次的规则替换，人才能不断地进步。制定好的班规，也有变换的必要。要随着班级发展的进程而不断改变、修正班规，让其逐渐由低层次向高层次推进。所谓人往高处走，当你达到一个新高度后，你就会以俯视的姿态去回味过去的那些规则，人也由此获得了成功。个人发展的最佳境界就是自由发展。自由发展的前提就是获得自由，而获得自由的办法就是先遵守规则，然后做减法，减到最后，班规将只剩下两个字——做人。这两个字也不必写出来，因为那时它们已经深深印入学生的心灵深处了。我觉得所有的规则只不过是教学生怎么做人。一个人学会做人了，那还有什么能约束他？规则制定得再详细，也不能涵盖做人的所有方面。只有从总体上提高学生的素质，才是解决问题的根本办法。

是的，一切都是为了培养学生成为一个堂堂正正、顶天立地、自尊自立的人！我们制定规则的目的难道不是让他们成人吗？

“忘掉规则”，你将成为一个自由的人。

四、打造属于自己的班级名片

班级文化的构建是一个长期过程，也是一个用心积累的过程。在此过程中，学生必须亲身经历、体验、感悟；班主任必须高瞻远瞩，善加引导；全班师生必须同心同德，精诚合作，积累成功，形成特色，慢慢为建设班级文化大厦添砖加瓦。我们把这个过程戏称为打造班级名片。

一个人努力有两个方向：一个是弥补自己的短处，向其他人看齐；一个是放大自己的长处，将别人甩下。两头都忙，有时会力不从心，到头来两头都不能落实。有的人没有明确的方向，人云亦云，随大流，好像都不是在为自己忙，一辈子都在跟着别人走，试图弥补自己的短处，到头来反而丢掉了自己的强项。

一个班级同样如此。我认为，一个班级和一个人一样，也需要有自己的个性、品质、精神。大到一个国家、一个城市，小到一个几十个人的班级，都应该有自己的“名片”。所谓“名片”，就是一个标志、一个品牌。那么，你的班级有没有班级名片呢？在我看来，即使一个很差的班级，也有自己的闪光点，也有自己的长处。班主任在带班过程中需要仔细观察，发现班级中的人才和班级整体的潜能，有意识地加以培养、放大，逐渐形成富有自己班级特色的名片。一个班不可能什么都优秀，同样也不可能什么都差，任何一个班级都可以在某些项目上领先于其他班级，在众多班级中脱颖而出。

打造班级名片，绝不是搞面子工程。班级名片是一个班级的品牌，是一个班级的骄傲，是学生引以为豪的资本，是团结全班学生向着更高目标迈进的起点。一张一张班级名片，就是班级一个又一个进步的坐标，激励着学生努力变得更加优秀。一个班级如果有自己的特色、特长，就会极大地增强学生的自信心、自豪感、集体荣誉感和班级凝聚力，并能从一点突破，带动其他方面进步。星星之火，可以燎原。拥有了班级名片，一个班级就会有精、气、神！班级，就是在不断打造班级名片中逐渐强大起来的。

打造一个班级的名片是班集体建设的重要内容，也是班级文化的组成部分。有时，我们不能寄希望于班上学生固有的特长。所谓特长，有的是可以后天打造的。比如，我曾经带过一个差乱班，开始因为各个方面都比较差，学生没有自信，觉得自己什么都不如别人，不仅学习不好，搞起活动来也没劲。的确，我仔细观察了一下，发现班上的学生几乎没有谁是有特长的。这是班级先天的不足，怎么办？我并没有怨天尤人，破罐子破摔，而是积极采取行动，在细微处、在别人不经意间，努力打造一张张小小的班级名片：从“最干净的讲台”“最漂亮的板报”，到“最美丽的教室”“运动会入场式最佳表现”“爱心义卖最佳创意展台”……积小胜为大胜，让学生逐步摆脱了“与优秀无缘”的思维定式。慢慢地，他们变得自信、阳光，班集体的实力和凝聚力也得到了极大增强。我认为，班主任如果不能为班级带来积极的改变，不能让班级进步，就是没有尽到自己的责任。

我也遇到过同行和我讨论说，自己的班级什么都不好，学习比不过人家，学生又没有才艺，活动开展不起来，连运动会也跑不过人家，这样的班级哪里有什么名片哪？大家都在混日子而已。

我说，一个班级绝不可能没有名片，关键在于你是不是肯花功夫去打造。美誉不是天上掉下来的，功夫不负苦心人，成功属于有心人。你不妨在班级里试试看，用一个星期就能打造一张班级名片。

他问怎么打造。我告诉他“把你们班的教室变成全校最干净的教室”。这没有多少技术含量，只要肯用心，一定能成功。这样所有来上课的老师就都会夸你们的班级干净，这会让所有学生知道自己并非一无是处，可以从这一点开始找到成功的感觉。我就不信，用全部的气力来做好这件事还能做不成？“全校最干净的教室”，就是一张名片，只要愿意做，人人都能做到。

如果不是人为地分出“快慢班”“特色班”，那么每个班在刚组建的时候学生的素质其实是差不多的，没有哪个班天生什么都好。那为什么在班级成长过程中会形成不同的特点？甚至一些基础很差的班级也能在一些项目上表现出巨大的潜能，令人刮目相看呢？这在很大程度上与班主任的个性和班主任有意识的暗示、引导、培养有关。

学生需要积极的暗示，本来没有影子的事，被你绘声绘色地说出来，就特别有吸引力。学生会觉得，他们真的可以做到。如果有一个小小的闪光点，被你发现了，本来很平常，但是你刻意将其放大，重复多遍，结果最后成为事实。这就是皮革马利翁效应的神奇之处。好孩子是夸出来的，这句话同样适用于班级，班级的强项也是夸出来的。在大家实力差不多的情况下，谁受到的积极暗示多一点儿，态度就积极一点儿，最后的效果就好一点儿。久而久之，就有了班级的强项。班主任要明察秋毫，生活中处处都有闪光点：卫生、朗读、板报、跑步、唱歌方面有特点，学习上有强势学科，运动上有强势项目，活动中有自己的特色。不要觉得自己的班级一无是处，学生的优点等着你发现，等着你开发，等着你培养呢！

一个有智慧的班主任，一定有一双会发现的眼睛，也一定有不甘平庸的思想。他会在带班过程中把这种思想传递给班上的学生，引领他们进步。学习成绩不够突出，可以在活动中表现突出；班级没有同学有特殊的才艺，可以在集体活动中表现；如果班级什么都不行，连活动都搞不起来，至少你可以让学生把教室打扫得干干净净，使其成为学校最整洁的教室。总之，一个班级一定要有能振奋士气、让所有人引以为豪的东西，这样的班级才能成为学生成长的乐园。

愿你所带的班级拥有自己的名片，这样多年以后，你的学生一定还记得，那时他们班什么什么是最棒的。这是学生成长过程中一笔宝贵的精神财富。

五、创建最美丽的教室

环境也是一种文化，优美的环境有利于增加师生双方的幸福感。环境的力量是巨大的，它能让其中的每一个成员都受到一种无形的约束以调节自己的行为。构建班级文化，首先应该从创造整洁、优美的环境入手。正如陶行知先生所言：“凡应当改造的，一丝一毫都不肯轻松放过，才能表现出真精神。师生不能共同改造学校环境而侈谈社会改造，未免自欺欺人。”

2009 年 10 月，几位远道而来的校长、书记指名要到我带的班来听一节主题班会课。盛情难却，我为领导们开了一节。班会结束前，我请一位校长对我们这节课做一个简短的点评。谁知这位校长站起来第一句话却是：

“我去过很多学校，你们的教室是我见过的最美丽的教室。”

我和学生听了都有些意外，静默之后，热烈的掌声响起。与其说学生是在为这位校长的点评而鼓掌，倒不如说他们是在为自己而鼓掌。因为谁也没想到，此时我们身处的这间“最美丽的教室”，在两个星期前竟是一间“最肮脏的教室”。

几个星期前，我们搬进了这间教室，那是一个高三班级毕业后留下的教室。都说搬家有乔迁之喜，但眼前的景象让我们几乎晕倒！这是一间我所见过的最脏的教室！遍地杂物，墙上全是球印子，两边的墙上写满了不堪入目的污言秽语，阳台成了藏污纳垢的场所，堆满了垃圾和课桌椅的残肢断臂，又脏又乱，脚都踏不进去。原来教室的课桌椅都是新配置的，现在已经坏了很多。新一点儿的，早就被暑假补课的学生换走了。我们接手的，是旧的、坏的桌椅。整个教室如同被洗劫过一样。

面对这么一个烂摊子，我简直要气晕了！但毫无办法，只好从头来。我带着学生干了整整一上午，把教室全部清理了一遍，光是修椅子，就有十几张。最后，总算搞干净了。桌椅虽然是旧的，但只要没坏，把它排整齐还是可以的。我用了六个最得力的学生专门清理阳台，可苦了那帮得力干将，总是做最艰苦的工作，别人都干完了，他们还在干。这里还有一个小插曲。在我们清理阳台干了快一半的时候，我忽然想起了点儿什么，赶紧叫学生停下来。学生问我干什么，我说去拿相机去。我快速从办公室取来数码相机对着已经打扫了一半的阳台照了一张相片。这张照片成为我们对这间教室的回忆。

教室被我们打扫干净之后，最后一道工序是拖地。男生三人一组，轮流拖地。很快，地面拖干净了。图穷匕见，此时，我们看到了一幅“奇景”。这让我永生难忘：地面上有无数块黑斑，像白净的脸上长满了麻子，密密麻麻，有的地方一块地砖（边长大概是 0.6 米，即每块 0.36 平方米）上有十几个 —— 这是口香糖啊！

我试着让学生用刮刀铲掉，但几个学生蹲在地上，一会儿就败下阵来，实在太困难了。口香糖粘在地上，被踩过无数脚，已经和地面紧紧结合在一起了。10 分钟下来，才铲掉一两块。要想把教室里的口香糖全铲掉，用学生的话讲，干到明天早上还不知道能不能铲完。

我们只能暂时作罢，但它们一直是我的一个心病。我暗下决心："我一定会铲掉这些毒瘤，不能让它们污染了我的眼睛，更不能让它们污染了学生的心灵！"

第二天就是家长会。这次开家长会的第一件事，就是请家长们低头看地面。我告诉他们这就是上一个班级留给我们的"宝贵财产"。它在时刻提醒我们，要做一个有素质、有教养的——"人"。我带的班级决不允许出现这种情况。还有，这满地的口香糖说明了什么？说明了这个班的学生不爱自己的班级，仇视正面教育，无视规则。我们可以想象一下：这么多口香糖，绝非几个人所为，绝非一日所为，班上的学生、老师对此都熟视无睹哇！

第三天，面对学生时，我再次请他们低下头去"观赏"这幅画面。我说："这个班级是我们的家，我们要在这里生活一年。一年后，我们要把它完好、干净地移交给下一个班级。地上这么多黑印子，你们不要觉得我再加一块也无所谓。从今天开始，谁还会在教室里吃口香糖吗？谁还要学他们吗？"——没有人！

学生纷纷说道："椅子底下、背面也有很多口香糖。"

我无语。

时间过得飞快。每一天都有新进展。学生用砂纸把墙上的涂鸦细细打磨掉，贴上自己的美术作品，黑板旁边也贴上了漂亮的告示牌。余同当了阳台的"台长"，阳台每天被他收拾得像个温暖的家，东西放得整整齐齐，地面拖得干干净净，桌子上摆满了绿色植物。史梦雨负责洗手池、洗拖把的池子，它们也是一样光亮、干净。干净的洗手池边放了一瓶洗手液，感觉特好，简朴但温馨。教室的每一个角落都有专人负责，消灭了卫生死角。

快一个月了，什么都好了，只剩下地面上的口香糖了——我总有一天会收拾它们！

这一天终于来临。一个星期五下午，我拿出早就准备好的钢丝球。这是专门用来对付地面上的那些口香糖的。

用的仍然是老办法——承包。首先把教室的地砖全部编上号，按学号顺序，每人一块地砖，我也领一块。

学生动手前，先看我演示一遍：把一点儿洗衣粉撒在一块口香糖印迹上，淋一点儿水，用钢丝球用力摩擦，将口香糖印记完全擦去……最后再用钢丝球把整块地砖刷一遍，用拖把拖干净。一套工序做下来，地面光亮如镜，学生少见多怪地惊呼，居然还鼓掌。我说：“会了吧？下面看你们的了。把椅子架起来，开工！”于是，教室里开始一片忙碌。

卫生监督员王蕴芝负责验收每块地砖。

人多力量大，一节课后全部搞定。我全程参与且身先士卒，累得腰都直不起来。坐在自己的劳动成果之上享受的感觉很美妙。每一块地砖都是一寸一寸清理出来的，每一块地砖上都留下了学生的汗水。付出了劳动就应当珍惜。在这样整洁的教室里学习成了一种享受。我们用了三次大扫除和数次美化行动，终于让我们班的教室成为全校最美丽的教室，不，应该是从外地前来参观的校长眼里最美丽的教室。

现在，我们教室的地面上，没有一块黑印子。永远美丽下去——在我们班的地面上，再也不允许那种没有教养的行为横行。我们不仅在搞卫生，更是在建设一种文化，一种属于我们自己的文化。美丽的教室环境，构成了我们班级文化的一部分。著名教育家苏霍姆林斯基曾经说过，要使教室的每一面墙壁都具有教育的作用。创建“最美丽的教室”的过程，不正是最好的教育吗？

六、黑板报：班级精神文化的符号

出一期黑板报，仅仅是为了完成学校布置的任务吗？在信息爆炸、媒体高度发达的当下，黑板报究竟有多大的价值？它还有没有继续存在的价值？可能很多人都没有意识到，小小的黑板报，却是一个班级对外展示的窗口、一个班级精神文化的符号。

每每外出参观一些学校时，我都有一个习惯：去教室看看，感受一下教室里的文化气息。匆匆看一眼，如何感受文化气息？一看教室的整体布置，二看教室后的板报。

随着时代的发展，很多传统的教育理念也在不断更新之中。以板报为例，过去板报的主要作用是宣传政策、传播知识，有一定的信息传递功能。现在随着各种媒体，特别是网络的发展，人们每天接受的信息量很大，信息更新的速度也越来越快。作为一种更新很慢的平台，板报传统意义上的很多功能已经弱化甚至丧失。但板报作为班级文化的一部分，仍然继续存在着。我们的任务是与时俱进，向这种传统的宣传阵地注入新的元素，让其也能跟上时代的发展。

对板报在当今学校教育中的意义的重新审视，实际上是个观念更新的过程。我对现在板报意义的理解是，它是班级的精神文化符号，是对外展示班级文化的窗口。所以，板报要具有班级特点和班级个性，即使是指定内容的板报，也要做出自己的特色来。有什么样的班级文化就会有什么样的板报。事实上，板报相当于一幅可以更新的壁画，我们从板报中就可以大致了解这个班级的精神面貌。

所以，精神颓废的班级不可能有充满精气神的板报；秩序混乱的班级不可能有能长久保持整洁、美观的板报；没有文化的班级一定会办出索然无味的板报；团结向上、有责任心的班级一定有态度认真的板报。

明白了这些，班主任就不应该忽视板报的价值了。试想：每一个进入或者经过你班级的学生、老师、领导，匆匆一眼看的就是板报。走马观花地扫一眼板报，对其具体内容可能并不清楚，但一定能知道板报的主题。说得夸张一点儿，板报决定了别人对你班级的第一印象。

所以，板报作为一个班级的精神文化符号，一定要凸显班级精神。第一，一定要以图为主，以字为辅，因为很少有人去认真阅读板报的内容。第二，一定要突出主题。要让主题牢牢地占据黑板的中心位置，从版面、色彩、字符大小、装饰等方面予以充分保证。第三，板报要有一定的更新频率。一般一个月一期。在板报未更新的这段时间里，必须保持整洁、美观、鲜亮。要教育学生不得涂抹、篡改内容或污损画面，甚至将板报作为恶搞对象。第四，为长久保持板报的亮丽，建议使用水粉材料画图，这样更新时洗去原来的内容也很方便。画面或字迹模糊的地方要及时修补。

出墙报是一件小事，但也挺麻烦的。学校规定，墙报需要定期更新，至少每月一次，而且组织评比，好的有奖励，不按时更新的要批评。大多数班主任都把这件事当作负担。然而，任务总是要完成的，于是就应付差事，把任务交给学生去做，自己不闻不问。我是怎样解决这个不大不小的问题的呢?

那时，我带的是一个慢班。我心想，搞学习我们比不过快班，出墙报我们还不能比过你吗？再说大家都不重视嘛。我的班级有画画、写字好的人才，把墙报出得精彩一点儿完全在我们的能力范围之内。

我们在班委会上讨论了墙报的方案。既然学校要评比，我就在班上搞评比。

班级墙报由宣传委员总负责，四个大组各成立一个板报小组，轮流出墙报。每次都对墙报拍照留存，学期结束时由大家公选出最佳墙报予以表扬、奖励。如果哪个组的墙报在学校的评比中拿到大奖，还另外有奖励。学校对墙报评比获奖的班级予以加分和奖励班费。加的分数归班级，奖励的班费一半奖给小组，这也算是对板报小组辛勤劳动的认可。

此方案的关键不在于奖励多少，而在于让每个小组互相不服气：你出得好了，我要出得更好 —— 这样就把班主任的需要转变成学生的需要了。

结果第一次墙报评比我们班就拿了第一名。别的班出墙报，用彩色粉笔；我们班出墙报，用水彩，不仅颜色漂亮，还能长久保持。别的班写了很多内容，但评比时谁会注意看内容？人们都是扫一眼就匆匆而过，就看你的墙报能不能让人留下深刻印象。所以，我们的墙报就以图为主，以字做装饰。这一改变，让人耳目一新。所以立即先声夺人，取得了领先优势。

有了第一期墙报做榜样，第二组就有了自己的打算，只等着时间一到就赶紧更新推出自己的作品。再加上我忽悠一句："你们看看人家第一组出的墙报，质量这么高……"

果然，下一组不敢怠慢，一定要出得比上一期好，所以墙报越出越精彩，在评比中所向无敌。评委们只要看到是我们班的墙报，不用多看就给高分。这就是印象分，这就是品牌的力量。等别的班反应过来，开始重视出墙报时，我们早已确立了领先优势。出墙报，也不再成为一种负担，而是学生展示自己才华和风采的窗口。接力棒一棒一棒往下传，成为一种传统，每一期承办者都想着怎样才能保持优势，不辱使命。

小小难题，轻松搞定。虽说出墙报很花功夫，但我们把这项任务变成了学生展示自己智慧和才能的舞台。学生用心去做，精心设计，力求把最好的东西展现出来。在墙报的一角还会注明主创人员和工作人员，这个小举措又把大家的积极性调动了一下。

墙报，就这样成为我们班的名片之一。

七、让优秀成为习惯 —— 班级精神的塑造

班主任是学生的人生之师，在班级里唤醒生命，塑造学生的精神世界，是我们责无旁贷的使命。

我曾经问过班主任朋友："你的班级有精神吗？"

我得到的是模糊的回答。是的，我们的注意力焦点似乎不在这里，我们想得最多的是考试成绩和升学率，而对孩子的精神世界、班级的精神世界缺乏应有的关注。在教育中，被忽视的往往是最重要的。

要让班级具有一种精神！要让班级成为每个学生成长的精神家园！多年以来，我一直致力于班级精神的塑造。班级精神是班级文化的核心，设计班名、班徽、班歌以及班级口号，形成健康的班级舆论，建设良好的班风等工作都是围绕班级精神这条主线展开的。

班级精神的形成需要较长时间，从组建班级开始就应该有意识地进行。因为班级精神不可能自动生成，所以班主任的引领至关重要。不同类型的班级会有不同的班级精神，就像每个人都有自己的个性和风格一样。但是

班级精神的主旋律应该是健康、阳光的。班级精神，要和班名、班徽和班级口号相匹配，要“名副其实”。班名，是需要很多具体内容支撑的，否则就有名无实。比如，我正在带的班，取名“行知班”。一是因为人民教育家陶行知先生曾经担任过我校校长，时间长达 6 年，取此班名，意在纪念陶行知，弘扬行知精神，身体力行地践行陶行知倡导的“教学做合一”的教育理念。二是我们将坚持秉承陶行知的“行是知之始，知是行之成”的思想，让陶行知先生的教育思想在现代社会的教育、生活中发挥现实的指导作用，特别是对我们班学生的成长发挥直接指导作用。有了这个班名，就必须有一系列教育活动支撑。比如，读陶行知的书、撰写读书心得、重走“行知路”等，最重要的是要在学习、生活的各个方面寻找到行知思想的“根”。这就需要较长时间的积累，需要用很多具体行动来充实。所以，取好班名后，让班级精神名副其实是需要付出艰苦努力的。

一个班级拥有了班级精神，对学生的自信心、责任感和集体荣誉感的促进作用是巨大的。班级精神既是一种动力，也是一种约束，有利于学生的自我教育和自我成长。在我接手一个差乱班后，在一片废墟上重建秩序之初，我就对学生提出要重建班级精神。当时我提出的班级精神是“让优秀成为一种习惯”。那个时候班级刚刚从一片混乱中起步，才取得了一点点成绩，离优秀还很遥远，但我认为，如果想都不敢想，那么怎么去实现我们的目标？于是，在接班一段时间后，我就给全班学生写了一封公开信。此信成为构建我们班级文化的开端。

让优秀成为一种习惯

让优秀成为一种习惯，我很欣赏这句话。

从什么时候开始，我们远离了优秀？

从什么时候开始，我们用“我们不够优秀”来作为抵挡一切的借口？

我们一旦不再优秀，我们就可以放纵自己，我们就可以拒绝一切改变。

谁都不能说我们什么，因为我们不优秀。

不优秀怎么了？你们觉得不优秀很光荣吗？

你们是否觉得只有不优秀，才是新新人类，才是年轻人的本质？

你们是否觉得只有不优秀，才可以拥有真正的快乐，拥有真正的朋友？

你们是否觉得只要优秀了，就会变成外星人，就会失去生活的乐趣，再也不能找回童真？

优秀与快乐，真的是一对天敌？

我想，很多人是这么认为的，还有很多人连想一想这个问题的念头都没有——就这么过呗，想这么多，累不累？

所以，你们才将荣誉轻易拱手让人。

所以，你们才失去了永争第一的信心；甚至，你们连举手之劳的小事都懒得去做。

老师三天不批评你，你就难受，因为你不优秀，你应该每天被批评三次才正常，所以，你总要弄出点动静来，好让人不至于忘记你是个不优秀的学生。

那么，我请问你们，当所有人都说你们很差劲的时候，你们为什么会愤怒？

如果别人数落你时，你只知道愤怒而不想有任何行动，你的愤怒就只能转化为怨天尤人，最终，你就只能沉沦。

到那时若再有人数落你，你就连愤怒的理由都没有了，因为你已经认定自己没有希望了。

做到优秀真的那么难吗？

如果我现在告诉你，你已经优秀了呢？你是不是不敢相信？

但那的确是真的。

当我看见周宇怡认真地、反复地将墙壁、护栏擦得干干净净的时候，

当我看见谈小天第一次交了生物作业并承诺会补齐其他作业的时候，

当我知道徐若洋制止同学和老师顶嘴的时候，

当我听说老师们都说你们有进步的时候，

你们真的已经开始变得优秀。

你可能还有很多缺点，但你至少可以在某一个方面先优秀起来，从这个起点，你要开始你真正的转变。

告诉你，人不可能什么都优秀，所谓优秀，一定是就某个方面而言的，所以，你不要轻易否定自己。

当你在某个方面真正优秀起来时，你就会变得很强大，任何人都不敢再轻视你。

否则，你就只有期待出现奇迹，但奇迹其实也是靠人创造的。

从今天起，我要告诉你们，你们要让优秀成为一种习惯。

从今天起，你要习惯被别人赞扬——尽管你不是为别人活着。

从今天起，你要习惯对自己的懈怠不能容忍，因为你一旦懈怠了，别人就会超越你——在你最擅长的地方。

从今天起，你要习惯从优秀中得到快乐。

从今天起，我不要听到所谓的“我不优秀，但我很快乐”的论调，因为这是自欺欺人，不要陶醉在这种低级的自我安慰中。落后就要挨打是不变的真理。

从今天起，要挺直腰杆做人，堂堂正正地接受优秀给你带来的荣誉花环！

这就是我们班级的精神，这就是我们做人的风格。

让别人去嫉妒吧，你们要习惯被别人嫉妒，因为你们的确优秀。

为什么别人能做到的我们做不到？

为什么别人不能做到的我们做不到？

我们已经优秀，现在我们要做的，只是让它变成一种习惯。

优秀成为习惯之后，你再想不优秀都难！

坚持下去——让优秀成为一种习惯！

班干部把这封信中的几句话摘录下来，略加修改后做成展板，贴在教室的墙上。虽然后来数次更换教室，这块展板却一直跟随了我们三年。在这三年里，所有人都发生了变化，有些人从平庸走向优秀，有些人则依然平庸。但是，这块展板上的内容却一直是激励我们前进的精神力量。

当信刚刚发出之时，全班几乎没有人相信我说的话，甚至有人听不懂我说的话。班干部在制作展板时，有意在“让优秀成为一种习惯”这句话之前打上了四个问号，意思是说：“这可能吗？”

8 个月后，我撰写了一篇日志《人活着总是要有一点儿精神的》。在文中，我总结了带班 8 个月来我做的最有意义的一件事，目的是向学生传递一种精神。

> 无论你过去有多差，你其实比你自己想象的要强，你要奋斗，自强不息，永不言弃。
>
> 我常对学生说：“老班就是你们的榜样。”班级确实不好带，我不觉得苦，不绝望，知道为什么吗？因为我有信念！
>
> 其实，我一直在向他们传递这种精神，我的学生被我感染着；激励着，变化着——他们甚至都不知道自己已经在改变。
>
> 班级已经获得了一种精神，人活得不再悲观，尽管不是所有人都能跟上，但这已经不重要，重要的是，我们已经改变。

一年后，当江苏电视台的记者扛着摄像机采访我们班的学生时，接受采访的一位班干部向记者讲了这个故事。记者问她：“那么现在你觉得能理解班主任的话了吗？”学生回答：“经过一年多的努力，现在我觉得我们班有点儿像了。”

如此真实的回答既昭示了教育之艰难，也说明了让班级精神成为一种文化渗入学生心灵里去是需要较长的过程的。

在高三毕业典礼上，我惊异地发现，在我们班班长的致辞中有这样一句话：“我们用心写下‘让优秀成为一种习惯’，在承诺中学会了拥有信念！”而此刻，这个入学时没有一名学生的成绩达到普通高中录取分数线，曾经被认为是毫无希望的“最烂的班级”，却走出了 20 多名本科生和 20 多名大专生。真正有意义的不是那一张张大学录取通知书，而是厚重的班级文化和师生情谊带给他们的精神财富。

教育需要等待，文化需要积淀。让优秀成为一种习惯，绝非一朝一夕之功。

八、班级里的民俗文化：集体生日会

每个班级都应该有专属于自己的节日，每一个班级在成长过程中都会形成一些传统。这是班级的个性，也是班级的风格。保留那些优秀传统，并不断产生新传统，是构建班级文化的重要手段。

民俗文化是在普通人民群众生产、生活过程中形成的一系列物质的、精神的文化现象。

我想借此说明，一个班级在师生相处的时间里，也应该会生成一些彰显班级特色、只属于自己班级的文化现象，成为师生共同拥有的一笔精神财富。一些偶然的事件经过班主任精心的安排和引导甚至可以形成一种传统。这些传统具有两重意义。第一，从在这个班级里生活的每个学生的角度来说，他亲历、参与并和同学分享这种体验和幸福，走出校门后，这些经历将成为他在以后的人生道路上前进的精神动力。无论历经多少年，学生时代经历的那些幸福瞬间都值得回味。这就是班级文化给一个人成长带来的影响。第二，从班主任的角度来说，陪伴学生成长，和他们朝夕相处，同甘共苦，亲历这些典型事件，也丰富了自己的人生，使自己的精神世界变得丰满、厚重。虽然学生会毕业，离开母校，离开班主任，但这些传统会积淀下来，会被改进，为下一届学生所传承，年复一年，逐渐形成班主任的教育风格和个性标签。

所以，从这个意义上讲，班级文化有点儿类似民俗文化。一个班有没有自己的传统，有没有专属于自己班级的节日和活动，是这个班有没有形成班级文化的重要标志。班主任用心去营造、创设一种情境，并有意识地把一些优秀的习惯积淀生成为一种文化，对班集体建设和学生的成长很重要。所以说，班主任的引领是构建班级文化的关键。

经过20多年的实践，在带班过程中我也形成了不少传统。虽然送走了一届又一届的毕业生，但这些传统却被保留了下来。像我带学生进行的创业体验、户外拓展训练、运动会入场式演练、成人仪式、毕业旅行等，都是非常有趣也很有教育意义的。在此，我们举一个“集体生日会”的案例。

高中生的生日该怎么过？大家可能都有不同的过法。此时孩子已经不小了，有了一定的独立意识和自己的小圈子。现在，一般来说，不仅家长会为孩子过生日，孩子自己也经常为自己过生日：邀请一些同学，或到自己家里或去饭店吃一顿，接受朋友的生日礼物，然后可能还要去KTV。我向来不提倡孩子过生日时铺张浪费，因为都是花父母的钱。家境好一点儿的学生如果请同学参加自己的生日会，那么下次轮到被邀请的同学过生日时他也要如法炮制，如此形成风气，会导致互相攀比。孩子们可能很少会想到甚至不知道“孩子的生日，母亲的难日”这句话。现在的很多孩子都是在蜜水里泡大的，这方面的意识普遍薄弱。

我也一直试图在孩子过生日这件事上做点儿文章。虽然不想把过生日这件事看成多么重要的教育，试图达成多么伟大的教育目的，但倡导一种健康的生活方式，营造和谐、温馨的班级气氛一直是我做教育的主题之一。

2011年1月，我在班上开了个“集体生日主题班会”，初获成功。我想就此把它作为班级文化建设的一部分保持下去，成为一项常态活动。

我的设想是不提倡或反对学生利用过生日搞聚会，大吃大喝，而是每个月拿出一节班会课时间为在这个月出生的学生集体过一次生日。这样一年下来就可以走一个循环，每位学生都有机会在班级里过生日，得到大家的祝福。设想一直都有，但直到当年1月份才正式实施。这个时间是我精心选择的，理由如下。

没有在一开学的9月份就组织，是因为那时我新接班，又是刚刚开学，事情千头万绪。更重要的是班级气场尚未形成，学生相互之间缺乏了解，没有情感基础自然不能开好生日会。也就是说，刚刚组建的班级尚不具备开这种班会的条件。在此后的几个月开始又显得不伦不类。此其一。

经过大半个学期的相处和磨合后，班级已经稳定。学生彼此已经很熟悉，在同班同学中结交了新朋友。此前已经做过很多活动，发生过一些故事。这样的氛围非常有利于开好这种情感教育主题班会。此其二。

一月是开年第一个月，可以作为一个很好的起点。期末考试即将开始，以这样一次特殊的活动给学生鼓劲应该会取得一些效果。此其三。

一月份第二个星期的星期三有一节班会课，是这个学期最后一次班会。我在前一天精心设计了班会课的课件。学生的生日早已存在我的电脑里，调出来一看，一月份我们班一共有四个学生过生日。我搜集了这四个孩子的相关资料。这时，从开学初就坚持制作的“学生电子档案”发挥了作用，学生的资料很全，情况一目了然。我没有参照任何现成的班会材料，只凭我的理解设计了这节班会课。具体介绍如下。

高一（1）班集体生日会

[第一个环节] 热场与引入

[PPT]（略）

[背景音乐]《祝你生日快乐》（中文版，持续、循环播放）

[背景图片]（略）

开场白：班长致辞，宣布班会开始。

班主任致辞：今天是一个普通的日子，也是一个特殊的日子。在这样一个日子里，我们相聚在这里开一次特殊的班会……

[PPT]

每一天的太阳都是新的……

人生的每一个今天都是唯一的……

[PPT]

今天我们相聚在这里，

为我们中的他们——送上我们的祝福

和

美好的期望！

［PPT］

你们是今日的明星，今天属于你们……

［第二个环节］“明星”档案

用PPT展示四位同学的情况，包括照片、出生年月日、毕业学校、特长、为集体做出的贡献、曾经获得过的表彰或表扬等。文字用PPT中“自定义动画”菜单“添加效果”里“进入”方式中的“其他效果”“颜色打字机”，逐字打出，制造情趣和悬念，速度设定为“非常快”，单击换片，背景音乐持续。

［第三个环节］生日许愿与感言

掌声请出四位同学，为自己的生日许愿，背景音乐持续（《生日快乐歌》英文版）。全班学生齐唱《祝你生日快乐》。展示收集到的这四位学生在班级活动中的照片。大多数照片都是首次亮相，这引发了学生的关注，营造了惊喜的气氛。

许愿后学生发表简短的生日感言，班主任现场点评。

［第四个环节］送上我们的祝福

全班每个人选择四位同学中的一位，写一句祝福的话送给他（她）。要求越有创意越好，现场生成。收上来后分别送给这四位同学，选取其中最有意思的祝福语现场念出来。这个环节让学生笑翻了，因为祝福语中有很特别、很搞笑的。）

［第五个环节］老班的祝福与礼物

班主任致辞，送给学生每人三件礼物。

第一件：一朵鲜花（图片，PPT）。

第二件：一首歌（在同一张PPT上打出，同时播放）。歌曲是我精心挑选的《生日礼物》，旋律优美，内容健康、阳光。

这是班会课的高潮。其间我朗诵了歌词的后两段并在第二遍演唱时和着原唱同时演唱，这赢得了热烈的掌声。

前两件礼物都是不需要钱的。

第三件：我的礼物。每人一本软面抄本，上面有我的祝福语和签名。我说："这个本子可'值钱'了，一定要保存好。"祝福语很简短，根据每位学生的名字或特点度身定制。罗震阳："阳光少年，威震六中！"（嵌入名字）闫京："再接再厉，再创辉煌！"（她参加了校运会4×100米比赛并获得名次）李玮芸："奏响生命中最美妙的音符！"（她是校合唱团的钢琴伴奏）巨鹏程："鹏程万里，一飞冲天！"（嵌入名字）学生上来接受班主任的礼品，软抄本每本价格只有1元，但上面写有班主任的寄语。过生日的学生和老班合影。

［第六个环节］班主任总结

在祝贺四位学生又长大了一岁的同时，指出过生日的意义、成长的意义、生命的意义。最后，宣布下一期集体生日会的安排。

每个月为当月过生日的学生举行一次简朴而有意义的小仪式，已成为我们班的一个传统。每次流程和创意都不一样，需要大家自己策划、实施。作为班主任，我只在第一次开一个头。我们把这个类型的班会课称为"生日会接力"，即下次的生日会由这次过生日的学生准备，依此类推。这样，每个学生既可以享受到别人对自己的祝福，也为他人的生日会做一些贡献。此举意在促进同学情谊，增强集体凝聚力，培养学生的责任感并增加学生在班级中的幸福感。

［班会小结］

这次主题班会事先没有通知学生，有一定的悬念，充满惊喜，一切都是现场生成的，真实而鲜活。虽然内容朴实，但力求在教育形式上有所突破。虽然这是一件小事，也并无很高的教育境界，但它凸显了班集体建设中的人文关怀，给所有参与者以温馨而愉悦的体验，使学生加深了对集体和同学的感情。“为每个孩子过生日”暗含平等、公正，不放弃、不忽视集体中的每个个体的理念。但因为班级人数较多，如果为每个学生都举行这样一种仪式，对高中生来说，精力和时间又不允许。每月一次，既节省了时间和运作成本，又把个体和集体紧密联系在一起，达到了某种平衡，既热闹又简约。这节班会课上送出的礼物成本只有四元，一人一元，其余都是精神层面的。

这只是一次尝试，取得了一定成功，也获得了一些经验。这次仪式将成为一个传统，成为班级文化建设的一部分。班级文化和班级精神，就是在很多这样细小努力的基础上渐渐形成的。

班会课上，一名学生激动地说：“从小到大，年年过生日，但从没有一个生日像今天这样有意义。”

班会课不能解决班级文化建设中的所有问题，但即使在某一个小点上能有所突破，这种尝试也是可贵的。我们需要常态的、几年一贯的教育，力求达成培养善良、正直、有责任心的合格公民的教育目标。

九、成人仪式：十年树木，百年树人

班级文化的价值不仅在于为升学这样的功利性目的服务，更重要的是体现在学生走出校门后，对他们以后的人生道路所带来的影响。高三年级最后也是最重要的两大文化活动——18 岁成人仪式和高三毕业典礼的重要价值即在于此。班级文化是一个动态的、发展的系统工程，从班级组建之初一直延续到学生毕业。成人仪式和毕业典礼完成了班级文化最后的构建，同时也成为班级文化分量最重的一部分。事实证明，一次有意义的成人仪式或毕业典礼能够给所有参与者带来深远影响。

意外接到一个老学生的电话，说是想约我一起去江浦的国家森林公园看看，还说其他同学也约好了，只等我确定时间。老学生的电话立即把我的记忆带回到四年前。2007 年的夏天，也是在江浦的国家森林公园，我带着全年级的学生去植树，在树上挂上了铭牌，以纪念自己年满 18 岁。我们相约要经常来看看自己种下的树，看它们是否还健康、茁壮地成长着。

这次打来电话的，是我 2007 届的学生。快四年过去了，他们都即将大学毕业。虽说平时大家天各一方，但每到寒暑假，却是经常相聚，展望未来，共话当年。每次这种团聚对我来说无疑都是一场精神盛宴，每到这种时刻我都深为自己是教师、是班主任而感到幸福。在他们的高中时代，我们是师生关系，平时大家相处融洽，其乐融融；有困难时共同应对，努力克服；高考备战时更是齐心协力、众志成城。我所带的每一个班级都有独特的班级文化，打上了那个时代教育的烙印。更令我欣慰的是，毕业后，大家感情不散，仍然经常联系；我对他们的教育和关注也始终没有中断。我觉得教育的影响是深远的，高中时代接受的重要教育和经历的重大事件在他们一生中都留下了不可磨灭的印记。那次 18 岁成人仪式就是其中一例，以至于多少年后我们都会想着回去看看，重温当年的感觉。所以，我一直坚持认为，班级文化可能是学生成长的最重要的影响源。

18 岁成人仪式，每年都在差不多的时间举行，赶在学生高三毕业之前。春暖花开的季节，大家都已满或即将 18 岁，即将踏进高考的考场。此时举行成人仪式有多重意义：一是对 18 岁的生命历程特别是高中生活的总结；二是对未来设置期待，增强责任感和使命感；三是为即将到来的人生第一次大考 —— 高考鼓劲。在高考复习进入白热化的时间段，利用大半天的时间举行成人仪式，是一种积极的休整，一紧一松，一张一弛，相得益彰。这个活动无论是从恢复体力、精力的角度来说，还是从心理疏导和励志的角度分析，都很必要，并非浪费时间。

成人仪式宜庄重、简约，宜在户外进行。流程包括教师代表演讲、学生代表发言、举行一定的仪式、组织相应的活动等。从我带的 2007 届学生开始，我们班成人仪式的主要活动是去郊外植树和野餐。之所以选择植树作为主活动，意在重申“十年树木，百年树人”的道理，同时，种下一个希望，表达一份寄托，收获一份感悟，意味深长。树木伴随着学生一起成长，给学生的高中生活画上一个句号，同时暗示着一段新征途即将展开。这项活动在每个参与者心中都留下了难忘的印象。这也正是四年后，那些学生再次相约在当年植树的地方相聚的原因。学生的约定再次证明了班级文化对他们的影响。这才是成功的教育。

作为这种文化的组成部分，每年教师在成人仪式上的演讲也是非常重要的。以下摘录的是我在 2010 年高三成人仪式上的演讲词。

向年轻的生命致敬

——2010 届高三成人仪式演讲

老师们、同学们：

早上好！

今天是 2010 年的 5 月 8 日，一个普通的日子，但是我们要知道其实每一天都是最好的，因为过去的已经不可能再来，未来的还未来到。只有今天、只有现在才是我们能把握的。我们应该把每一天都当作人生中最重要的一天来对待，这样的人生才是充实而有意义的。

所以，今天既普通，也不普通。

我们聚集在这里，为大家举行 18 岁成人仪式。

从今天起，我们要对自己说：“我已经长大了，我已经成人了。”

长大意味着什么？

长大意味着我们将可以经历更多的精彩。

在我们很小的时候，我们的想法总是被成人视为天方夜谭。我们不能做很多自己想做的事。大人总是会说这样的话：“等你长大了再说……”

我们总是不明白很多事情，而大人们会说：“等你长大了就会明白……”

长大？什么时候才能长大？今天，我们每一位同学都问一问自己：

“我长大了吗？”

你们长得很高，长得很壮，长得很美，现在是你们人生中最好的季节，但是，身体的成长是不是就意味着长大成人？

长大意味着我们必须承担更多的责任。

毛泽东主席对青年朋友说过：“世界是你们的，也是我们的，但是归根结底是你们的。你们青年人朝气蓬勃，正在兴旺时期，好像早晨八九点钟的太阳。希望寄托在你们身上。”

是啊，你们身上寄托了多少人的希望啊！从今天起，你们不再是孩子，你们要开始为自己的生存、发展而奋斗，也要开始为抚养了你们 18 年的家人分担责任。

不要以为自己还小，什么都等着别人送上门来。不要以为自己什么都不会，什么都等着别人帮你安排。从今以后，你们不能再以自己还未成年为借口，饭来张口、衣来伸手。

年满 18 周岁的中华人民共和国公民，被定义为“成人”，不再受《中华人民共和国未成年人保护法》的保护。但是你们可以享受成年人享有的任何权利，开始拥有选举权和被选举权。更重要的是，法律规定了你已经具备完全民事行为能力，你应该能而且必须理解法律规范和社会生活的共同规则，理智地实施民事行为并为自己行为的后果负完全的责任。你准备好了吗？

有人说：“我都已经 18 岁了，还一事无成，连个大学都考不上。”

我要说：“18 岁是一个分水岭，18 岁意味着未来无限的可能。”

发明家爱迪生在 18 岁时还是一名报务员，但是 8 年后他建立了自己的实验室。

物理学家牛顿在 18 岁时也只是一名大学生，5 年之后他发现了万有引力定律，创立了微积分学。

还有人说：“现在的社会，没有关系，没有背景，努力有什么用？大学毕业了连工作都找不到。”想想这些言论的可怕之处！ 18 岁的你还没有开始奋斗就已经丧失了斗志。

看一看华人商业巨子李嘉诚 18 岁之前的人生经历吧。

5 岁，开始读书。

12 岁，全家逃难到香港，住在舅舅家。

14 岁，父亲去世。到一家茶楼做服务生。

15 岁，到舅舅家的公司上班。

17 岁，到一家五金厂做推销员。

18 岁，到塑料玩具厂。后来成为这家公司的总经理。

没有背景的李嘉诚靠着自己的勤奋和努力赢得了职业生涯的第一桶金。他说："我在 20 岁前，事业上的成果百分之百是靠双手的勤劳换来的。20 岁至 50 岁之间，10% 靠运气，90% 仍是由勤劳得来的。"失败时便埋怨命运，这是不对的。

作家托尔斯泰曾经说过，年龄越大，就越来越多地懂得，你并不是世上唯一的宠儿。如果你有力量，就必须为获得你想拥有的东西而奋斗；如果你没有力量，就只能忍受既有的东西。

所以，今天的你更应该懂得，长大成人是需要付出代价的，更是要承担责任的。现在，在你们面前横着一座高山，那就是不久之后的高考。有人面对这座高山，已经连一点儿攀登的勇气都没有了，只恨自己过去浪费了太多时间。

其实，我想说，就算你已经浪费了 18 年时间又怎样？请把今天当作你新生命的开始。不要后悔过去，也不要推到明天，从今天、从现在开始。

高考，对高中生来说，是一次大考；就人的一生来说，只是一次小考。我们应该以平和的心态去看待它，以积极的备战来应对它，以非凡的勇气去迎接它。除了高考，人生中还有很多更重要的事等着我们去完成。千里之行，始于足下。做我们应该做的吧！

在今天的成人仪式上，我谨代表全校教师向各位同学致意。

向年轻的生命致敬！

祝愿大家 18 岁的天空像夏花一样绚烂！

让我们更精彩的人生，从 18 岁开始！

谢谢大家！

（热烈的掌声响起）

第四讲

扭转班风，转化后进生

越是“差生”，越是不能降低对他们的要求，越是要为他们设定高的目标，让目标远远脱离所谓的“做人底线”。要让他们能重新审视自己，评价自己。在这个前提下，再辅之以切实可行的改造计划，让他们初步体会成功，这样他们就一定能摆脱绝望的心理。人一旦走出阴影，就再也不会去做那些伤害别人、践踏自己尊严的无聊的事了，因为你让他有了更高的追求。

一、从战略问题入手

面对一个新班级时，不管是愿意还是不愿意、是主动还是被动，班主任的工作都是要开展的。开学伊始，班主任的工作状态经常会出现两种情况。

一种是觉得无事可做或不知道该做什么。班级刚组建的时候，学生刚刚来到一个新环境，会有一些好奇和新鲜感，他们需要有一个观察和适应的过程；也有的学生在开学前制订了一些计划，想借着开学的东风有一个新开始。这使得刚开学时大家都不会有太出格的表现，个性显然得到了暂时的压制。所以，表面上班级问题不多，给人的感觉是各方面情况都还不错。除了常规工作有些烦琐之外，实质性的问题还涉及不到，故而觉得比较轻松。其实，任何一个班级都是存在问题的，只是暴露得快慢不同而已。新接班正好是班风养成的最佳时机，如果白白错过，就再也没有这么好的机会了。

另一种则正好相反，班主任似乎也像刚刚进入学校的学生一样，雄心勃勃，想大干一场，什么事都抓在手上，什么事都想毕其功于一役。事情却总是层出不穷、千头万绪，结果什么都想抓，什么都抓不好。因为心急，难免会犯急躁冒进的错误，学生达不到自己规定的要求，就采取比较极端的管理办法。结果很快就失去了民心，弄得师生关系紧张，这对下一步工作的开展极为不利。

接班之初该重点抓些什么、什么是第一位的，这值得我们好好思考。

我认为无论从什么事情入手，我们的教育首先要解决的是班级教育管理中的战略问题。如果看不到战略上的大问题而把精力都放在寻找一些具体的战术方法上，那无疑是本末倒置。

班级教育中的战略问题，是关系一个班级发展的方向性的、全局性的、统领性的问题。班主任要高瞻远瞩，利用接班伊始的契机，集中精力做好一个班的战略规划和部署，让班级进入一个健康、正向的发展轨道。这个问题解决好了，具体的战术、战役上的问题就比较好解决。

首先是班风，即一个班级的气场。对一个团队来说，风气问题是最重要的。“班风”是一个比较感性的概念，我们对班风的认识更多的是一种感觉。正因为这种感觉比较笼统，所以意义才重大，是战略问题。一个健康的班风会让走进这个班级的人感到舒适，能让生活在这个班级里的人感到幸福。正气占据绝对上风，歪风邪气就没有立足之地。一个班级如果有了这样的氛围，任何困难就都能被克服。

泛泛地谈论班风的重要性是没有意义的，我们需要知道的是该怎么做。班风是有许多具体支撑的，这些支撑让班风建设有了具体方向和可操作性。

班风建设既体现在班级学生思想意识的大方面，又体现在很多细节上。班主任要细心观察班级发展的动态，特别要注意以下两点：有号召力的学生和对一些事情班级学生表现出的压倒性看法。我们要把向好的趋势大力发展下去，把坏的苗头遏制住。在这项工程中，班主任要起到绝对的引领作用，要表现出绝对的权威。很多具体事情可以放手让学生去锻炼，包括自我管理，但事关班级整体氛围的事一定要抓在手上。

班风的一个重要指标是舆论导向，具体表现在学生价值观、荣辱观、学习观和生活观的形成上。优秀的团队一定有正确的价值取向，知道以什么为荣、以什么为耻，这个大是大非问题容不得含糊。如果班级里一个学生做了不好的事，他得到的应该是全班同学有声或无声的谴责，而不是默许甚至赞同。比如，一个学生和老师顶撞起来，对错自有公论，但无论谁对谁错，其他人采取的态度都应该是主持正义，积极平息事态，而不应该是冷眼旁观、幸灾乐祸甚至火上浇油。如果学生漠视顶撞老师的行为，甚至视其为英雄之举，那这个班级的氛围就危险了。这时，班主任要不惜代价把这个趋势扭转过来。

禁绝考试作弊是公认的难题，任何一所学校、任何一个班级都难以完全避免。但如果大家对作弊不以为意，对作弊现象熟视无睹，甚至羡慕作弊者获得高分并羡慕他没有被发现的幸运，这就是很可怕的事。这属于战略问题。不解决好，一旦形成风气，再想治理，就难上加难了。在这个问题上，班主任的价值取向直接影响学生的行为。如果班主任过于看重分数，以此作为评价学生优劣的第一标准，就会把学生的注意力转移到如何获得分数上，学生作弊的可能性也就大为增加。如果班主任关注的焦点首先是真实的考试成绩，并将此作为第一标准对学生的综合素质进行评价，就会引导学生向着健康的方向发展。平时考试的主要功能是发现学习中的问题以利于改进，因而真实的分数才有价值。不仅如此，班主任还要解决学生在家庭中的后顾之忧。考试成绩不好，学生要受到家长的责难，为了过家长这一关，他们往往不惜铤而走险。要消除学生的这种恐惧，就要在家长面前强调正确的价值观。学生学习成绩不好但却坚持诚信考试，这样的行为应该在家长面前大力表扬，在全班大力表扬，以树正气。要让学生都明白，在这个班级里最重要的不是考试第一名，而是诚信考试。如果全班都诚信考试了，那全班都要受到表彰。过于强调考试分数是导致学生作弊的主要诱因。

公德意识的培养是另一个重要的战略问题。班级除了要有规则，更要有道德约束。而后者的力量更加强大、持久。教室、校园也是公共场所，班主任要大力培养学生的公德意识，包括与人为善、团结互助、自我约束、恪尽职守等。培养公德意识的重要方法是营造良好的舆论氛围和创设良好的监督机制。班级事务不要都依赖几个能力强的学生，不要让学生养成“这不关我的事”的思想。要培养学生班级事务全员参与的意识。班级氛围要靠全班学生努力营造，大家一荣俱荣，一损俱损：班级氛围好了，全班都是受益者，否则全班都是受害者。所以，在我带的班级里，很多事情都交给全班学生去做，强调每个人都必须参与。无论是班级公约的制定、班徽的设计，还是班级文化的建设，每个人都要交书面稿。现在已经形成习惯，只要事关全班的事，全班学生都要参与。

我们一定要让学生知道在这个班级里生活，有的事是必须做的，而有的事是绝对碰不得的。班主任一定要有这样的气魄：学习成绩虽然重要，但不是第一位的，更不是唯一的。课上不好宁可停下来不上，把风气问题解决后再上，否则在一个糟糕的氛围里学什么都没用。考试风气不正，就不要考，把考风整顿好再考，否则越考孩子的品德越坏，这样的考试还要它干吗？我曾经处理过一个粗暴顶撞老师的学生，还没处理完他就急着要求去上课，说上课是他的权利不能耽误，被我断然呵斥："不把这个问题处理好，你就别指望去上课，我就是拼着这个饭碗不要也要把你的毛病改过来！"处理完之后我在班里强调："这是第一次也应是最后一次在我们班发生这种情况。下次若再有类似事件，一定给他纪律处分，绝不宽恕。"我要让全班学生都意识到，在我们的班级里什么是最重要的，做人做不好什么都不要谈，什么都可以停下来。唯有如此大力度地强化一个班级的风气建设，才能让学生走入正轨。而只有学生走入正轨，才能促进学生的个性健康发展，让这个团队中的所有成员分享进步成果。

我认为，一个班级需要重点解决的几个战略层面的问题，包括尊师重教（从抓课前准备和课堂纪律入手）、考风考纪（第一次考试就要严肃强调并采取严格的措施）、公德意识（从抓自习课纪律和卫生入手）。

具体做法如下。

①在刚开始接手时采用"陪读"方式，跟班了解情况。虽然麻烦一点儿，但与后期出了问题再去解决相比要好得多。

②运用各种方法，口头的或书面的，即时了解班级的行为动态和思想动态。掌握信息是非常重要的。

③运用一切可能的手段宣传你的主导思想，强调、强调再强调，反复强调。事实证明，要想让学生重视一件事，班主任首先要格外重视。

④用规则的形式把最先要巩固的战略性问题固定下来，不宜太多，但一定要严格执行。

⑤特别注意班级里具有影响力的学生。对有坏影响的学生应该予以严肃的批评教育，大力扶持有正义感的学生，让他们在班级里有市场、不孤单。选择班干部要特别慎重，新接班时不可过于民主或随意。发现班干部身上有不良风气时要及时撤换。决不能因为这样的干部能力强，需要倚仗他的能力为自己做事就重用他。因为他的能力越强，对集体的破坏性就会越大。在所有班干部职位中，班长一职是最重要的。对班长的选择一定要慎之又慎。入选的第一标准就是正派、阳光，能力其次。因为班长具有风

向标的意义，他的存在就是一种影响。

总体来说，班主任带一个班的姿态应该是先战略后战术。在具体战术中贯彻战略指导方针，一切战术都围绕战略部署安排。班级的状况应该是越来越好，虽然开始时问题很多，工作量较大，但之后问题越来越少，工作的重心越移越高，学生的境界也越来越高，班级的发展步入良性循环。不成功的带班往往是开始时还凑合，后来问题却越来越多，班主任的工作量越来越大，工作积极性越来越差，而且班级的状况每况愈下，班级陷入恶性循环。造成这种恶性循环的原因是班主任忽视了战略层面的教育，只关注具体的战术，甚至连战术都没有，班级发展出现了方向性的错误。

二、面对差乱班

（一）勇敢地走进教室

眼保健操的音乐响了，已到了上课时间。按学校规定，做眼保健操时科任教师要到班。当然，有时班主任也到班里看看，管理一下眼保健操的纪律。有的学生挺不自觉的，有班干部执勤还不行，照样讲话，甚至还有学生把做眼保健操的时间也算作课间休息时间，要等到眼保健操快结束时才回教室。班主任在教室里时，纪律当然好一些，但没有规定班主任一定要到班里管理学生做眼保健操。有时能看见这样一幅场景：科任教师到了，但没有进教室，站在门口，若即若离的样子，也算到场了。至于教室里面的纪律怎样，先不去管它，直到眼保健操结束，才进教室开始组织教学。

这样的班级有一个共同点，那就是纪律很差，吵成一片。科任教师却能视而不见，有时说一句“请认真做操”，有没有效果就不管了。有时连这句话也不想讲，任由学生讲话。

我能理解这些科任教师。有的学生纪律很成问题，如果说了也没有用，还不如不说，反正做眼保健操时也不能上课。上课进教室，那是没有办法的事。这时如果纪律不好，就只有教育了。如果教育没有效果，就无非两种情况：要么严厉整顿一下，要么继续视而不见，你说你的，我教我的。

面对纪律很差的班级，还能怎样？

我又想到了另外一些场景。比如，学生做广播操时，班主任到场了，但学生做得很不认真。有的班主任也是视而不见，张不开口说学生两句。想来一是因为不好意思在大庭广众之下批评学生，如果学生再不听，就更没面子；二来恐怕也是因为觉得管了也没用，所以干脆不闻不问了。

我知道带差班的艰辛，理解有些班主任和科任教师尽可能不进教室的理由（哪怕是只有五分钟的眼保健操时间）。那是因为觉得学生太差，不愿意面对学生。除非万不得已，能不面对就尽量不去面对。

但学生会怎样？如果他习惯了你的视而不见，也就习惯了当着你的面自由散漫，你越不管他，他就越放肆。你心寒，更不愿意多管，他便更无所顾忌。恶性循环不是突然出现的，而是慢慢形成的。在此过程中，学生始终在观察老师的决心和勇气。开始时他胆子小，他的胆量是在你视而不见中练就的。等你意识到你已经控制不住局面时，已经为时太晚。

如果我们长期疏于管理，就会助长学生形成很多坏习气。如果我们坚持管理，虽然会遇到阻力，但学生最终还是会在你的坚持下让步，并不得不开始适应你的管理风格。尽管教师的管理能力有差别，但管和不管的差别更大。

学生不是天生就很差的，也不是说他已经差了就不可以改变。

那么，该怎么做呢？

首先，要战胜自己的心理弱点。每个人都是有弱点的。比如，没有经验、性格内向、胆怯，但你始终要坚信一点：你是老师，这决定了你即使再柔弱，也应该比学生强势。你要做的，是在适当的时间、适当的场合拿出你的强势，只要不滥用教师的权力和影响力，以正面的方式去教育，总会对学生产生一些影响。

应勇敢地面对学生，用坚定的眼神和他们对视，让他们感觉到你的决心和勇气。他们不是你的敌人，只是一些需要你帮助的人。要让他们明白，你只是来帮助他们的 —— 你只是和他们的坏习惯为敌，而不是和他们本人为敌。

然后，你要走近他们。在课堂上大声呵斥会有效果，但绝对只能在迫不得已的时候使用，不可多用。什么时候呵斥他们不会招致他们的反感呢？只有在你感动他们之后，只有在他们拿你当朋友之后。否则，你越骂他们，他们越恨你。如果他们把你当自己人，你越骂他们，他们就越会站在你这边理解你的痛苦。你骂他们，他们也会骂自己："怎么这么不懂事，老是惹老师不高兴！"如果你骂他们，他们在心里骂你，就悲哀了。这样，还不如不骂。怎么办？不骂，先和他们成为朋友。

我带的是全校最差的班级，在开了十次以上班会，和学生做了数十次个别谈心后，我才第一次骂人。所以，应该努力做到没有把握取胜时不骂，没有进步时不骂。要让大家充分看到你的苦心。在前进了一段时间，大家都看到不断有进步时骂一次，会很有效果。所以，越是差的时候越不能骂，越是进步的时候反而要多骂骂，在骂中提出更高要求。不按常理出牌，会有奇效。但这一切，是建立在学生已经能理解你的基础之上的。

有时候走进教室是需要勇气的。要做好看到许多你不愿意看见的情景的思想准备：卫生一团糟、抄作业、看漫画、哄闹、迟到……但是你不走进去，怎么能发现问题？怎么能让这些不好的现象减少？你不去看，问题就不存在吗？到头来出了问题，还得你去收拾。

你是班主任尚且不愿意在课间几分钟时间里走进教室看看自己的学生，你是班主任尚且不爱自己的班级（虽然它有无数缺点，但它是你带的班级），你让学生怎么爱自己的班级呢？

你不走进教室，虽然你看不见那些不好的地方，但同样也无法看见学生可爱的一面。

对自己的班级，如果连爱和恨都没有了，那这个班就没治了，因为剩下的只有冷漠。

你不走进教室，也就无法走进学生的心灵，学生的心灵对你封闭了，你怎么能教育好他们？

做班主任很辛苦。但如果连学生的情感都没有得到，那就不是辛苦了，而是悲惨。

如果你每天走进教室时，有一大群学生围着你说笑甚至拿你开玩笑，你虽然辛苦，但也体会到了幸福。这种幸福就是你的职业能为你带来的精神补偿。而我们很多老师，却没有享受到。

所以，幸福还是不幸福，其实是自己可以把握的。

（二）让差乱班摆脱困境的良方

造成一个班级差而乱的原因有很多，其中“生源问题”是老师强调最多的。但是讨论“生源问题”恰恰是最没有意义的。我们关心的是：你手上就是这样一支队伍，你如何打造他们？抱怨生源，于事无补。教育的成功体现在使班级整体和学生个体在原有的基础上都能获得和谐发展。如果教师不作为，教育跟不上，一个基础较好的班级完全可能在很短时间内变成差乱班；反之，如果教师认真投入，运用智慧，方法得当，一个差乱班也可以逐渐摆脱困境甚至向优秀班级迈进。

不论成因如何，一个差乱班一般具备以下特征。

①班风不正。歪风邪气占据主导地位，左右着班级运行的走向，正义的声音几乎听不见。

②纪律涣散，人心不齐，像一盘散沙。不仅学习成绩差，甚至集体活动都组织不好。

③学生普遍缺乏集体荣誉感，对班级深感失望，认为在这样的班级里毫无前途。

④后进生数量较多且抱成一团，形成时而紧密、时而松散的小团体，给班级管理带来很大难度。

⑤各项常规指标都很差，无政府主义蔓延，尤其表现在课堂纪律和卫生上。几乎不能获得任何评比的优胜，永远是学校批评的对象，在老师和其他班级学生中的印象很差。

⑥偶发事件并不偶发，而是时有发生，师生冲突更是家常便饭。

⑦班级整体和学生个体普遍没有发展目标，学生对理想、价值观、人

生观的正面教育反感。

⑧学生心理问题较多且无从排遣，由此引发的事端也比较多，如谈恋爱、抑郁、情绪失控、伤害他人、破坏公物等。

⑨单亲家庭和家庭教育有问题的学生所占比例较高。很多家长对子女已经失望，常常放任自流或简单粗暴地解决问题，导致家庭冲突升级，直接影响学生在学校里的表现。与“不管”或“乱管”相比，“管不住”孩子的家长也相当多，有些家长还对老师撒谎、帮孩子圆谎，对老师的教育明显不能起到配合作用，甚至有抵触学校管理和教育的情况等。

如果你是一个差乱班的班主任，那么你该如何调整心态，拿出对策，引领学生逐步摆脱落后的局面，健康成长呢？我提供以下8条建议，供参考。

1. 积极调整心态

班主任积极的心态对差乱班的改造尤其重要。要勇敢地面对现实，做好迎接差乱班带来的一切考验的思想准备。发牢骚、抱怨会影响行动的主动性，无所作为只会让事情变得更糟，给自己带来更大的烦恼。带一个好班固然比较省心，但带差乱班是对自己更好的锻炼，是使自己快速成长的捷径。由于差乱班各项指标都很差，所以发展空间很大，进步容易看见，可用于教育的素材很多。总之，机遇和挑战并存。

由于差乱班的学生普遍缺乏关爱和情感沟通，一旦在班主任的帮助下有所进步，他们对老师的情感回报也是异常丰厚的。对班主任来说，这是一种难得的阅历和教育情感的积淀，对自身的发展大有益处。班主任把一个差乱班带出来，由此产生的成就感也更加强烈，对自身教育能力的认可和自信将成为一笔宝贵财富。

带一个差乱班需要的大智慧，就是以良好的状态面对现实，以积极的行动改变现实，以平和的心态接受现实。

在教育过程中，要把困难想得更多一点儿，但行动时却要不急不躁，一步一个脚印，稳扎稳打。对学生表现的反复性要有充分的思想准备，不要被其扰乱了心态。

要持续不断地付出努力，改变学生可以改变的，接受学生不能改变的，提高忍耐力。

班主任工作的起点是不让差乱班的状况进一步恶化，在此基础上，逐步改善班级面貌。

教育是一个漫长的过程，不可能一蹴而就。风物长宜放眼量，要坚信付出总有回报。

2. 付出真情实感，坚持爱的教育

带好一个差乱班的前提是将美好的情感注入学生的心田，使学生从内心深处认同你这个班主任。

没有情感投入，就不能称为教育。差乱班的学生无论是学业还是行为表现，都长期处于被否定的状态，情感教育尤其缺失。由此造成学生叛逆、冷漠，听不进正面教育。其实质乃是一种自我保护和戒备，这导致的后果是在成绩落后的同时，情商也不能得到正常发展。他们对情感的需求往往以其他方式宣泄出来。比如谈恋爱或拉帮结派。当然，学生谈恋爱的原因比较复杂，并不在本文讨论的范围内。拉帮结派其实也是学生获得情感认同的一种方式。

以情动人要建立在班主任对学生的处境和感受理解的基础之上。所以，班主任首先要理解造成学生行为偏差的原因。理解之后是什么？是尊重。要尊重学生的人格、思想和选择，包括不正确的想法。注意，理解和尊重不代表赞成，正确引导才是班主任要做的。但不理解、不尊重学生，就不可能进行引导和纠正，因为你没有获得学生的情感认同。

情感教育并不是动辄将“爱”挂在嘴上，关键是行为上要体现出对学生真诚的关心。当然，在适当的时机用适当的方式表达出来也是必要的。情感教育成功的标志之一，是学生和教师努力方向一致而不是处于对立状态。有了良好的情感纽带，就能建立良好的师生关系，随后的教育就会顺利得多。

3. 积累成功

班主任要仔细研究差乱班的各种问题，将其整理出来，选择首先需要解决的。让后进班级、后进学生进步的方法是不断设置一些小的、阶段性的目标并帮助他们实现，使他们初步体会久违的成功，逐步恢复信心。每一点进步都是缓慢的，随时可能会有反复。班主任一定要有打持久战的心理准备。

目标一定要具体，不能笼统地说“把常规搞好”之类的话，而应具体到“你试着独立完成一次地理作业，看看自己行不行”“坚持一个星期不迟到”等。当学生完成任务时，应当及时予以认可和表扬，也可以有具体的奖励。

同样，集体也应该有具体的目标。这个目标应该是现实的、可以实现的。要让学生和班级养成不断完成任务的习惯。随着一个个简单任务的完成，集体就会处于不断进步之中。只要在进步，只要进步是持续的，哪怕进步再小，积累下来也是惊人的。一段时间后让学生自己总结已经取得的成果，学生会发现在不知不觉中已经走了很远。

即使没有进步，也要予以表扬，因为情况并没有继续恶化下去，这本身就是一种进步。

4. 不轻易降低要求

对差乱班学生不要轻易降低要求。降低要求本身意味着抱有偏见和歧视，会使学生习惯于落后。学生虽然落后了，但并不一定甘愿落后。应该让他们明白，很多事情不是做不到，而是自己都没有想过可以做到。我们常形容一些学生“眼高手低”，其实“眼高”不是坏事，只有“眼高”了，才可能会“手高”；现在“手低”没关系，只要朝着看到的高处努力，就终会有“手高”的时候。

有些班主任常常对所谓差生降低要求，为他们设定一个所谓的底线，比如“你只要不影响他人就可以”。我认为这是完全错误的。这种看似人性化的要求实则把这些“差生”置于看客的位置，忽视了他们也有自身发展的要求，是把他们本来就已经深藏的积极性和潜力彻底毁灭，让他们甘愿永远做一个“差生”。其结果往往是，他们根本无法达到你为他们设定的底线 —— 无论是学习上的还是表现上的，而且会越来越差。

正确的做法是，越是“差生”，越是不能降低对他们的要求，越是要为他们设定高的目标，让目标远远脱离所谓的“做人底线”。要让他们重新审视自己、评价自己。在这个前提下，再辅之以切实可行的改造计划，让他们初步体会成功。这样他们就一定能摆脱绝望的心理。人一旦走出阴影，就再也不会去做那些伤害别人、践踏自己尊严的无聊的事了，因为你让他有了更高的追求。

事情往往就是这样，你认为他不行，一味地降低要求，他就会连最低要求都达不到；你认为他行，他就会不断努力给你看，证明他确实是行的。带差乱班，成功的秘诀就在于，把最差的学生当作假想中最优秀的学生去训练。之后你会发现，他们真的开始变得优秀。所以，我们不应该再被学生屡屡突破“底线”困扰，因为我们的目光已经看得很远，把那些“底线”远远地甩在了身后。

5. 帮教措施因人而异

只有每个学生都发展了，班级整体才能获得发展。而每个学生的情况都不一样，犯了同样错误的学生动机和背景可能完全不同，对他们今后行为的影响也可能完全不同。这就要求班主任仔细分析学生的情况，制定适合这个学生的帮教策略。这个看似烦琐的工作，其实才是真正有效的工作，并可以为将来班级整体的发展起到很好的促进作用。

班主任在班级管理中切忌简单化，一刀切。在处理问题前，要把事情的原委搞清楚，再结合当事人的性格特点采取帮教措施。要尊重学生的个性、人格，仔细了解学生犯错误的原因。教育工作是做人的工作，要“既对事又对人”，不要做无用功，看上去很辛苦，工作却做不到点子上。

因人而异的教育才能体现班主任工作的智慧，也是最有效的教育。

6. 在班级里树正气

差乱班的第一个特点就是“班风不正”。这个问题不解决，班级就不可能取得实质上的进步。班主任必须拿出所有权威把班级的正气树立起来，这可以借助学校的力量。方式和手段是多种多样的。要多扶持班级里有正义感的学生，让他们有更多的话语权；要确定后进生中可以最先转化的学生加以教育引导，将他们从过去的群体中分化出来，让他们结交新朋友，从而减少后进生的人数。

要先解决后进生中领头人物思想品德方面的大问题。建议多用情感交流的方法，和学生交朋友。一个很差的学生对批评已经麻木，对表扬、鼓励也多持戒备态度，但真诚的情感交流，倾听他们内心深处的苦恼，找出他们走到今天这步田地的根源，往往可以达到很好的教育转化效果。学生从内心里不再抵触班主任的教育，就为他的进步提供了可能性。重要的是要让学生明确地意识到，你是在真诚地帮助他而不是在整他。

我特别反对一味使用高压的方法以达到表面上的、短期的“成果”，但在捍卫班级正气这个原则性问题上不能有丝毫让步，必须旗帜鲜明。要让全体学生明确班主任在这个问题上的决心，要让所有学生生活在正派、积极、阳光的集体氛围中。

转化差乱班的重中之重，是树立正派的班级风气，渐渐形成一种班级精神，让学生由原来生活在自卑之中转化为自己所在的集体感到自豪。

7. 培养自己的班级精英

在班级绝大多数学生都能达到一些基本要求的基础上，努力挖掘学生的潜能，培养一批学习和各项活动中的领军人物，是使差乱班获得可持续发展的重要步骤。要以这些正面的领军人物为核心，用他们的影响力逐步带动周边的同学，形成一些小组。这样无论是学习还是搞活动，便都能拉出一支队伍，出色地完成任务。

班主任要细心发现学生的长处，培养班级学习上的优势科目、活动中的强势项目，让班级在某些方面先突出起来，使班级整体获得自信心。事实上，学校的各种活动和评比经常可以提供这样的机会。应让你所带的班级在某次活动中特别用心准备，使班级从众多班级中脱颖而出，让所有人对你所带的“差乱班”刮目相看。这对增强学生的自信心和集体凝聚力是一种强有力的推动。

班级有了信心后，一旦潜能被激发，它的发展空间将是巨大的。

8. 坚持就是胜利

带差乱班的班主任面临的最大苦恼是教育效果不明显，投入和产出不成比例，学生的表现反复无常。须知，这正是差乱班的特点。如果一抓就灵，那就不是差乱班了。

对此，没有捷径可走，没有灵丹妙药可用，唯有“坚持”二字。最复杂的问题往往有最简单的解决方案。

正是差乱班问题的反复和层出不穷，才导致班主任难以坚持到底，所以成功总是属于少数可以坚持到底的人。带差乱班不仅要有爱心，更要有耐心和恒心。要和学生比决心，不要轻易否定自己的努力，不要太功利，教育成果的体现往往是在远期的。

其实，带差乱班和带好班没有本质性的区别，只是差乱班的班主任要多用一些心思，多花一些功夫而已。不要怨天尤人，踏实地去干吧，坚持就是胜利!

三、从第一次考试开始抓考风考纪

一个班级是有气场的，气场的主导者就是班主任。班主任对一个班级班风的形成有绝对的导向作用，所谓有什么样的班主任就有什么样的班级。

人都有从众心理，气场一旦形成，即形成一种强大的力量，让这个群体中的每一个成员不敢轻易越轨。

开学后一个月，年级要举行第一次月考。我认为这件事很重要，它的重要性就在于它是第一次。第一次考试的气场将决定或在很大程度上影响这个班级今后的考风。而且，第一次考试的考风相对来说比较好抓，毕竟大家都是第一次在这个班级考试，都在试探，看看其他人的表现，再掂量一下自己应该在这个集体中采取什么姿态。注意，学生都不是一张白纸，他们过去的学校、过去的班级有着不同的班风和习惯，这些习惯有好的，也有不好的。如果是坏习惯，他们参加考试时，或多或少会受到这些习惯的影响，只是第一次会因为不熟悉同伴的底细而比较收敛。如果坏习惯可以找到同伴，就很容易在新的班级中蔓延，甚至发展得更加恶劣。

凡是与班级教育有关的“第一次”都是很重要的，一些重要的教育契机就藏在这许多“第一次”中。特别是考试风气，要不遗余力地在第一次考试时就抓好，让学生明白班级的风气就应该是这样的。他们适应了新班级的风气，就会在新的班级服从新的氛围，形成新的好习惯。有智慧的班主任一定是有所为有所不为的，看准的教育机会绝不会放过。考试的良好习惯对学生三年的成长以至终生发展都有重要意义，一定要花大力气抓好。刚开始就抓还比较容易。

我对学生强调，我们班在学习上培养的最重要的品质是诚信，决不拿自己班的平均分和别的班比，决不因为成绩不好就批评。考试的主要功能是发现学习中的问题，进而解决问题，而不是用分数来评价一个学生。这个大道理是一定要讲的。其次，这是我们班第一次考试，每个人在这个新集体中的表现都被别人看在眼里，成为你的诚信度的一个指标。谁都不想把自己丑陋的一面展示在别人面前，那就请你自爱，从第一次开始，树立自己的良好形象，不要破坏这个优秀班级的风气。第一次考试因为条件所限，不能单人单座，但我认为这样更好，它既可以考验我们的自律意识，也给了老师观察每位同学表现的机会，当然也是大家自我表现的绝好机会。现在我要求，考试时大家目不斜视，保持安静直到最后一刻。不要有非分之想，不要把过去在初中时养成的坏习惯带到这个班级来。大家都坐在一起，眼睛一瞄，就能看见旁边同学的试卷，这是一个多么大的诱惑呀！只要你看了一眼，就会忍不住看第二眼，以后就会一直想着看，这是多么可怕的事！人生中要经历的考试有无数次，考验无处不在，不仅考知识，更是考一个人的品格。

我讲的时候非常严肃，因为我知道只有我高度重视，学生才会重视。同时我强调，考试成绩其实平时就是写在那里的，如果你以不正当的方式获得了分数，老师是一定能看出来的。咱们第一次考试，考得多差都没关系，不丢人。人各有所长，我们这次不考别的，就考一考大家的诚信。

这还不是最关键的，我们要深知心理攻势的节奏，要在最关键的时候进行最关键的一击。第一场考试开始时，我拿着试卷来到教室，先不发试卷，而是打开教室的投影仪，打出一张幻灯片。上面只有醒目的 8 个大字："自尊自爱，诚信考试。"

这 8 个字打出来，出人意料，震慑了所有人。在如此强大的心理攻势面前，谁还敢冒天下之大不韪"顶风作案"！气场就这样形成了。整场考试中，学生目不斜视。以我多年的监考经验，没看出一个人有作弊的企图。我深知到了收试卷的时候，一些坏习惯会不自觉地显露出来：看一眼，说几句话。其实这也不是有意作弊，一些学生认为这没有什么大不了的，就会大意。这是最后的重要时刻。我要求最后一排学生站起来收试卷，其余学生不能讲话，不能往两边看，直到试卷全部收好。

考试结果出来后，我很满意，分数非常正常。

四、培养公德意识

（一）人人都是值日生

不知什么时候，不知什么原因，班级的卫生包干区取消了，学校用了保洁工人打扫卫生。这是为了减轻学生的负担吗？想起很久以前，我带的班级在学校前面的旧教学楼里上课，在四楼。我们的楼道里经常有很多学生乱扔的垃圾。学生的素质比较差，他们随手乱丢垃圾，不当回事。当时好像也有保洁工人，但他总不能整天来扫地，所以，往往是前面刚刚扫过，一下课，楼道就又脏了，真是让人无可奈何。当时还是有包干区的，我们班的包干区是一个楼道的两层楼梯（大楼共四层）。我们排了值日生。因为包干区是一个班级的脸面，所以尤其要注意。人来人往，如果脏了，有人就会问："这是哪个班的包干区？这么脏。"所以，我尽可能地安排精兵强将。

我排兵布阵是很讲究的，一张小小的值日生表，我会研究半天：什么人适合做什么工作，家住得远不远，能不能及时赶到学校打扫卫生？一张值日生表，要排得合情合理，既严谨又充满人情味。家住得远、中午不回家吃饭的，就排午间保洁；家离学校比较近的，排一大早的值日生；重要的岗位，排责任心强的学生；关系好的、经常一起回家的，排在一天；我能看见的时段，排经常会逃跑的学生……小小的值日生表，其实蕴涵了大智慧。

值日表排好后，运行起来，我们同样遇到了困难。每天早、中、晚定时三小扫，但是没有效果。早晨刚扫完，就被弄脏了。在上午人人都看得见的时间，包干区始终是脏的，一直到下一次打扫卫生的时候。中午扫干净了，偏偏人很少，到了下午人多的时候，又开始脏了。放学后打扫干净根本没有人看见。给人的感觉是这个包干区始终没有人打扫。

难道就没有办法解决这个问题了吗？我还就不信了，我们总不能听任校园就这么脏下去吧。虽然我没有能力让整个学校保持清洁，但是把我们自己的包干区搞干净还是可以的。如果每个班都把自己的包干区搞干净，学校岂不就干净了吗？我要等什么？我要看别人干什么？想好了就做呗。

我开始动员了。楼道是我们班的包干区，是我们班的脸面，谁都要面子。包干区不干净是谁的损失？全班的损失！我们都没有面子。"你们愿意被人走过来走过去骂吗？"这不是几个值日生的问题，也不是每天打扫几次的问题。现在我要说，包干区是我们全班的包干区，人人都有责任，包括我。每天的值日生在固定时间打扫，平时呢，我们人人都是值日生。走过我们的包干区，看见一个瓶子、一张纸，弯腰捡起来，很难吗？我知道，大家的素质不一样，我们自己不也是这样吗？如果大家的素质都很高了，还要我们保洁干什么？我不指望我们每个人都有这份责任心，但是毕竟有人有这份责任心，我们班毕竟有有心人。班干部可以带头吧？“三好学生”可以带头吧？团员可以带头吧？只要我们班有十分之一的人有这份心，我们的包干区就能保持整洁。我们有责任心的人不至于连十分之一都不到吧？那么，好，听我说，每次走过我们的包干区时，请你留意一下，看到垃圾便随手捡起来。这个说起来不难，但是要真正做好，却是对我们班同学责任心的考验。记住：看到垃圾时不要骂人素质低，也不要想今天是谁值日，更不要麻木到视而不见、扬长而去，只要稍稍停留一下，一秒钟，就可以让我们的包干区变干净，就可以为我们的集体出一份力。我们班的事我们自己一定能搞定，从我开始，爱护我们的包干区，人人有责……

动员完了，我要看看效果。接下来的几天还不错，一到我们的包干区，就一下子泾渭分明地干净起来。我不管有没有人注意、有没有人检查，只要我觉得对得起自己的良心就行了。班主任，本身就是凭良心干活。但是，人的责任心不可能一下子提高。我的美好设想是，只要每天有一个人良心发现去弯腰捡垃圾，包干区就不会有问题。我班五十几个人，每天一个总有吧，反正不是你做就是我做，只要做起来就可以了，这个应该不难吧。

但我更应该知道，任何小事也不是那么容易的。后来我还是可以看见有垃圾没人捡。有一天，我发现楼梯上有一个奶茶杯子。我想做个试验，想看看它到底能在那里躺多长时间，所以我有意没去捡。结果，我很失望，从早晨一直到中午，这个杯子一直躺在那里，没有人去捡起来。每次课间休息后，它都会换一个位置、换一个姿势躺在那里，像是睡觉翻了个身，那是被走过去走过来的人踢的。一个上午四节课，走过这个奶茶杯子的人何止数百，当然包括我们班的学生，那些值日生、班干部、“三好学生”，都到哪里去了呢？

我拿着杯子来到了班上，开了一次班会。我说：“这是我们班级的耻辱！半天下来，走过路过这段楼梯的人谁都看见了，却没有一个人将他捡起来，我们的责任心到哪里去了？都白受了教育！要知道这是我们的地盘，我们不爱护，谁来帮我们爱护呢？今后我再也不要看到这种景象了。以后如果垃圾在我们的包干区内停留两节课以上，我就要来严厉地批评大家。值日生和班干部是首要责任人。”

从此以后，就没有再看到这样的情况了。短暂出现的垃圾，有人路过时会捡起，也不知道是我们班的学生还是别的班的。

我常说“教育要积小胜为大胜”，人的素质是一点儿一点儿提高的，所以教育是慢的艺术。长期教育，会让我们的学生在不知不觉中提高自己的境界，量变会引起质变。我做一件事，就要成功一件，慢慢地经营，将学生道德品质的缺失一点点补起来。后来，学生已经看不惯肮脏的地面了。而刚开始时，每个人都对地上的垃圾视而不见。他们在那种肮脏的环境里，也能过得下去。环境的事不是小事，美好的环境至少提高了我们生命的质量。我们辛辛苦苦地将教室整理得干干净净，提升了每个人在集体中的幸福感。

“人人都是值日生”，这个理念已经融进我们班学生的心里。事情虽小，意义不小。

（二）天下兴亡，我的责任

下午，王蕴芝来找我，非要拉着我去看她的座位。我去看了，一地的垃圾，还有奶茶杯子，奶茶没喝完，淌了一地。王蕴芝对我说：“您看看，我怎么坐得下去？都是他们扔的，脏死了。”

这已经不是第一个人对我说这话了。前天，我让一位女生把自己座位周围的卫生搞一下，叫了两次，没见动静。我把她请到了办公室，对她说：“我知道你为什么不打扫，因为你认为那不是你扔的垃圾。你每周要做一次值日生，但你也可以说：‘这不是我的地方，我为什么要为别人打扫？’”

我们的教育从什么时候开始让我们的孩子学会了逃避责任？是因为犯了错误除了受到惩罚以外不会得到别的东西吗？还是这个社会教育了我们承担责任注定吃力不讨好？我感到一阵悲凉。

在教育学生时，我听到的第一句话往往是：“这不是我干的……”这种近似本能的反应不知道折射出了怎样一种不健康的心理状态。

课间巡视教室时，我看见小潘座位旁边有一个包装袋。我示意了他一下，还没开口，就听见他说："这不是我扔的。"

我对班上的学生们说："一句'不是我扔的'就可以回避自己的责任吗？就可以听任垃圾在你身边泛滥吗？我并没有批评你扔垃圾，只是要你把垃圾捡起来，因为你有责任让你自己所处的环境变得更清洁。"

一个缺乏责任心和自省心的民族注定是没有希望的！我又想起那句话："天下兴亡，我的责任。"

这句话出自高震东的演讲。而现在我们想得更多的是："天下兴亡，不干我事。"只要自己过得快活，什么都可以不顾。从我身边每天发生的这些小事中，就可以看出我们的学生今后在面临人生重大选择时，会做出怎样的损人利己的决定，会怎样逃避时代赋予的使命，甚至对自己的亲人也不愿承担应负的责任。

从对待一个小纸袋的态度，可以看出你的责任心，可以看出你是以什么样的心态参与社会活动的。

不难理解为什么总有人会忘了做值日，不难理解为什么我们的教室里经常空无一人却电灯全开，也不难理解为什么一张纸在我们身边可以静静地躺上一天。

学生在回答老师为什么不交作业的问题时，频率最高的答案是："我忘了带。"也许这仅仅是一个借口，也许你就是忘了带，但你忘记的绝不仅仅是带作业本。

我想起了上学期的一件事。有一天下午放学后我巡视教室，发现一个女生的垃圾袋没有带走，这个学生已经回家了。我一个电话打到她家，说："你丢了东西在学校，请赶紧过来拿。"她怎么也想不起来丢了什么东西。我请她在最短的时间里赶到学校，语气很严厉。她很紧张，居然打车赶到学校，和她一起来的，还有她的父亲。来了之后，我请她在自己的座位上找。她当然找不到，好长时间之后，还是在旁边同学的提示下，她才意识到自己的垃圾袋没有带走。后来我和她谈话，再次问她："你现在知道你丢了什么东西吗？"她的回答让我大为震动，她说："我现在知道了，我丢掉了自己的责任。"

是啊，我们经常会丢掉自己的责任。这怪我们的教育丢掉了这一环节。

从哪里丢掉了，就要从哪里捡起来，无论是垃圾还是自己的责任。

我欣喜地看到，今天在我上完班会课后，我们班的几个学生，在自觉地清理教室，而他们没有说："今天不是我值日，垃圾也不是我扔的。"对比那些仍然在逃避值日的学生，我既感慨德育工作推进的艰难，也看到了学生进步的步伐，看到了我们班级的希望。

不要计较什么，要担负起自己的责任，对得起自己的良心。我反复问学生："天下兴亡，谁的责任？"我很高兴，大家都开始知道答案了："我的责任。"虽然从口头的回答落实到自觉的行动上还很艰难，但我们毕竟已经开始觉悟。

（三）德育无小事

有一天，一个学生给我提意见，说我从不抓大事，只抓小事。

我反问他什么是大事、什么是小事，他一时无语。我干脆替他回答："我批评你在教室里吃瓜子，你认为这是小事。在你眼里，只有学习是大事。对学生来说，除了学习以外，什么都是小事。你是这么认为的吧？"他没有话说了。

岂止是学生，大部分家长也是这么认为的。不要听他们嘴上说"学会做人是最重要的，学习成绩是第二位的"。实际上，很多人只关心学习成绩，倒不是不关心其他方面，只是其他方面太空了，没有多少可以量化的指标。

依我看，学习成绩连第二位都排不上。做人最重要吧？健康和成绩谁更重要？道德和成绩谁更重要？

所以，我继续对那个学生说："如果你认为在教室里吃瓜子是小事的话，那我告诉你，我只会抓你们所谓的小事，大事我抓不来。想听听我的看法吗？我认为，只有学习是小事，是我唯一可以不抓的。除了学习之外，一切事情都是大事，我都要抓。"

我继续解释："第一，学习的事再大也是你们自己的事，应该由你们自己来抓。第二，事情的小与大是辩证的、相对的。对学生来说，只要事关品德的培养，都是大事。”

但我仍然认为还没有完全表达清楚我的想法。

我真的是什么“小事”—— 卫生、环境布置、出操、集会、自行车摆放、课堂纪律都抓，除了最后一条，其他似乎都和学习不相关。

是不是我带的班比较差，学习抓不上去，只能抓抓学习以外的事情呢？真不是这样。教育最重要的是培养高尚的人品，在这个问题上是没有大小之分的。

其实，上述所谓小事，都是班主任每天应该抓的，而且很烦琐。不少老师之所以不愿意当班主任，主要就是因为嫌烦，鸡毛蒜皮的事每天一大堆，还没有成就感。如果说我与其他班主任有什么不同的话，那就是我喜欢把抓不起眼的小事都上升到培养人高尚品格的高度。

我想，这应该就叫“起点高，落点低”，小中见大。如果我为卫生评比而抓卫生，那就不叫“教育”，充其量只能叫“管理”。而管理的意义永远是低于教育的，用管理来代替教育更是悲哀。管理只能使人被动地遵守事先制定好的规范，而遵守规范是做人的底线。教育可以使人从被动地遵守规范逐渐变成主动地追求美好的事物，完全摆脱规范的束缚。赵汀阳说得好：“卓越的人性最有可能使人成为好人，而各种标准、规范和意识形态根本不能保证任何一个人成为好人。”

高压的管理虽然很容易看到短期的效果，但由于不是以培养人性为出发点，不能促成学生自发地去追求，从教育的角度来看是没有什么意义的。

我们身边的很多小事，都可以作为培养人优秀道德品质的素材。当然，这种教育的过程漫长而艰苦，但我对此却相当执着。培养堂堂正正、素质良好又有一定格调、品位的人一直是我追求的目标，尽管经常要冒不成功的风险。

长期以来，我们对学生有太多“不许”：不许上课说话，不许乱扔垃圾，不许下课哄闹，不许考试作弊……也许这些“不许”都是对的，但如果我们不从道德层面讨论那么多“不许”里所包含的做人的意义，这些“不许”就显得那么苍白、那么冰冷，容易激起学生的叛逆。

美好的情感和高尚的品德何时才能充满校园，成为主导学生成长的强大精神力量呢？

所以，我愿意和其他班主任共勉：作为学生健康成长的指路人，教师一定要从平常那些小事中看到它们折射出的人性光辉，这就是你比学生高明的地方。你必须通过言传身教将这些最终转化成学生内在的一种品质。这种高尚的品质，哪怕只有一点，也会使学生终身受益。

我们这些做老班的，确实应该在这个方面下足功夫，因为这是我们工作中唯一重要的大事。

（四）让团徽在你胸前闪闪发光

我不否认我是个勇于创新的班主任，但我更相信，一些传统的教育不能丢弃。

我们不应该忘记那些曾经让我们感动的教育，我们不能因为我们是 21 世纪的人就可以摒弃传统。

重拾那些闪光的传统，寻找失落的纯真，我为我的学生，“90 后”的新新人类，努力看护着精神的家园。

理想的泯灭、信念的缺失，让很多学生活得没有方向感，没有精神依靠。

有一件小事想问问大家：“现在还有几个高中生佩戴团徽？”

从前，无论何时，只要需要，团员就站出来走在前列！

而今，放眼望去，除了闪光的耳钉、项链，哪里去寻找团徽的踪影？

佩戴首饰，是时尚，是正常人；佩戴团徽，是老土，是另类。

当优良的传统沦为嘲弄的对象时，我看到了教育的悲哀。

我将让传统的旗帜，高高飘扬在学生心中。

所以，当我听到学校重申团员必须佩戴团徽的规定时，我的心里一下子变得温暖起来。

很好！久违了，团徽，让它在你胸前重新发光吧！

我知道，不会有人真的把这个规定当回事，没有人天天检查的。果然，几天一过，团徽又从团员们的胸前消失了。

这是搞运动一阵风吗？我很反感。

有我在，大旗绝不倒。

我往班上一站："是团员，就把团徽戴上；不在乎自己是团员的，无所谓，不戴就退团。团支部书记，站起来，现在就查，看看有几个不戴团徽的。"

众人大惊失色，谁都没料到我会搞这种检查。

一查，三个没戴，比我想象的好得多。到底是长期受我调教，大不相同了。放到过去，怎么可能？

"好！今天三个，记下来。下次随时再查，查到三次的，去办退团手续。"

第二次，一个。第三次，没有。

同学们，带着团徽，你会有什么改变呢？当然会有。这是荣誉，也是责任。你是先进的，你是志愿者！不要说干坏事了，就是懈怠一点儿，低头看看你的团徽，也得打起精神来。它在监督着你，鼓励着你。谁让你是团员呢？当初宣誓时，那些话对你来说是走形式，你没有说到自己心里去？现在你长大了，应该明白荣誉和责任是对等的。戴着你的团徽，应接受团组织的监督，接受我的监督，接受所有非团员的监督。

不愿意戴团徽，团徽让你丢脸了吗？这是价值观的颠倒！不敢戴团徽，是怕人笑话，还是不敢担起责任？不想承担责任，不愿意起带头作用，那入团做什么？

我知道我所带的班级问题很多，我要抓住一切教育契机。不管怎样，学生的精神始终不能垮。一个班级，就这样一点儿一点儿地进步着。虽说慢了点儿，难了点儿，但只要不断地积累，三年后，就是一个教育奇迹。我每天做着那些不起眼的小事，连戴个团徽也上纲上线，小题大做，但如果不做，我们怎么能进步呢？

有了闪光的团徽，班级就有了主心骨，我就是要让团员的作用凸显出来。

今天的周记交上来了。有学生写道："我想入团……"

这才是我需要的——一种正气！

回归传统，也是一种创新。愿我们的学生都能找回纯真年代。

五、一份另类的班级文明公约——“我可以！”

我曾经带过的六班有过一份比较另类的班级文明公约，我们把它称为“激情六班宣言”。六班当时很差，带了半年后，我写了这篇《激情六班宣言——我可以！》的日志。这是我在扭转班级风气，培养学生自律意识上所做的大量努力之一。

班委拟定的班级文明公约，有20条“不准”。大家的想法是好的。我却在想：同样的内容，为什么不能换一种说法？长期以来，很多学生都是被这一条条“不准”，训练得没有任何自律性，对自己、对他人、对集体没有责任感。我们的学生都已经接近成人，该为自己设计了。做一个文明人，做一个有素质的青年，要有所追求，更要从一点一滴的小事做起。现在，大家都能意识到这一点了，那就让这篇宣言成为支持自己前进的动力吧。我一再和学生强调，要相信自己，要相互鼓励。表决心是最容易的，难的是坚持。成功，总是属于执着的人。

为什么不相信自己可以做好很多事？为什么什么都要别人对你说“不准”？把被动服从变为主动行动吧！六班的同学们，我相信你们，你们更要相信自己！在这个日益优秀起来的集体中，我们每个人都“可以”。

从20条“不准”，变成“《激情六班宣言——我可以》”，这是一次根本转变。

激情六班宣言——我可以！

我以六班人为自豪，六班因我而精彩！

我对这个温暖的集体说——我可以！

我可以认真地听课，因为学习是我的天职。以此为起点——

我可以完成我的作业，可能我还需要帮助，但我已明白，别人的作业不是我的答案。我相信自己。

我可以认真地参加考试，那是对我诚信的考验。无论我的成绩怎样，我只拿属于自己的东西。

我一定可以进步，因为我正在努力。

我可以劝阻别人的不良行为，用自己的力量影响身边的朋友。这样，在我懈怠的时候，我就会得到别人的鼓励。

遇见老师，我会真诚地问好。我知道，我一定会得到老师真诚的回答。

但我更知道，只有我努力上进，才是让老师最高兴的事。

每周我有一次为班级尽义务的机会，我一定可以做好。我身体健康，我需要整洁的环境，让别人替我劳动是可耻的。

每天我会穿着干净的校服来到学校，因为我知道张扬个性用不着奇装异服。更重要的是，我们大家都会这样。

我可以做好早操，虽然开始我不习惯，但是大家都在用心，我也不想落后。

路过我们的包干区，我可以弯一下腰，捡起地上的废纸，不管我是不是今天的值日生。

…………

从现在开始，用行动证明自己的一切！

我可以！

六、关注中等生的生存状态

我一直有让学生写周记的习惯。几年前，一个学生在周记里的一句话让我至今难忘："我无法容忍你对我的忽视！"

这是一个中等生的呐喊。

长期以来，我们班主任的主要精力都放在了两头——优等生和后进生身上。出成绩，主要看优等生。不管你承认与否，班主任偏爱优等生。后进生，问题多多，班级稳定与否主要看后进生稳定与否。做后进生的工作耗费了班主任大量精力。

优等生和后进生享受了大部分教育资源。

那，中等生在哪里？

他们成绩平平，循规蹈矩。他们性格平和，从不张扬。他们从不给家人或集体添乱，表扬永远轮不到他们，批评一般也没有他们的份儿。他们甚至连身高、长相都是中等的。

我是否真的忽视了他们的存在？

我可能一个学期也没有和他们正经地谈过一次话。家长问到孩子的情况，我支支吾吾地说不出个所以然，什么都用“还可以吧”之类打发。

难道就因为他们没有突出的成绩，也不犯什么错误，他们就得不到应有的关心吗？

我把四分之三的精力放在了班级四分之一的学生身上，没有中等生的支持，我能这样吗？

再有，我有没有反思过：有多少中等生具备转化为优等生的潜质而由于我的忽视而最终默默无闻？又有多少原来是中等生的由于我的忽视而被后进生拉入他们的阵营？我统计过吗？

我对中等生的忽视的确令人无法容忍。

中等生至少占了班级人数的三分之一，我们在他们身上用了多少精力？如果中等生长期生活在缺少关爱的环境中——只因为是中等——他们会是怎样一个心理状态？他们的成长有没有人去过问？

发出呐喊的那个中等生，毅然把头发拉直了，用极端的方式来唤起我的关注。即使我后来对她关心有加，也没有完全消除我们之间的隔阂。当然，这是个案。我在想，还有那么多沉默的中等生呢。

从那以后，我对中等生的关注程度提高了。这又一次证明了我的观点：学生是可以教育老师的。

应多给中等生一点儿微笑和鼓励。优等生习惯于优秀和奖励，后进生对鼓励和鞭策或已麻木，而一点儿微笑和鼓励对中等生来说则尤其显得珍贵。

在课间与学生共处时，和中等生随意攀谈一下，你就会发现，你心目中的中等生也有丰富多彩的内心世界和生活方式。

找出你视线中的盲区吧，每个人都是不应该被忽略的。

相貌平平的简·爱对罗切斯特说："我们的精神是同等的！就如同你跟我经过坟墓，将同样站在上帝面前！"

这句经典台词打动过无数人，希望也能唤起班主任对中等生的关注。

毕业多年的学生聚会时，我一口报出了一个中等生的名字，他的那种惊喜让我震撼："我那么不起眼，老师你居然还记得我！"

这就是中等生，班级的中流砥柱。

中等生，班级和谐发展的重要基石。

让你的中等生也能享受到一些关爱，你会发现你的努力对他们的成长有着非同一般的意义。

中等生默默长大，在你不经意之间。当若干年之后他突然出现在你面前时，希望你也能一口报出他的名字，说出一个只属于你和他的故事。

七、面对"难教的学生"

（一）两段对话

下面这两段对话都是班主任讨论班级难带、学生难教的实录，相信很多班主任也有过类似的想法和遭遇。

第一段对话很短，发生在我们学校的食堂里。

徐老师曾经在我的班上做过见习班主任，我算是他的师傅，跟了我两年后，满师了。现在我们不在一个年级，也不在一个教学楼，彼此接触的机会少多了。大家都忙，见面打个招呼，也是匆匆忙忙的。

那天中午在食堂吃饭时，我们坐在了一起，有一点儿时间聊了几句。徐老师在高二做班主任，面临学业水平测试，负担够重的。因为他曾在我的班上做过见习班主任，自然就聊起了带班问题。

我问："班带得怎么样？还顺吗？"

从徐老师的回答里，我感觉到这份工作真的不轻松，他肯定也遇到了很多困难。是啊，"90后"的高中生，确实难教育。我们的生源又不太好，学习的、常规的、心理的问题总是多得像一团乱麻。

简单交流了一下，徐老师问了我一个老问题："现在该如何做好班主任工作？"

这个问题太大了，我一时无从说起。食堂里人声鼎沸，听人说话都费劲，我就随口和他说了几句。虽然是随便说的，但是这些话在我心头已经埋藏了很久。我说："要做一个好班主任，就必须忍受常人不能忍受的痛苦，不管有多困难都必须坚持。你必须做好这样一个思想准备：你前面刚刚批评过学生，就准备他一出办公室的门就骂你，下次你还要装作什么都不知道，继续你的教育。你明明知道对他的教育看不到多少效果，还要继续教育他。要把这一切都看成对你耐心的考验，方能修成正果。所有的教育都不可能是无效的，只是效果的表现方式不同，有的要在很远的未来才能体现，而那时你甚至根本不知道他在哪里。如果你做不到这些，你就永远不能成为优秀的班主任……"我是有感而发。因为我做班主任就没有多少技巧，只是多了一点儿宽容，多了一点儿耐心。但就是因为比别人多忍受了一点儿，换来的则是海阔天空。

饭吃完了，我们又各自去忙碌了。不知道徐老师听了我的话后会有何感想。

第二段对话发生在我们校园里。

前些天，我和一个老师正在聊天，有学生来找我，于是我们就停止了闲聊。我和学生谈了一会儿，正好天气挺热的，就让学生买了冷饮，我和学生一边吃一边谈，我的同事一边吃一边听。我和学生谈话时语气的随意自然、学生和我说话时的无拘无束，显然感染了那位老师。如果不熟悉的人乍一听到学生和我的对话，一定会觉得奇怪。因为那种谈话，无论是神态、语气还是内容，和一般家庭成员之间的讲话方式几乎是一样的。

送走了学生，我和那位老师继续闲谈。她说“你真是天生做班主任的料”，我没否认。

然后谈到我的班级情况，她说某某某不好。我说其实某某某挺好的，就是成绩差点儿，挺可爱的。她又说我们班的某某也不好，还举了几个例子说明某某怎么不好。我说其实某某也挺好的，就是有点儿随便，我经常骂她，但心里并不反感她。

我忽然明白为什么我们对同一个学生的看法会如此不同了。其实学生没有变，还是那个学生，造成看法不同的原因只有一个 —— 感情。

我忽然想起以前一个学生曾经对我说过的话：“老班，在你心中有不好的学生吗？”

于是，我想对那位老师说点儿什么，犹豫了一下，终于还是开口了。

“你说的都对，我说的也没错。我不是境界高，从一般的角度来看，她们确实不好，只是我的角度和你不一样，看到的当然就不一样。

“如果我们和学生仅仅是一种教学和教学对象的关系而没有任何感情的联系，就很容易只看到学生的缺点，因为无论是智力因素还是非智力因素，反正是学生的缺点妨碍了你教学工作的推进。而自己的孩子，别人再讲他差，你还是能看到他的优点，虽然口头上也许也会说孩子差，但心里还是不愿意承认的。这就好比我做班主任，我把这些孩子全当成自己的小孩，走得近了，就容易发现他们的优点和可爱之处。因为有了感情，就更容易发现他们的优点和可爱之处。而外人则只能看到一些表面的东西。

“你是班主任，你可以自己说自己班的孩子不好，但别人说你班上的孩子不好，你就会不高兴，这就是感情。感情有时会让我们对一些不好的东西视而不见或不愿意承认，但更多的时候它可以让我们发现美好的一面。

“不同的心态会影响你的工作态度、工作质量和生活质量。我们没有必要和学生为敌，即使他有很多缺点。其实，这不仅是一个宽容的问题，也是自己保持良好精神状态的需要。你想，在班上你有 50 个敌人，天天和他们斗，你会开心吗？你再想，如果你拥有对 50 个孩子美好的情感，你觉得他们都很可爱，你自己的心情就大不一样，你就天天生活在欢声笑语中，永远不会老。”

和我对话的老师笑而不语。

我们工作时，要开心，没必要和自己过不去。我把学生看成自己的孩子，对他们就有足够的耐心。孩子会经常犯错误，也会经常惹你不高兴，但有哪个父母会嫌弃自己的孩子？错了，就批评，就骂，骂完了还是一家人。

我们班的孩子，确实很不懂事，几乎每天都会出问题。如果没有那份美好的情感，我一天也带不下去，但我硬是带下去了。他们的顽劣使我烦恼，但当学生都拿我当自家人时，那种幸福感又有谁能体会？

刚才那位老师提到的某某，是被我骂得最多的学生之一，因为她总是不能控制自己。那天我对她又是一顿臭骂，骂完了，我忽然心肠一软，居然冒出这样一句话：“我再骂你，你都永远是我最亲爱的学生。”连我自己都没有想到在那样的情景下我会说出这句话，这完全是出于一种下意识。

结果你猜她是怎么回答我的？——“我就是被你骂死了，你也永远是我最亲爱的老班。”

世界上还有什么比这更幸福的事？只要你改变了自己的心态，就可以拥有如此多的美好。

（二）“问题学生”

一转眼两年过去了，那天中午我在食堂里又碰到了我的爱徒徐老师。两年后的徐老师，比过去更加成熟了，带班的经验也比过去丰富了许多。我们平时交流很少，用他的话说，是不好意思老是麻烦我。我也惭愧，收徒快五年了，也没有好好地指导过他，都是他自己在摸索。当然，一个班主任必须在实践中锻炼自己，在游泳中学会游泳，别人再怎么教，也不如自己切身感悟。

和过去一样，我们一坐下来吃饭，就会谈论一些班级管理方面的事情。徐老师总是很谦虚地问我一些问题，我也尽可能地做到知无不言，言无不尽，虽然不知道这些话对他是否能有一些帮助。

我们谈到了个别学生——“问题学生”的教育问题。这是班主任永恒的话题。我静静地听着他的描述。他说班上有一个孩子对教育很反感，可能是由于小学或初中的阴影吧，蔑视一切教育。老师关心她，她认为是理所当然的。而一旦批评她，她马上就会翻脸。她拒绝接受批评。而像她那样的“问题学生”肯定经常犯错误。不批评不行，批评了矛盾更大——两难哪！

的确，现在像这样什么都做不好还不让别人说的学生真是越来越多了。她和父母的关系也很不好。老师和她父母沟通，她总是认为老师在她父母面前说了她的坏话，在班上公开和老师叫板。

“今天的自习课上，我帮学生补数学，全班只有她一个人在底下说‘烦死了！’，明摆着是和我对着干。”

“那你是怎么处理的？”

“我的涵养比过去好多了，当时我没理会她，没和她纠缠，我上我的课，然后辅导其他同学，把她晾在一边……”

“你的处理是正确的。也许她就在等着你批评她，她好借此机会和你干上一架。”

“是的，我对她冷处理已经有一段时间了。过去关心她，她就会在同学面前炫耀，好像老师对她特别关照，是她的靠山一样。但是她有错误我批评她，她却马上翻脸。她总是在同学面前吹牛，说她在外面认识什么人，说她的家长如何有钱，同学对她很反感，甚至要揍她。”

“那么她过去一定很少被老师关心、关注，为了掩饰自己内心的自卑，就会做出这样的举动。至于后面的这种表现，我也经常遇到，现在很多学生都这样。你对她又采取了什么措施呢？”

“我干脆不理她了，冷处理，然后按照规定处理她。过去她从来不交作业，但是现在我们有规定，不交作业是会受到处罚的，几次不交就会有相应的处罚措施，然后逐渐升级，直到受到处分，所以现在她也交作业了……”

“很好。我谈谈我的看法。第一，这个学生并非无药可救，因为她还在乎学校的规定，不管交来的作业是自己写的还是抄来的。如果她对什么都无所谓，那才难办呢。她开始交作业了，这是一个很好的开始，也是一个很好的教育机会。你对她的冷处理我没意见，但是不能一直冷下去，要在适当的时候让她感觉到你的存在和对她的关心。沟通的方式有很多，你的口头沟通不是强项，你可以采用其他方式。比如，给她发个短信。她把作业交来了，除了批改，不妨在后面写上两句批语，鼓励一下。这种方法很管用。我知道你很忙，教两个班的数学，还要当班主任。但是如果你有时间，可以让你的学生写写周记。即使不要求每周都写，两三周写一篇也是很好的沟通。口头交流和文字交流是可以互补的。

“第二，我们要去理解学生一些行为的原因，去深入了解他们的背景。应该说，学生现在的表现是他过去多年积累的结果。凡事都有前因，有时我们单独去看一个学生的表现，会觉得不可思议：一个正常的学生怎么会那样呢？但是，如果把他放到他所处的大背景和大环境中去看，从他成长的历程去看，你就会明白他为什么会那样，一切就都可以得到解释了。这样我们也就理解学生了。只有找到了学生行为异常的原因，才能对症下药。

“对‘问题学生’的教育，我们要坚持两条腿走路。两手都要抓，两手都要硬。第一，是用规则约束，让学生明白规则的重要性，明白不遵守规则是要受到处罚的。像你对她不交作业的处理，就是用的这种方法。第二，是用人文关怀去感化。如果没有第二种做法，光有冷冰冰的规则，就不是教育。没有规则是绝对不行的，而没有人文关怀，教育还有什么魅力？我们对学生进行教育，在强调规则意识的同时，还要用精神力量去感召他们，帮助他们。对自觉遵守规则的人来说，规则似乎是不存在的。只有那些不遵守规则的人，才会感到难过，他会觉得世界上所有的人都在和他作对。追根溯源，其实问题出在自己身上。我们一定要让学生明白这个道理。

“在班级展开教育活动时，一定要反复强调利益一致性原则，即学生和老师的最终利益是一致的而不是对立的。老师不是来整学生的，而是来帮助学生的。如果学生的行为得到矫正，最大的受益者是学生本人。当然，整个集体和老师也将是受益者。学生犯了错误，不仅损害了老师的利益，最大的受害者还是学生自己；学生取得了成绩，受益者也是学生自己。我们要始终向学生宣传这种理念，并且在实际行动中努力做到。处理学生问题的出发点是帮助学生，而不是维护自己的利益或权威。从你的谈话、行为中，学生应该能明白地看出你的动机。

“同样，和家长的沟通也要遵循利益一致的原则。要让家长了解并信任你，确信你不会为了自己的业绩而伤害他的孩子，你所做的一切都只是在帮助他的孩子。一旦获得这种信任，你对学生的教育就可以放开手脚。老师、学生、家长三方利益一致，形成合力，才能取得很好的教育效果。如果老师夹在家长和学生之间、学生夹在老师和家长之间、家长夹在老师和学生之间，互不信任，钩心斗角，那还谈什么教育？三方的沟通顺畅了，你也就省心了。如果你觉得学生不信任你和家长的交流，在下次约家长谈话时，你可以把学生也带上，把你要说的话当着所有人的面说清楚，以免信息传达有误而造成不必要的误会。

“现在，很多家长对自己的孩子毫无办法，他们教育不好，把孩子送到学校来指望你教育。所以，你不要对这样的家长抱太大希望。那么，为什么还要经常和家长联系呢？因为家长有知情权。你必须把对‘问题学生’的处理，以及学生的变化情况及时告知家长，让家长知道你都做了些什么。告知是你的责任。我们过去在处分一些学生的时候，家长会来学校纠缠，其最大的理由就是，孩子平时在学校表现怎么样他们一点儿也不知道，现在忽然说要处分他，他们无法接受。由此可见及时告知信息的重要性。

“告知的义务同样适用于和学生沟通，在教育学生的同时也要把将要告知家长的内容先告诉他，不要让他认为你会在背后向家长告状。对他违纪的情况需要及时确认，让他在过失单上签字，为自己的错误承担后果，也为将来进一步处理积累资料。我们经常碰到这样的学生，他们特别会赖，就是不承认自己的问题，不敢面对自己的错误。对这样的学生，尤其需要做好记录、确认工作。但记录不仅限于错误，有了成绩和进步也要及时记录，允许学生发挥特长，将功补过。我经常对‘问题学生’说：‘你看你为集体带来了多少麻烦。一个人不能总成为别人的负担哪，要为集体做一点儿好事，做一点儿贡献，要救赎自己。这样，你在遇到麻烦时，大家才愿意帮助你。做一个大家都讨厌的人，除了捣乱破坏，不做一点儿善事，你不觉得太失败了吗？’我为什么说让你在她的作业本上写批语，这就是及时鼓励她：‘有进步，你不错了。’人都是需要被肯定的，如果你认为交作业是天经地义的，不需要鼓励，那就错了。对一个从来不交作业的人来说，现在她能交作业了，这不是进步是什么？

“学生因为犯错误而受到相应的处罚，是十分必要的。处分容易，处分后的善后才是关键。不能处理完就算了，应该让这次处理始终成为学生纠正行为偏差的标尺。我的意思不是说总要拿学生的错误说事，而是在处理后要给学生各种机会去改正错误、消除影响。处分，既创设了一个情境，也为学生设定了一个目标，那就是用积极的表现争取撤销处分，缩短撤销处分的时间。当学生的注意力放到这上面去的时候，他自然就会约束自己的行为。为此，必须为他制订一个整改计划，师生定期谈话，他则定期写思想汇报，定期总结一段时间以来的得失，定期征求各科老师的意见……总之，要用各种办法把他的注意力吸引过来并保持下去。学生是很容易遗忘的，处分时很痛心，过后很快就忘，行为照样不改。这就失去了处分的意义。

“最后，我还是要说，在所有的教育方法中，情感的投入是最重要的。因为规则不讲人情，必须严格执行，那怎么才能让学生心悦诚服地遵守规则？靠情感哪！规则是一视同仁的，是大家的。只有情感才是属于私人的，属于自己的，也是真正能在关键时刻引导自己不走弯路的。情感的投入要不计回报，因为学生不懂事，不知道感恩。但越是这样，老师才越需要加大情感的投入。对学生给你造成的伤害能一笑了之，对他们取得的进步从不忽视，这就开始了你的成功之路。

“‘问题学生’之所以成为‘问题学生’，一定有他的原因和背景，所以也就需要用不同一般的教育方法：刚柔并济、规则约束、情感感化，缺一不可。希望我的建议能对你有所帮助。”

（三）关于学生教育的10个案例

不仅在学校、在班主任培训中，就连在网络上，老师们讨论的很多问题也是关于“难教学生”的。我的博客上经常有老师留言提问，都是很具体的问题。由于我不在现场，无法了解更多情况，所以，大多只能泛泛地谈谈。的确，教育中的难题绝不是靠某一个人或某几个人的力量就能解决的。以下我将老师们提出的问题和我简单的解答摘录一部分，其中包括一些网友帮助我回答的问题，看看这些案例对你带班是否能有所启发。

1. 博友“枫叶红了”问

陈老师，您好！我班上有一位女生，特别爱迟到。我开始都是很温和地与她交流，结果她没有一点儿改变。她又是一个很特别的女孩子，走路的姿势常常惹得同学们发笑。每次同学们已经进入了学习状态时，她才走进教室，结果同学们的注意力又集中到她身上。老师（只好）停止上课，这严重影响了同学们的学习。她自己也知道她的迟到给同学们带来了很多不便，可就是难以改变——不知道怎么办才好？

[答]

对这样的孩子，首先，你要在班上创设一个对她友善的环境，让大家对她友好一点儿，不要像欣赏怪物一样对她。可以用一些方法转移同学们的注意力，让同学们也能看到她好的一面。你也应让她学会自立自强，不要让别人看不起。要帮她分析为什么会迟到，想一些具体的办法防止她迟到。对这样的孩子，不要泛泛地讲大道理，应该帮她想出具体的解决办法，比如，某件事该怎么做。这些措施必须是具体的，而不是务虚的。你试试看吧。

[另一位博友的回答]

想说点儿什么，可不知怎么说。随便说几句，呵呵，因为这个女生让我看到了我自己。我在学生时代因为动作怪异，几乎是在同学们的取笑声中度过的。我也不知道为什么动作会不协调，后来才知道“感统失调”这一说法，大概属于感统失调这一类吧。天生的，没办法。我一直到25岁后这个毛病才大有好转。

关于故意迟到，从小到大，我都有这个“爱好”，一直到读大学时，我还有这个毛病。我读的大学每次开学是在8月中旬，如果规定是8月19号正式上课，18号到校，那我必定会在19号到校。这样做不是想出风头，更不是为了显得另类。但我就是会这样做。这样做会让我心里感觉很踏实。因为我到校时，老师、同学都已经在上课了，这是我熟悉的环境。这样有条有理的环境能给我安全感，我很愿意步入一个非常有秩序的环境中。但事实上，我自己破坏了这个秩序。到什么时候没有这个“爱好”的，我就记不太清了。也许，是对环境有了安全感以后吧。

这样的孩子，熟悉的、一成不变的、近于刻板的环境，也许对她会是有帮助的。

2. 博友“清风”问

陈老师，您好！2010年，我参加班主任培训时，有幸聆听了您的精彩报告，受益颇多，也思考了很多。现如今在工作中遇到的问题也很多。比如，我班有一个学生，思想品德不理想，学习成绩就更不理想了。可以这么说，他是所有科任教师公认的问题生。我与他的家长有过几次沟通，家长说孩子在家里表现很好，左邻右舍都夸他是好孩子，可一到学校就是完全不同的表现。我们说了情况，家长还不相信。陈老师，请您给我支支招，谢谢！

[答]

学生在家里和在学校里表现不一致，这种情况很常见，也很正常。

他在家里表现得很好，说明他有很多优点。而这些优点在学校里无法体现，也许和情境有关吧，老师只能看到他的缺点。久而久之，他已经习惯了在学校里的那一套。在老师眼里他就是个差生。你要做的是努力让他把在家里的良好表现迁移到学校里。试着和他谈谈，发现他的闪光点。他的一些问题可能还是因为成绩不好而引发的，告诉他成绩不理想没关系，关键是要做个好人。“你能在家里表现好，为什么就不能在学校里有所表现呢？”要想办法搞清楚他为什么会这样，只有了解了他行为的动机才能对症下药。

3. 博友“用心教书”问

目前，我所带的班级中有一个教师子女很调皮，母亲虽是老师但也管不了，所以找家长对这个孩子已经没有用了。但我怎么和这个孩子沟通感觉都没有进入这个孩子的心里。现在这个孩子明显的是“我不捣乱，但就是不学习”。对这样的孩子我该怎么帮助他？您能支个招吗？

[答]

现在管不了自己孩子的家长很多。这个孩子多大？教师子女往往会有两种极端情况，要么很优秀，要么很糟糕。这种情况当然属于比较糟糕的一种。可能他从小看到自己母亲的教育方法，已经见怪不怪了。而教师整天忙着教育别人的孩子，对自己孩子的教育往往有所松懈，这个很正常。建议你采用和他妈妈完全不同的教育策略。先去观察他妈妈是怎样教育学生的，然后走一条不同的路线——她温柔，你就严厉；她严厉，你就温柔。多试几种方法，一种不行再换一种，努力找到孩子能接受、效果好的方法。这样才会让孩子感受到冲击。你先试一试，有了问题再探讨。

4. 博友“品茶”问

最近有一件事一直困扰着我，我不知道应该怎么解决。我们学校一个智商有问题的孩子，我给她上课时，从来没批评过她，一直对她比较关注，现在却搞得我头痛了。这孩子一下课就到我办公室里坐着，也不管有没有老师和我在谈话。你要不说“你回教室吧，老师有事”，她绝对不走。她的耳朵里没有上课铃声。这种日子一直持续好几个月了，我本来有好多事要做，但她搞得我写东西无法持续进行，影响了我的思维。跟她说了“你上午尽量别来我办公室，老师有事要做”，可她还是一如既往。陈老师，能否给点儿建议？

[答]

这件事既好办也不好办，我说个方法你试一试，不行我们再交流。对她的要求要直接、具体，做不到就批评，做到了就表扬。批评时要明确、严厉，指出她的具体问题，但不要伤害她；表扬时也要具体、明确。对这样的孩子，你不能不批评，因为她是不懂得你的宽容和暗示的，必须改“暗示”为“明示”。比如，你说：“现在对你提一个要求，下课时不要坐到我办公室里，去和别的孩子玩儿。”不行就是不行，没有商量的余地，坚决让她离开。然后，在其他地方关心她，让她对你恨不起来。你试试看，也不知道管不管用。

[博友“品茶”]

这个办法我也试了，专门和她谈了自己的要求。但是今天说了，明天她照来不误。这个孩子还不能批评重了，有一个老师因她上课老有小动作，不知道她的情况，说了她几句，结果她回家后拿圆规往手上扎，将头往墙上撞。家长跟我们说起这事，我们都心有余悸。我们知道这孩子除了智商停留在小学一二年级外，心理也有问题。家长说对她的学习没有要求，只要她快乐就行，真的好困惑。

[答]

不必困惑，这个问题不是你能解决的，班主任也不是万能的。小心呵护她，等她长大。看来也只有呵护与等待了……

5. 博友“shanzhonglin052”问

老师，您好！我带的是普通中学高二的学生，这批学生中有十来个是完全不学习的，纯属混日子型的。他们平时的表现还可以，就是总有一些毛病。譬如，遇到屁大一点儿事就爱起哄，而且他们都有从众心理。我针对这些现象引导教育了多次，但还是未能杜绝，应该怎么办呢？我觉得来硬的肯定行不通，因为处理不好会使他们产生逆反心理。

[答]

打打放放，恩威并施。平时表现还可以，至少不至于让你绝望。和他们交朋友吧，不过要注意把握分寸和距离——若即若离。想办法帮助他们切实解决某个或某些困难，也许他们带着感激之情时就不会为难你了。

6. 博友“龙林山”问

陈老师，您好！我们班上有个学生，特别倾向于往坏处想。最喜欢自己愣愣地发呆，联想着脑子中有个了解自己的朋友跟自己聊天，沉醉其中。他也意识到这样不好，我该怎样引导他呢？

[博友“Days”的回答]

和他多沟通，作为现实中的朋友替代他脑海中的那个朋友。我想应该这样做。

[我的回答]

龙老师，你好！这种情况在孩子身上出现一点儿也不奇怪，这在心理分析学上称为“白日梦”现象。“白日梦”是人本能的休息和放松机制。也就是说，白日梦是健康的、安全的，不需要担忧，更不必有意抑制。处在青春期的少男少女出现大量的白日梦更是正常的。只有在白日梦严重干扰日常实际生活时，才需要治疗。至于他总是倾向于往坏处想，也是这个年龄段某些孩子的特点。等他再长大一点儿，这些现象会自然而然地消失。你首先要去查一些这方面的资料，然后告诉他，让他不必紧张，也不必过于自责。让他放松一点儿，可以减轻他的症状。

7. 博友“滑过你的肩”问

老班，我是一名职业学校的老师。今年我带了一个班，自从带了这个班，我经常郁闷失眠。我跟得很紧，但班里仍然很乱。根本没人学习，他们抄作业，谈恋爱，连自习课都闹得很严重。学生反映我管得不严，我经常做思想工作，可效果又有多少呢？我很着急，可总找不出行之有效的方法来。我很着急，我感觉我快疯了！我不知你会不会看到我的留言，真想有机会能和你当面交流。

[博友“shanzhonglin052”回复“滑过你的肩”]

很像我刚带班时的样子，你越急班级的发展越偏离轨道。我觉得有本书写得挺好的，叫《零吼叫养出 100% 的好孩子》。

[“滑过你的肩”回复“shanzhonglin052”]

谢谢！很多时候我都在否定自己，挺绝望的！唉，都不想再当老师了！

[博友“路上人”回复“滑过你的肩”]

我也是职业学校的一名班主任，职业学校的学生有些是不爱学习的，用他们自己的话说是：“我要学习的话，我就不来这里了！”对他们学习可以降低要求，多增加一些活动。爱玩是学生的天性，可以在活动中渗透你的教育理念。要这些学生形成好的习惯一般最少要一个学期。我带了多年的中专生，第一学期总是最难的，之后慢慢就好多了。现在我带的是中专二年级学生，学生大都已养成了良好的习惯。

[我的回复]

其实，你的留言我在第一时间就已经看过了，之所以没有及时回复，是因为我在考虑怎样帮你解惑。想来想去，没有太好的方法。你所经历的，也是我所经历的。遇到这样的困难，也许只有“忍耐”和“等待”才能帮你渡过难关。关键是要过自己心理这道坎儿。一名教师的能力是有限的，不可能做超出自己能力范围的事。明知不可为而为之，那就太勉为其难了，对自己的心态调整也不利。尽力做点儿什么，然后静观其变。改变学生能改变的，接受学生不能改变的。在工作中应不断调整思路和情绪，磨炼自己的耐挫能力。

如果你绝望了，离开也未尝不可。如果你不肯服输，就勇敢地站起来，继续战斗下去。千万不要轻易否定自己，一个人的成功往往有很多机缘和偶然性，与你个人的能力不一定相关。祝你好运！

8. 博友“2004 huanghuang”问

陈老师，你好！我们学校大部分学生是住校的，有学生晚上趁老师不在寝室里向低年级的学生要钱，行为有点儿像混混，而且我班的学生有助纣为虐的现象。本周周五我班一名学生回家时，被我班另外两名学生和高年级的一名学生追着跑了好远。晚上家长打过来电话表示担忧，要求解决这件事。我现在很头疼，因为都是女生，并且其中一名因为纪律问题，我找她谈过好几次话了，没想到她又参与到这件事当中了。另外一名学习很好，是我们班的语文课代表。这种事该怎么处理呢？

[答]

这是一种非常恶劣的违纪行为，必须给予严肃的批评和惩罚，不能有任何含糊或包容。你不可能一个人搞定此事，必须借助学校的力量，以加大教育的力度。必须对学生指出这种不良行为的严重性，给予一定的纪律处分。你还有什么顾虑吗？

9. 博友“平凡人”问

我班有一个学生，因为长期以来很多的原因，成了一名学困生。他上课时无所事事：①不是睡觉就是自己玩；②在教室里转，不管是老师在讲课还是同学在写作业；③他不学习，还总是与别的学生发生冲突……我接这个班两个月了，为他做了大量工作，感觉很累、很无奈，所以想请老班给支个招儿。

[答]

首先，“很多的原因”是什么原因？只有搞清楚原因，才能对症下药。应先搞清楚这“很多的原因”，再思考对策。既然习惯的养成已经是“长期”的了，那么解决问题也将是“长期”的，不可能一蹴而就，对此要有充分的心理准备。在两个月里，你做了大量工作，效果不佳，是因为时间还不够长。你要么放弃，要么坚持。不过，我倒是建议把两个月里这么大的工作量分配到更长的时间里，比如，一个学期。谈话帮教周期不妨拉长一点儿，不要急于求成。这是考验你的耐心和智慧呀！祝好！

10. 博友“kun”问

目前我正在带高三，是一个文科班，女生有48人，学生很活跃，而且我发现有不少早恋现象。您说我现在怎么处理呢？我很困惑！

[答]

我认为，进入高三了，男女生之间产生一些情感是正常的。学习压力的释放、心理慰藉的需求、长期相处友谊的升华都是产生这种现象的诱因。从年龄上讲并不算早恋。对此当淡然处之，不必严厉斥责，也不必刻意强调恋爱的害处或好处，低调处理可能是明智的。对有这种情况的学生要予以切实的关心，帮助他们解决困难或困惑，空泛地讲大道理是没有用的，粗暴地干涉会产生不良后果。如果说有什么疏导方法，就是要求学生暂时克制，化情感为学习动力。在我的班上，我的处理是相当宽容的。关系公开了学生反而泰然，我甚至会拿双方开开玩笑。当然，我的处理方法只属于我，不必模仿。

第五讲

组织班级活动的艺术

我做班主任20多年，不仅积极参加学校组织的各种外出活动，还经常自己带着学生外出，骑自行车郊游、爬山……其中，我每带一届学生的保留节目——毕业旅行，给每个参与的学生都留下了终生难忘的记忆。我在给各地班主任做培训时，每当讲起这些故事时，不少老师就会议论，说我这个人胆子大、运气好。说我胆子大是因为我总是敢带学生外出，说我运气好是因为我带学生外出活动从没有出过事。

其实，我带学生外出活动之所以没有出过问题，并非因为运气好。

一、方法总比困难多

某次，参加南京师范大学班主任研究中心主办的班主任沙龙“随园夜话”时，围绕几个真实的案例，主持人抛出话题后，大家献计献策，展开了热烈讨论。我很感慨：“群众的智慧真是无穷的！”主持人每提供一个案例，最后总要问一句：“怎么办呢？”

我发言时提出了一个观点：我也经常听到一些班主任的抱怨或无奈，他们说“学生就是这个样子”或“事情已经这样了，该怎么办？我也没办法”。其实要我说，凡事总是有办法的。任何困难总有它的解决办法，关键是班主任有没有自信、有没有决心、有没有底气对困难说“不”。要坚信，没有什么困难是不能解决的，一定有好办法，只是我们可能还没有找到。

基于此，我提出了一句看上去有点儿浮夸的口号：“方法总比困难多。”

经常有人问我这个那个到底该怎么办。后来，我干脆在博客上开了一个专栏，就叫“我该怎么办？”，专门用于讨论、解答各地博友的提问。但我不可能样样精通，有时感觉实在难以给别人一个满意的答复。因为不在具体的情境中，很难做出准确判断。但我坚信一条：不管有多困难，难题总有解决之道。如果是我遇到这种情况，我一定能想出妥善的办法，因为我坚信，不怕做不到，只怕想不到。无独有偶，我曾在《班主任》杂志做特约主持人，栏目名称也叫《我该怎么办？》，专门针对班主任工作中一些棘手问题展开讨论。我看了大量来稿，深感我们班主任队伍中藏龙卧虎，到处都是人才。一个个看似不可能完成的任务，大家却能想出各种各样的办法来应对。这些方法充满智慧，都是班主任们聪明才智的集中体现。这些都充分说明了“方法总比困难多”这句口号的正确性。

在现实工作中，我也经常遭遇“不可能完成的任务”。换了其他人，可能根本都不去想，或者稍微想一下，感觉无从下手，也就浅尝辄止，双手一摊，向困难举起了白旗。我生性不肯轻易服输，我常说的一句话就是：“我还就不信了，这个问题真的没办法解决吗？”其实，人的心态很重要，如果把困难都看成对我们能力、智慧和耐心的挑战，通过思考和劳动创造性地把困难摆平了，也是很有成就感的。这和玩游戏过关的道理异曲同工，只不过是把游戏搬到现实中来罢了。我们要坚信，人是很聪明的，也是适应性很强的。所以，遇到难题不必慌张，更不用“见着困难绕道走”，努力想出解决困难的办法就是了。

那么，我们对付困难的底气从何而来呢？

首先是自信。要相信没有过不去的坎儿，相信一切困难都有解决方案。

然后是思考。不怕做不到，就怕想不到。

最后是勤奋。天道酬勤。

做到了这几点，很多困难都可以想出解决的办法来。

2009 年 4 月，我校组织了一次大型外出活动。在那次活动中，带队老师遇到了一个难题 —— 吃饭问题。当时参加活动的学生一共 191 人，吃饭按 10 人一桌，要 19 桌，而吃饭的地方一次最多只能摆下 13 桌，这就意味着每次吃饭必须分成两批。如果只是吃一顿还好对付，但我们需要在那里住 7 天，每天三顿饭，问题就不小了，安排不好非乱不可。谁先谁后？还是先来的先吃？这个情况以前没有碰到过，所以我们到达后的工作重点之一就是安排吃饭。经过研究，最终确定吃饭分组的方案如下。

首先，确定每桌的人员名单，指定一个桌长，并给每桌一个号码，从 1 到 19。这样，每个人就都知道自己是哪一桌的。吃饭的地方只能摆 13 桌，把 13 张饭桌按位置都编上号，其中有 6 张桌子有两个号，比如，第一张桌子是第 1 号同时也是第 19 号，依此类推。另外 7 张桌子只有一个号，比如，第 7 号也就是第 7 张桌子。这样每个人每次吃饭就都在同一张桌子上，只是时间有所不同。比如，这一顿是第 1 到第 13 号桌第一批吃，吃完后翻台，第 14 到第 19 号 20 分钟后来吃饭，下一次再换过来。第 7 到第 19 号先吃，第 1 到第 6 号后吃。这样，永远是第 1 到第 6 号和第 14 到第 19 号轮换，中间的第 7 到第 13 号始终都是第一批吃饭。这种安排只要一次操作好以后就不用管了，每个人都清楚这一顿饭是什么时间吃，在哪张桌子上吃，教师通知和检查起来也方便。最后，把每一次吃饭的顺序在一张表上列好，贴在饭厅的墙上，方便大家查询，一劳永逸。问题就这么解决了。

虽然这只是一件小事，但很能说明问题：只要愿意开动脑筋，积极想办法，就没有解决不了的困难。但是即使你很有智慧，一个人的力量也是有限的，我们之所以有信心战胜困难，还是因为我们相信：只要真诚求助，就会有很多人愿意帮助我们。所以，那天在沙龙上，我特别指出，班主任不能单兵作战；否则，即使自身能力再强，也不可能把所有问题都自己扛下来；再说，这样做也太累了。一个有智慧的班主任，一定善于整合手头的资源，发挥其最大效益。所以，超出班主任个人能力之外的困难，一般情况下可以从以下一些地方找到帮助。

（一）来自集体的智慧

这个道理大家都明白，不多说了。所以，有困难想不到解决办法时，千万不要闷在心里，不妨拿到集体中讨论一下。群策群力，头脑风暴，大家讨论一番，往往会有意想不到的收获。我经常走到班上，和学生说："现在有个事和大家商量一下，希望大家能给点儿意见……"然后，大家七嘴八舌，总有能启发你思路的声音，毕竟人多力量大。这样做还有两大好处。一是拉近班主任和学生的距离。坐下来一起谈论班级大事是最民主的工作方式之一。二是为班级平淡而单调的生活增添很多乐趣。我发现，在这种时候学生是最开心、最放松的。

（二）来自同事的建议

理由同上。遇到困难应主动多问问有经验的同事。人各有所长，多问问人总是有好处的。

（三）来自家长的帮助

俗话说："隔行如隔山。"教师因职业和工作范围的限制，对很多教学以外的事知之甚少，所以经常觉得这也困难那也困难。你的这种感觉正如家长对孩子的教育束手无策一样，如果换到自己擅长的领域，那就显得非常容易。只要是为班级做事、为帮助孩子成长做事，你就可以大胆地求助家长。家长通常也乐意发挥自己的强项为班级做些贡献。我们只要把握一个原则——不要给家长带来沉重的负担就可以了。有一次，我们班为参加运动会入场式，准备特制一个超级大魔方。我和学生都觉得创意很好，但我们反复试验，却根本做不起来。最后请了两位家长过来看，家长一看就笑了："这个简单……"问题就这么迎刃而解了。这就是术业有专攻，人各有所长。集思广益，充分发挥每个人的主观能动性是解决困难的最好方法。

（四）其他资源

家人、朋友、学生……这些都是我们可以利用的资源。

有了这些资源的帮助，还愁战胜不了困难吗？很多认识我的人都说我这人很自信，也很乐观。我就是这样的性格，我的字典里没有"不可能"，因为一切皆有可能。多年的实践告诉我"一把钥匙开一把锁""一物降一物""兵来将挡，水来土掩""道高一尺，魔高一丈"。于我而言，困难就是挑战。越是有挑战性的任务，越能激发我的智慧和勇气。

组织班级活动，会遇到很多困难和意想不到的问题。每当遇到困难时，我都鼓励自己：不要急，慢慢想，方法总比困难多！

在本讲中，我为大家提供了一些活动组织案例，它们都是我亲身经历的，涉及班会、运动会、校园活动和户外活动等几个方面。我想用这些真实案例诠释班主任在组织各种活动过程中，是如何运用智慧克服困难完成任务，如何以活动为契机开展系列教育活动，同时利用活动锻炼自身组织协调能力的。

二、让我们看云去 —— 组织外出活动的艺术

组织外出活动，学生开心，老师担心。大家都知道开展丰富多彩、健康有益的活动是最好的教育。老师们所担心的，一个是组织活动会让学生分心，影响学习；还有一个，也是最主要的一个，就是活动的安全问题。在各地学校每年组织的活动中，确实有发生安全事故的。一些学校干脆因噎废食，把活动都叫停了。的确，组织学生活动虽然很有意义，但如果外出过程中出了安全事故，那麻烦就大了。我做班主任 20 多年，组织学生外出活动很多，有徒步、骑自行车、乘汽车、乘火车、乘船的，也数次遭遇困难甚至危机，但在师生双方的共同努力下，凭着智慧果敢、周密部署和积极行动，每次都化险为夷。历次活动丰富了我的阅历，让我积累了经验，也增强了我的组织、协调能力。在活动中，学生也受到了教育，得到了锻炼，这些活动成为他们成长过程中难忘的记忆。

以下结合几个案例讨论组织户外活动的各种注意事项和工作要领，包括前期策划准备、过程管理、安全保障和如何应对突发情况等。希望这些案例能为班主任、年级长们组织诸如春游、秋游、远足和户外社会实践等活动提供一定参考和借鉴。

（一）活动的前期准备

1. 实地考察

组织一次外出活动，前期必须做好充分准备。要根据活动的内容、时间、地点、人数，做好周密安排。如果去的是不熟悉的地方，建议有条件的尽量先去实地考察一下。耳听为虚，眼见为实，很多情况只有去了才能

掌握得比较清楚。

考察时，要带上相机，一边看一边拍照，以供回去后研究。要重点考察当地的地形，哪些地方可以安排什么样的活动，哪些地方适合集合与疏散，哪些地方可能会有安全隐患。当地的民俗和生活习惯、人口组成、饮食习惯、气候、医疗条件、行走路线、派出所位置、重要的路标和标志性建筑，要认真做好记录，包括一些重要电话号码。总之，事先要做好功课，做到心中有数。

如果无法实地考察，就要充分利用网络了解当地的信息，打电话给当地的联络人。应事先准备好要咨询的问题，询问务必仔细，并做好记录。

如果需要住宿，则需要详细了解住宿条件，包括房间设施、楼层分布、卫生条件、消防通道、饮水、用餐标准，最好要求对方提供菜单等，同时告知我方的情况和要求。对方达不到要求的要据理力争，迫使对方让步，实在不行就换旅馆。总之，学生外出活动，特别是时间比较长的，吃住都是大问题，马虎不得。不要嫌麻烦，事先了解得越详细越好。

当天往返的活动相对来说比较简单一点儿，但事先了解情况这个环节还是不能少的。

[案例一　调查研究]

2009 年 4 月，我参与组织了我校高二年级四个美术特长班的外出写生活动。地点在四百多公里外安徽省黟县的宏村和西递，学生 191 人，带队教师 12 人。其中负责组织指挥的只有四名班主任，其余均为专业指导教师。写生地点涉及三个距离在 20 公里以上的不同区域，时间长达七天六晚。如此大规模的活动，对组织者的组织协调能力和应变能力都是很大考验。考虑到学生的费用问题，我们的吃住条件都比较艰苦，这更增加了工作难度。我们克服重重困难，团结协作，最终圆满完成了这次任务。整个活动过程堪称完美，而成功的关键就在于我们事先做了大量准备工作，特别是前期的实地考察。

我们详细考察了三个写生地点和住宿旅馆的条件，包括停车场等细节，掌握了大量第一手资料，为下一步制订活动方案打下了很好的基础。不调查就没有发言权，如此大规模的活动绝对不能在情况不明朗时组织，准备工作越细越好。在考察时要有敏锐的目光，要能发现问题，任何细节都不能放过。举个例子，我们的住宿地点在宏村某写生接待基地（当地人自建的旅社），费用是吃饭加住宿每人每天35元。费用如此低廉，条件当然好不到哪里去。比如，住的房间有大有小，小的住8个人，大的住20个人。这些房间要有分布图，每个房间在什么位置、住几个人，到时候男生住在什么区域，女生住在什么区域，教师住在什么区域，值班室放在哪里，楼上楼下、房间朝向，这些都是有讲究的。在分配房间时要考虑班级情况、学生个性特点，合理地组合，要既安全又便于管理。

可以说，外出活动没有小事，任何一个环节出问题都会影响整个活动的顺利进行。我们的工作原则是，战略上充满必胜的信心，不顾虑重重，不前怕狼后怕虎，但在战术上却小心谨慎，安排周详。一句话，既要胆大，又要心细。

2. 委托旅行社

我建议凡是大型外出活动——人数一个班以上、时间一天以上、距离一百公里以上的，一定要委托有资质的、可靠的旅行社来组织。过去的学生活动，大多是由学校领导或班主任亲自组织。随着时代的发展，社会分工越来越细，情况越来越复杂，对安全保障的要求也越来越高，由教师自己组织大型活动，不仅力不从心，也会因为缺乏经验和不够专业而容易出问题。由旅行社组织，不仅省时省事，而且由于组织者是专业人员，熟悉流程，富有经验，还能节省费用，因为旅行社无论是用车、住宿还是门票都有价格优势。现在，外出由旅行社组织已经成为一种惯例，如此操作，带队教师或领导可以腾出精力来加强对学生的管理、教育。由旅行社安排活动还有一个很大的好处——可以团购保险。旅行社的保险一般分为两种，一种叫“旅行社责任险”，还有一种叫“游客人身意外保险”，费用不高，活动中万一出现一些意外伤害事故，旅行社会承担相应的赔偿责任。买保险就是买个放心，谁也不希望出现意外，但有了旅行社组织、购买保险，至少能加强安全保障。

[案例二　意外伤害]

某校组织春游，一名初二学生因为顽皮，在下山途中摔倒，左脚被一根折断的树枝穿透，血流不止。因为该校委托了某旅行社组织这次春游，事故发生后，旅行社的工作人员当即把学生送往医院救治，一名教师陪同前往，其余教师继续组织学生活动。因为处理得及时，没有出现不良后果。因为每个参加活动的学生都购买了保险，治疗该学生产生的费用完全由旅行社承担，旅行社还派专人到学生家里看望，送去了慰问品。学生家长也很满意，学校的压力顿时减轻了。

试想，如果活动是由学校老师组织的，这些工作就完全落到了校方头上。且不说能不能处理得圆满，就是领导为处理此事牵扯的精力也是很令人头疼的。从这个案例中，我们还能看出，选择一个资质好、讲信誉的旅行社也是很重要的。这样的旅行社费用可能不是最低的，但是服务质量有保证。万一出了问题，解决起来也比较顺利。所以，即使一个班级的外出活动，我也建议尽量委托旅行社组织。班主任和导游的角色和分工是不同的，有了旅行社做后盾，老师组织活动的胆量和底气就增加了许多。

3. 制订活动计划

要安全有序地组织外出活动，制订活动计划是必不可少的。计划既要周全详细，又要简洁明了，最好发到每个学生和家长手上。为便于阅读，字数不应太多。要尽量印在一张纸上，重点强调的注意事项要加粗。班主任要对计划予以解读。制订计划时要在时间和安排上留有余地，还要有备用方案和应急预案。这些都是细节，但别忘了细节决定成败！下面提供一份活动计划示例，供参考。

高二美术生赴安徽写生安排

一、参加对象

高二年级全体美术生

二、写生时间

2009 年 4 月 10 ～ 16 日

三、日程安排

4 月 10 日下午 3 点 15 分在学校篮球场集合，3 点 30 分出发，约晚上 8 点抵达安徽省宏村，吃饭，安排住宿。

4 月 11 日全天在宏村写生。

4 月 12~13 日赴西递写生，专车接送，每天仍然回宏村住宿。

4 月 14 日赴南屏古镇写生，晚上回宏村住宿。

4 月 15 日在宏村写生。

4 月 16 日上午在宏村写生，午饭后返回，约下午 6 点回到学校。

四、写生安排及要求

1. 每个班级由两名美术教师负责指导学生写生，包括组织、选址、指导、点评。

2. 每位同学每天必须完成两张水粉风景写生和两张速写。

3. 每天晚上由各组指导教师点评白天的作业。

五、收费标准及所含内容

1. 收费：××× 元 / 人。

2. 标准

（1）交通：往返及当地交通用车全程使用空调旅游车（车型：凯斯鲍尔豪华旅游车，德国进口）。

（2）住宿为 8~10 人一间，有独立卫生间和洗澡设备。

（3）吃饭为 10 人一桌，每餐八菜一汤。

（4）西递、宏村、南屏的景点门票。

（5）保险：游客人身意外保险和旅行社责任险。

3. 收费细目

（1）车费：××× 元。

（2）住宿、用餐：×× 元 / 天 ×6=××× 元。

（3）门票：××× 元。

（4）保险及综合费用：×× 元。

合计：××× 元。

六、必须携带的物品

1. 个人自备必需的生活用品：换洗衣物、洗漱用品、常用药品等。

2. 写生用具：速写本、水粉颜料、画板、工具、水桶等。

七、注意事项

1. 所有学生必须始终穿着全套校服。

2. 严格遵守纪律管理规定，除规定时间外，一律不得擅自外出游玩或购物。

3. 服从美术教师和班主任及带队领导的管理。

4. 遵守作息时间规定，按时点名，按规定时间用餐、写生、参加点评、休息、就寝。

5. 注意安全，外出一律集体行动，不得单独离班或离组。

6. 不要带贵重物品，如确实需要手机等物品请自己妥善保管，如有遗失，学校概不负责。

7. 违反纪律的同学视情节轻重予以批评教育直至纪律处分，情节特别严重的请家长领回。

8. 未尽事宜，另行通知。

附　写生活动一日流程安排表

时　间	内　容	备　注
7:15~7:30	起床、洗漱	
7:30~8:00	整理内务、早餐	点名、检查卫生
8:00~11:30	写生	按编组进行（下同）
11:30~14:00	午餐、午休	午餐时点名
14:00~17:30	写生	
18:00	晚餐	点名

续表

时间	内容	备注
18:00~19:30	休息、完成作业	
19:30~20:30	讲评作业	点名、禁止外出
20:30~21:00	按讲评要求改画	
21:00~22:00	洗漱、休息	
22:00	熄灯	查房

4. 宣传、告知、分组

活动前还有两件重要的事要做。

（1）召开家长会

如果是短途活动，这一项可以省去，但也要有书面通知并收取回执。如果组织大型活动，则一定要召开家长会。在家长会上，应下发相关的通知，要把整个活动的安排仔细地向家长说明，涉及的费用要详细公开并说明去向。在介绍情况时，一定要注意把握分寸，留有余地。对外出时的吃住条件，不要描绘得太美好，宁可把困难说得多一点儿，让学生有吃苦锻炼的思想准备，以防止学生到了之后产生心理落差。

（2）分组

分组可以说是组织任何活动时最重要的一项工作。拿我们上面举出的组织学生写生的案例来说，一次活动就牵涉好几种分组：住宿、吃饭、写生。每一组都要有组长，组长要有明确的分工。比如，打扫卫生、召集点名、汇报情况等。有人觉得这么多人的行动，又是半大的孩子，肯定会很乱，而且不好指挥。其实做好很简单。首先，明确流程。比如，我带的班分成了三个小组，组长要选择能力强、责任心强的学生担任，凡事我只通知组长，组长再传达给组员。户外的客观条件如此，喊个话都困难，你在上面喊破了喉咙，底下很多人根本听不见。正确的做法是，领导召集班主任，把事情简单、明确地布置下去，班主任立即找来组长传达，组长回去和组员一说，这样就搞定了。现在通信又很发达，大多数学生有手机，班主任掌握着学生的手机号码，万一有个什么情况直接通知本人就行了，没那么复杂。

所以，班主任要养成习惯，只要是活动，就一定要分组。这样可以极大地提高工作效率，也能减少班主任的工作量。

外出前，班主任手上必须持有以下东西：所有外出学生的电话号码、学生家长的手机或住宅电话号码、同时外出的其他老师和学校领导的电话号码、当地接待人员或导游的电话号码等，以保证联络畅通。此外，还要有一些应急的装备，如手电筒、瑞士军刀、地图、指南针、常备药品等。有备无患，这些东西说不定什么时候就能派上用场。

做了充分准备，心中有底，遇事不慌，活动成功就是可以预期的，老班们就可以带着队伍大胆地前进了。

[案例三　住宿风波]

赴安徽写生的队伍经过六个小时的长途跋涉终于到达了目的地，在一片忙乱中总算把学生都安排进了房间，他们将在这些房间中度过六个晚上。带队老师还没有来得及喘口气，一间宿舍里就传来了吵闹声。班主任过去了解情况，发现这间宿舍的学生情绪非常激动，个别学生甚至提出不住了，要回家。原来，这是一个大房间，别的房间一般住 8 到 10 个人（高低铺），而这间的面积是其他房间的两倍，可以住 20 个人。当时有一个班来了 22 个女生，为了便于集中管理，我们就要求旅店在这个房间里加了一张床（两个铺位），这样刚好可以把这 22 个人安排在一个房间里。当时我们的想法很简单，都是一个班的同学，住在一起应该很开心，反正地方也足够大，加一张床根本不会有多大影响。寝室分组的名单事先就下发了，学生们也没有说什么。但是住进去后，有学生开始不满意了。她们认为大家都是交了同样的钱，为什么有人住 8 个人的房间而她们则要 22 个人挤在一起？觉得不公平，所以，向班主任提出抗议。当时已经是晚上 11 点多了，房间都已住满，没有调换的可能性，而且学校也不会只要有人提意见就马上接受，毕竟学校也是要有管理的权威的。班主任做了大量思想工作，效果不明显，还是有个别人坚持认为这样做不公平，甚至还哭了。最后领导发火了，硬是把这股情绪压下去了。事后，班主任又安抚了很久，才让大家恢复了平静。

一场风波算是平息了，作为七天写生活动的一个小插曲，后来被大家引为笑谈，但是留给我们的思考还是很多的。学生娇气、没有集体观念是一方面，我们也予以了严肃的批评、教育，但我们前期的准备工作，是否就完全到位了呢?

其实，那间寝室本来就相当于两个房间，所以，住进去的人数没有增加很多，但是我们事先没有和学生讲清楚哇！人家就抓住一条，你说是8到10个人一个房间的，我们凭什么22个人一个房间？就算你按两个房间算，那也是一间11个人哪！我们的确没有想到学生会计较这个，所以，在家长会上没有做出说明。因为忽略了一个细节而导致了一场风波，实在是不应该。如果在介绍情况时把条件说得艰苦一点儿，预计到这样的安排可能会有问题，事先做一些工作，也就不会有后面的事发生了。

这个小小的教训告诉我们，考虑问题要周密，说话要留有余地，对硬件条件的介绍，宜就低不就高。

（二）安全保障与过程管理

带学生外出活动最大的问题就是安全，首要的问题也是安全。很多班主任之所以不愿意带学生外出组织活动，就是怕出安全事故。但是，一些必需的外出活动是无法回避的。只要组织活动，就不可能没有风险。我们要做的，就是在前期准备工作中，排除安全隐患，把风险降到最低；在活动过程中仔细观察，预判形势，万一遭遇突发情况要能做到从容应对。

我做班主任20多年，不仅积极参加学校组织的各种外出活动，还经常自己带着学生外出，骑自行车郊游、爬山……其中，我每带一届学生的保留节目——毕业旅行，给每个参与的学生都留下了终生难忘的记忆。我在各地给班主任做培训时，每当讲起这些故事时，不少老师就会议论，说我这个人胆子大、运气好。说我胆子大是因为我总是敢带学生外出，说我运气好是因为我带学生外出活动从没有出过事。

其实，我带学生外出活动之所以没有出过问题，并非因为运气好。我组织活动看上去胆子大，说走就走。特别是毕业旅行，学生毕业后学校就不会干涉他们的行动了，组织和安全工作完全由我负责。其实在背后我做了充分准备，每个环节都要考虑到，是在有充分把握的情况下才开始行动的。除了有完整的安全保障准则之外，我个人的经验和阅历也是提高安全系数的重要因素。

在此，我不希望班主任们都模仿我的做法。毕竟每个人的个性是不同的，做教育的风格也是不同的。我只想把这些年来在组织学生活动中积累的一些经验和体会写出来，供大家借鉴和参考。

首先，组织外出活动的前期工作非常重要。上文中已经有详细说明，这里再强调三点。

①尽可能委托旅行社帮助组织外出。不可否认，现在有的地方社会环境比较差，不是很安全。千万不要一个人自作主张地贸然把学生带出去，这样做不是勇敢，而是冒失。旅行社必须是正规的、有资质的。要和旅行社签署书面合同，一定不要忘了买保险。

②如果外出涉及用车，一定不要贪图便宜，租用没有营运资质的社会车辆，也绝对不要用家长提供的车辆。租用的车辆必须车况良好（可以在合同里注明，如对车型和车况的要求），安全有保障。如果是短途外出，则提倡步行。远足既可以锻炼身体，又有励志的意义，同时也别有一番情趣。如果是去市郊，可以租用公交车，价格不高，也比较正规。

[案例四　用车争议]

2009 年 4 月，学校组织学生赴安徽写生，在用车问题上一度有所争执。一种方案是让合作方在当地找车来接送。好处是费用低一些，问题是车况差、没有省际营运资质，而且到了当地如果需要再用车的话，还需要另外找。另一种方案是租用本市长途汽车公司的正规营运车辆。优势是车型统一、车况好、服务态度好，车辆跟着我们走，随时需要随时用，解决了在当地的交通问题，但是费用相对高一些。考虑到路程有四百多公里，其中有三分之一是山路，而且活动中几乎每天都要用车接送，最终我们选择了第二种方案，指定车型为德国进口的凯斯鲍尔豪华旅行车。最后证明我们的选择是完全正确的，整个用车过程长达二十多个小时，行车平稳舒适，没有出现任何问题，而用车安全就是最大限度地保证了活动的安全。我们用的五辆车款式、颜色、大小都是一致的。这对各个班学生来说是平等的。这也是个细节。如果是几个班同时外出，要尽量避免车辆在大小、档次上有差别，以免引发不必要的矛盾。在四百多公里的长途旅行和当地写生地点之间往返接送过程中，我们始终保持着一个完整的车队，前后照应，间距相近，行驶在路上，形成了一道亮丽的风景。

在历次组织活动中我发现一个问题，就是有些领导、老师在组织外出活动时，首先考虑的是费用，一味贪图便宜。事实证明，这样做是最容易出问题的。因为人如果过度关注某个方面，势必就会忽视其他方面，而被忽视的也许就是最重要的地方。而我组织活动时首先考虑的是服务质量和安全保障。以我的经验，同样的线路同样的项目，费用应该是一样的。如果有差别，那一定是在细节上。比如，车辆的档次、住宿条件等。而正是这些细节才是最不能马虎的。两种相似的服务，费用差别一般不会太大，如果有差别，应该优先考虑服务，其次再考虑费用。

③如果涉及住宿，一定要详细了解旅馆的情况。同样，不能一味图省钱，导致住宿的条件太差，万一引起学生生病或失窃就得不偿失了。我之所以坚持尽量委托给旅行社，也是因为在安排吃住行等方面，旅行社是专业的，有保障。

分配房间也是一门学问。男女生要分区住宿，分住两层最好，男生住下层，女生住上层。教师房间的位置要便于观察和控制全局，如果是分层住宿的，教师要住在下层靠近通道的地方。晚上尽量限制学生外出，确需外出的要结伴而行。出门要向老师请假、登记，规定好回来的时间，保持手机畅通。

其次，在外出过程中，班主任要外松内紧。要一边带着学生玩，一边随时注意观察，对形势要有预判，切不能只顾和学生玩耍，把自己的责任丢在一边。如果组织时间超过一天的外出活动，一个班最好有两名带队老师，或一名老师加一名导游。带领队伍行进时，一名老师在前面带队，一名老师必须走在最后。两名老师要及时保持联系，每隔一定的距离要休息、集结一次，清点人数，有安全隐患的地方决不能冒险进入。活动全程班主任必须始终保持注意力集中，经常提醒学生。教育学生要懂得礼貌，与陌生人要不纠缠，不斗气；自由活动时必须按小组行动，不能落单；分组活动时一定要强调集合的时间、地点。

班主任要有一双善于发现问题的眼睛，随时注意提醒。教育学生一定要令行禁止，在关键时刻决不能随意。班主任要有魄力采取一切必要的行动让学生服从命令。只有这样，才能最大限度地保证安全。

班主任带学生外出时，除了要带自己的身份证和教师证，还要提醒学生带好学生证，凭这些证件都是可以买到打折门票的。

在景区门口清点人数很重要，一定不能急。一个班一个班按顺序排好，带队教师和景区工作人员要共同清点人数。待双方核对确认无误，在纸上记下这个班的人数后，再放下一个班进入景区。注意好这些细节，有助于在活动中减少不必要的麻烦，节约费用和时间。

这些工作都做到位了，基本上就不会出大问题。

[案例五　安全区域]

2007 年，我和一位老师带领大约四十名学生进行毕业旅行，地点在安徽省的天柱山，时间为两天。在游览一个峡谷时，学生们发现了一个大瀑布，非常兴奋，要去瀑布前照相。瀑布分两段，我们停留的是中间一段的平台，往下是一片深谷。我们没有立即同意学生的要求，而是先去观察地形。按我们的经验，这是一块潜藏着危险的区域。地面是花岗岩的，有水迹，比较湿滑，万一学生高兴起来蹦蹦跳跳，一不小心就有可能滑到山谷里去了，这可不是开玩笑的！但学生的兴致很高，在城市里哪里能看到这么壮观的瀑布呢？为了不扫学生的兴，又要保证他们的安全，我和另一位老师划出了一个安全区，我们手拉手站在安全区的最边缘，身后就是峡谷。规定学生不可靠近我们，只能在安全区内活动、拍照。学生玩得很开心，照完相之后，我们站在原地不动，等学生全部安全离开后才撤离。

所以，看上去我组织活动很大胆，其实从活动开始一直到把学生全部安全地送回学校，我的一颗心始终悬着，绝不敢放松。活动组织多了，已经形成了一种习惯。唯有具有责任心的老师，才能大胆地组织学生活动。

（三）活动中突发情况的应对策略

即使计划得再周密，准备得再充分，活动过程中随时都会有突发情况发生，这是谁也避免不了的。班主任作为活动的组织者和指导者，遇到突发情况时千万不能慌乱。因为此刻的你，是学生的主心骨。只要你保持镇静，就能在很大程度上让学生安心。所以，要在第一时间让自己保持镇静，安抚学生的情绪，然后思考解决的办法。该求助的求助，能集体想办法渡过难关则是最好的；实在不行，该放弃就必须放弃。要相信天无绝人之路，办法总比困难多。所以，班主任首先心态要放好，外松内紧，举重若轻。其次，行动要果断。第一考虑的是安全，一切活动都必须在保证安全的前提下再进行。活动不成功没关系，下次还可以组织，但人不能出事。

［案例六　当断则断］

2008 年 7 月，我负责组织一百多名学生前往安徽省泾县写生，住在当地人开的旅社里。刚到的当天晚上，有一个学生突然腹痛，难以忍受。我们问了问情况，估计是那天太热了，那个学生吃了不少冷饮，加上水土不服，导致腹痛。在那个偏僻的山村，没有医院，我们也没有一个是医生，如果学生出了问题，谁也担不起这个责任。虽然我从直觉上判断那个学生问题不大，但是谁敢保证呢？观察了一段时间后，那个学生的腹痛不仅没有好转，反而加重了。时间已经很晚了，我们把他送到村里的卫生所，卫生所的医生哪里敢下结论！只说怀疑是阑尾炎，但是我们看着都觉得不像。怎么办？没有别的办法，只有租车送回南京！一点儿都不能犹豫，要么立即在当地采取措施，要么送回南京治疗，每耽搁一分钟就多一分危险。泾县离南京有三个多小时车程，与其在人生地不熟几乎没有医疗设施的安徽乡村等着，不如直接送回南京。虽然也有人建议去县医院看看，如果问题不大就不走了，因为第一天来就送回去，对军心和士气是有影响的，但是我们考虑了一下，为了确保安全、不让家长担心，还是送回去保险。于是立即租了车，由一位主任陪同，往南京赶。那个晚上其实大家都很紧张。车一路往回开，我们一路询问学生的状况。开始学生没有任何好转，还是疼。但是车刚过芜湖，症状居然开始减轻了。到了马鞍山，他的腹痛好多了。等回到南京他已经不疼了，把他送到医院检查没有发现任何问题。虽然是虚惊一场，事后有人说当时不如再观察观察，不必立即送回去，但这是绝对不能冒险的，没有问题不是皆大欢喜吗？除了租车的费用，不会产生任何其他不良后果。如果有问题呢，学生可以得到及时救治，我们的选择更是正确的。很多问题是容不得假设的，在安全保障方面绝不能抱有侥幸心理。

安全问题就是这样，不是“不怕一万，就怕万一”，而是“只有一万，没有万一”。我这些年带学生外出多次，从未惹上大麻烦，靠的就是小心谨慎和果断抉择。

［案例七　处变不惊］

2008 年 7 月，学校组织学生去安徽省泾县写生。天气很热，吃住条件都比较艰苦。一百多名师生，男生住在前面一幢房子里，女生住在后面一幢，虽说有空调，但空调功率小，制冷效果很差，再加上房间里人多，蚊虫叮咬，大家难以入眠。带队教师住在中间一幢，条件稍微好一点儿，有独立卫生间。学生睡高低铺，用公共洗手间。旅馆坐落在山脚下，风景优美。男生宿舍和教师宿舍、女生宿舍之间隔着一条清澈的小河。写生虽然辛苦，但总算顺利。到了第三天，白天骄阳似火，酷热难当。谁知晚上却风云突变，9 点钟开始下起了暴雨，山里变得很凉爽。开始大家都没有注意，一边看着窗外的暴雨，欣赏着闪电，一边闲聊。许久，累了一天的师生在这难得的清凉中沉沉地睡去。然而我们都低估了暴雨的威力，就连当地人也没有想到这是一场百年不遇的大暴雨。暴雨一直下到深夜，山上的雨水全部下来了，汇集成激流。山里就是这个特点，一下雨水涨得特别快，门前小河的河面原来离地面至少有两米多，很快水位暴涨，超出了地面，完全看不见路，只有汪洋一片。洪水冲进了女生宿舍的房间，学生的拖鞋和放在地上的脸盆都飘了起来，顿时引起一片惊恐的喊声。那个场面实在是恐怖。值班教师发现情况不对，大家都不能睡了。因为学生住的是平房，教师住的是楼房，地势稍微高一点儿，水还没有淹进房间，大家赶紧带着学生转移到老师的房间，东西也不要了。当时想的就是只要人安全就行。老师在旁边不停地安慰惊魂未定的女生，而男生那里有河水阻挡，根本看不见。大雨终于在黎明前停止了，水开始慢慢地退下去了。清晨时分，水位已经退到桥面以下，终于可以出去了。虽然这次山洪暴发有惊无险，没有造成人员伤亡，但是教师在关键时刻表现出来的镇定确实起到了稳定军心的作用。

［案例八　险中求胜］

人们对2008年全国范围内的大面积雪灾至今还记忆犹新，而在那场大雪下得最猛烈的时候，我们正在进行一次空前的大冒险。那场雪是从1月25日夜里开始疯狂地下起来的。1月26日早晨，我被刺眼的白光惊醒。那不是阳光，而是大雪的反光。看着漫天的大雪，我心里一沉，匆匆赶往学校。学生还在上课，糟糕的是，我预料的最严峻的情况发生了。一路上，电话不停地响。我知道找我是为了什么事，我几乎是小跑着行走在雪地里。

第二天，1月27日，我校将有近一百个高三美术生要赶往徐州参加某大学的美术专业校考。这所著名的高校，每年的艺术单招考试吸引着近万名考生。艺术单招考试，对高三艺术考生来说其重要性绝不亚于高考，或者说，这就是一场高考。计划是早就定好的。1月27日早晨出发，中午到达徐州，安排住宿，下午报名，28日全天考试，考试结束后返回，三辆客车，五个老师带队组织，一切都没问题。谁知，这场暴雪……赶到学校后，大家聚在教务处，望着窗外的大雪，心情沉重。市教育局刚来通知，所有中小学一律提前放假，所有假期活动全部取消。一夜的大雪，导致高速公路大半封闭，市内交通也已经部分瘫痪，尚可通行的，车行缓慢。一些住校生回家都成了问题，而我们却要在第二天浩浩荡荡地赶赴三百公里外的徐州。怎么办？大雪会停吗？不要抱幻想了。雪是越下越大，地上的积雪越来越厚。我们一直在收听天气实况，这场雪是自南向北的，范围极大，短时间内不可能停止。我们抱着一线希望和徐州方面通了电话，询问是否可能因为天气恶劣延期考试。回答是："不可能，考试于1月28日上午8点准时进行。"当时的气氛真是紧张到了极点，对一所学校来说，这场"高考"非常重要。但现在情况突变，始料未及。

摆在我们面前的路似乎只有两条：第一，坐等，寄希望于老天爷开恩让天气转好，第二天按计划出发；第二，取消集体组织，有能力、有条件的考生自行前往徐州参加考试。但事实上，这两条路都行不通。第一，按今天的情况看，即使雪停了，明天道路也肯定会结冰，高速公路会完全封闭，根本走不了。即使能走，谁能保证不出问题？万一出事故怎么办？退一万步说，就算不出事故，被堵在半路上也是大麻烦。上一场雪，比这次小得多，很多车就被堵在国道上二十几个小时不能动弹。这次再这样，等我们赶到徐州考试都结束了。第二，如果坐火车，在如此恶劣的天气条件下，再加上是春运高峰期，要想买到火车票，恐怕是天方夜谭。这就等于放弃了这次考试。从安全角度考虑，放弃集体组织赶考是最明智的选择，学校可以不承担任何责任。但放弃意味着什么？先不谈学校的高考将受到影响，那么多美术考生的希望和精心的准备也将化为泡影。虽然我们知道安全比什么都重要，但就这么放弃，却心有不甘哪！虽然放弃不是我们的性格，但是不能拿学生和带队教师的生命安全冒险哪！

有没有第三种方案，既能让学生按时参加考试，又能最大限度地规避风险？这个想法太诱人了。这么恶劣的天气，我们去有困难，别人去也有困难，大家都去不了意味着什么？意味着考生人数将大为减少，通过率将大大提高。如果别人不能去，我们却能去，那就捡了大便宜了！此时，一个大胆的想法产生了：不仅要去，而且要提前走，越早走越好！这个想法乍一听起来真是疯狂，不等待天气好转，反而在天气最恶劣的时候出行，不是开玩笑吧？其实，这个设想不仅不是好大喜功，急躁冒进，反而是在当时的条件下最安全的做法。这就是一种逆向思维。此时虽然天降大雪，但路面的冰还没有完全结起来。提前走时间充裕，慢慢开车，哪怕开一夜，只要能在27日下午赶到徐州报名就行。高速公路封闭可以走国道，虽然有堵车的风险，但从理论上来说时间还来得及。与其在家等着大雪封死高考之路，不如冒险一搏。很多事情在所有人都认为不可能的时候，其实是有希望的。以目前的情况来看，除了冒险走这一步，别无他法，第二天走是不可能如期赶到的。为了稳妥起见，我们特意咨询了为我们提供包车服务的车队的意见，谁知他们的想法和我们居然是一致的。根据他们多年跑长途的经验，现在走是可行的。路上有积雪没关系，就怕结冰，这是最后的机会。再晚几个小时，只要公路上一结冰，想走都走不掉了。有了专家的意见，我们的信心更足了。

兵贵神速，说走就走。当时学生还都在学校呢，一点儿思想准备都没有。我们从最初的兴奋中迅速冷静下来，商量了几分钟，确定了方案：通知家长新的行动计划，立即遣散学生回家做准备，带好东西迅速赶回学校集合，提前一天出发。当然，这个有些冒险的计划要征得家长的同意，不愿意去的决不勉强。我这边赶紧调车、安排徐州方面的食宿。情况紧急，一分钟也耽误不得，这么大一个变动，居然在半个小时内就全部搞定了。学生家长全部通知到位，只有七个人放弃，大出预料。学生和家长如此信任我们，我们更要保证学生的安全。我们把时间尽可能给学生留足了：学校和家之间的往返（路上已经很不好走）、吃饭、收拾行装、买干粮（做好乘一夜车的准备）。下午两点半，三辆客车开到了学校。教学楼前的小广场上，挤满了学生、家长、老师、送行的私家车，加上漫天飞舞的雪花，很有一点儿悲壮的气氛。这种天气，只要有可能，所有人都尽量不出门，而我们却要在暴雪中穿行三百公里——赶考、赶考！校长、书记全来了。知道了情况后，教育局局长几个电话打到学校，说风险太大，学校担不起这个责任哪。当时我真的不知道我们这样做，到底是正确的，还是完全错误的。但既已决定，无论怎样都必须坚强地迎接挑战。千万遍叮咛，只有两个字:“安全!”顶着狂风暴雪，三辆客车从学校缓缓出发。等待着这近一百名师生的，将是怎样一个命运?我不知道，我只能祈祷，我只能相信，胜利会属于勇敢果断的人，更属于有准备的人。我相信我们团队的强大，我们的精神一定会帮助我们战胜困难。

2008年1月26日下午3点，三辆客车载着近一百名师生缓缓驶出校门，载着求学的希望和万分担忧，向着三百多公里外的徐州前进。他们能成功地穿越暴风雪，安全抵达终点吗?大雪丝毫没有停下的意思，反而更加猛烈地肆虐着江南大地。江苏告急，安徽告急，整个华东、华中告急!南京长江二桥、三桥封闭，只剩下长江大桥可以通行。虽车行缓慢，但仍在行进中。我的收音机始终锁定交通台，出发前就知道，几乎所有高速路都封闭了，但宁宿徐高速居然是开通的。它就像密密的封锁线中撕开的一条裂隙，这条裂隙却准准地指向徐州。真是上天的恩赐!我们的心情随着几乎不间断的短信和电台的电波而起伏。大桥上:“堵车，几乎不能动弹。”两个小时后:“车行极缓，刚到六合，按这种速度，开一夜也到不了徐州。”又一个小时后:“终于正常行驶，已上高速，请放心。”还没等放心半个小时:“堵车，不知何时能走。”就这一堵，一个多小时一米未动。南京往徐州的公路有一个很有趣的现象。江苏境内全程是高速，但要穿过安徽省的一小块，地名叫天长，也就几十公里。而安徽的这块没有高速公路，即两头是高速公路，中间要夹一段一级公路。26日那天，除了宁宿徐高速，江苏省其他高速全部封闭，而国道不封闭，所以有很多南下的大货车从高速下来上了天长这一段国道，然后在宁宿徐高速上逆向行驶，占据了一股车道，造成严重拥堵。总之，那天交通是一片混乱，哪条路不封闭车就全部涌上哪条路。就这样，我们的车队熬过了安徽天长一段，终于可以继续向徐州开了。

雪，暂时还没有下到苏北，冲过了暴雪区，后面的路还比较顺畅，晚上11:30，我们的车终于安全到达徐州。此时，留守在南京的我们才松了一口气。而此时南京，雪下得更大。这场雪，从1月25日一直下到28日，百年未遇。1月27日的南京，完全笼罩在风雪之中，交通几乎彻底瘫痪，根本不可能出城。南京禄口机场积雪厚达60公分，城市积雪突破有气象资料记载以来的极值。从盱眙到南京的一辆运蔬菜的车，短短九十几公里，开了二十几个小时；从南京出发的火车一张车票都买不到了，数万人滞留在火车站。若不是我们抢了半天的时间，这近百个学生将不可能按时赶到徐州参加考试，现在他们却可以从容不迫地在徐州报名、休息、备考。这场赶考，真的有点儿像打仗，机会稍纵即逝，稍一犹豫，就满盘皆输。

但是，第一场较量的胜利没有让老师们轻松下来，28日考完了他们怎么回来呢？1月27日晚上，南京—徐州召开电话会议。1月26日唯一开通的宁宿徐高速封闭了，国道不封，但我们要再次冒险穿行冰天雪地返回南京吗？一辆徐州到南京的货车1月24日出发，堵在路上三天三夜还没进城。我们的学生万一堵在半路几天不能动呢？而这样的事，现在每天都在发生。如果说来的时候我们是和恶劣天气赛跑，冒险穿行暴风雪，而考完试后则完全没有必要如此冒险了，而且现在的路况比26日还要糟糕。留在徐州等待，应该是比较稳妥的，但有没有更好的办法呢？这第二回合的较量，再一次体现出了我们的智慧：既不在徐州消极等待，也不再冒险走公路，而是集体乘火车回家，把汽车空放回南京。我们分析过了，从南京北上的火车无票，而从徐州南下的火车应该比较宽松。北方没有下雪，而且从春运旅客的流向分析，此时南下的客流量应该不会太大。到火车站一问，果然如此，车票并不紧张，一趟车就能全部走掉。—— 太有才了！

28日的考试非常顺利。徐州开始下雪了，但我们车票在手，军心稳定，胜券在握。事情往往就是这么奇妙，当50万人滞留在广州火车站，当南京火车站也人满为患时，徐州火车站却空空如也，门庭冷落。宛如暴风中的台风眼，春运高峰加上罕见的天灾，在这里似乎根本就不存在。铁路方面为我们这近一百名师生专门加挂的这节车厢几乎是空的，我们的学生花了26元买的站票却可以享受三张座位，躺下来睡觉绰绰有余。火车在恶劣的天气里虽然走走停停，但的确是安全的、舒适的，而且离家越来越近。原来四个多小时的车程，一直开了十个小时，29日凌晨四点半，南京的雪停了，我们近一百名师生全部安全返回南京。火车站的出租车井然有序，仿佛是专门来迎接凯旋的英雄。我们的勇气和智慧终于战胜了恶劣的天气，在百年不遇的暴风雪中往返穿行六百多公里，完成了一个几乎不可能完成的任务。

后 记

①从徐州空放回来的客车最慢的一辆在路上开了整整两天两夜，事实证明我们当时的决定是完全正确的。而且这件事从一开始，每一步都是正确的，正因为第一步走对了，后面的路才有可能越走越顺。②正如我们事先预测的那样，2008年的这次考试，我校学生的通过率创了最高纪录。③近百名师生在暴雪中成功穿行六百多公里，被评为当年“感动我校十大事件”第一名。

小 结

组织学生外出活动，既有趣，也很有教育意义，但这项工作对班主任的综合素质是很大的考验和挑战。一个用心的班主任，不会因为组织活动有风险就无所作为，不敢作为，而会积极、大胆地组织活动。开始时没有经验，可以和有经验的前辈合作，虚心学习，注意观察，“在游泳中学会游泳”。所有原则都是简单的，也很好理解。但这一切都是要在实践中亲自去体会、感悟的。很多问题，只有亲身经历过，才会增长经验。不同情境下出现的问题都有不同的解决办法，这是不可复制的。所以，关键时刻，只有经验能帮助你想出解决办法，而经验必须在实践中产生、积累。

三、不走寻常路——设计班级活动创新思维16字诀

教育贵在创新，没有创新的教育是死水一潭，有创新的教育则魅力无

穷。组织活动是教育的重要内容，而没有创新意义的活动同样味同嚼蜡。在一次讲座中，我曾经列举过当下学校（班级）活动中普遍存在的七大硬伤。

①周而复始，千篇一律。
②方式简单，缺乏创意。
③观念落伍，脱离实际。
④自上而下，自说自话。
⑤空洞说教，枯燥乏味。
⑥流于形式，内容浮浅。
⑦安排随意，缺少保障。

这些弊病把深受学生欢迎的活动变成了令人感到乏味的走过场、走形式。本来官方组织的重要活动或班级的集体活动都是很好的德育题材，即使是打扫卫生，也有深入挖掘的空间，但我们发现，越是正规组织的活动，学生的关注程度和参与热情越低。原因有两个：一是活动是自上而下的，并非来自学生的需求，或者即使学生有需求，却因为是官方组织的，学生因逆反心理而不合作；二是我们的教育形式过于老套，手段过于陈旧，就那么三板斧，学生都能背下来了，低年级的学生因为新鲜还当回事，在学校时间长了，看到每年都是那一套，谁还会感兴趣？

走过场、走形式，是德育工作实效性差的最大原因。以上两个原因是互相联系的。我们经常批评现在的学生听不进正面教育，搞不懂他们真正对什么感兴趣。其实，我们应这样反思：如果你是学生，你愿意每次都听那些陈芝麻烂谷子的说教吗？虽然内容是正面的，但再好的内容也要学生愿意接受才会有效果。我们把学校每年的教育活动梳理一下就会发现，重大的节日、纪念日（比如六一、五四、国庆、元旦、教师节、青年志愿者日），常规的活动（比如春游、秋游、运动会、家长会、黑板报、大扫除），活动形式基本上是千篇一律的。这种“以不变应万变”的做法是最没有创意、最没有技术含量的，当然也是没有多少效果的。学生在这种毫无生气、毫无新意的活动中变得麻木而厌倦。这样，我们就浪费了大量宝贵的教育机会。

改变这种状况的办法就是在传统的活动中寻找新的突破，用新颖的模式和新奇的创意牢牢吸引住学生。要强调学生的主动参与，使学生在活动中得到锻炼，有所收获。富有创意的活动把自上而下的发动变成了自下而上的推动，效果当然明显。每一项活动都有它的意义，利用活动开展教育，发掘德育内涵，是班主任工作的基本要求。而运用智慧让你的班级活动出彩，则可以让你和你的学生获得成就感，体会到幸福。

我在教育实践中算是比较注重创新的。以下提供的几个活动策划，如“我带学生做生意”系列、排练运动会入场式等，都是依托学校的大型活动做出自己特色的案例。

班主任要通过设计与组织班级活动，达到引导、培养、锻炼、提升学生的效果。应通过丰富多彩的活动把班级打造成一个团结强大、幸福和谐、积极向上、训练有素的团队。班主任在班级活动中需要扮演四种角色。

①策划者。活动的成功策划来自班主任和学生集体的智慧。

②指导者。班主任要对活动全程关注、指导，把握活动的进程和方向，保证活动高质量地完成。

③参与者。班主任全程参与活动，可以增进师生感情，改善师生关系，保证活动顺利完成。这也是班主任责任心和敬业精神的体现。

④总结者。班主任应当比学生站得高，看得远，应寓教育于活动中，并提炼活动的德育内涵，提升教育的层次，提高教育的实效性。

我们不否认学生应该是班级活动的主人，活动应该是“学生的活动”。没有学生主动、积极的参与，任何活动都毫无意义。但是离开了班主任的悉心指导和引领，活动就会失去方向感，成为学生的自娱自乐，也就谈不上寓教育于活动中了。按照“打造班级名片”的思路，班主任首先要对活动的意义有所认识并能热情地投入活动的设计与组织中去。

一次成功的班级活动，至少应该在以下四个方面有所体现。

①体现教育智慧。

②体现班级特色。

③体现创新意识。

④体现团队精神。

这四个方面是互相联系、相辅相成的。在活动中表现教育智慧的最佳途径就是创新。教师应永远不满足于现状，应在不断超越自我的过程中逐渐形成班级特色和班级精神。成功的活动需要靠团队合作，共同努力才能完成，而精诚合作的团队精神又是高质量完成活动的基本保证。班级活动能否取得成功，关键在于创新。

如何能在常规的活动中突破陈旧的框架和模式，体现创新意识呢？从历次活动中，我总结出了创新思维“16 字诀”：“人弃我取，人无我有，人有我优，人优我变。”结合具体案例分述如下。

（一）人弃我取

这是一种逆向思维。当所有人对某项活动趋之若鹜时，竞争必然激烈，如果你没有突出的能力，就很难让你带的班级脱颖而出，多数情况下只能落个“重在参与”的结局；而一些大家都不太注意或参与热情不高的活动则正是你和你带的班级大展身手的机会。你完全可以为此做精心的准备，在背后下功夫，在活动中一鸣惊人，让所有人对你的班级刮目相看。

［案例一　光荣的领操员］

做广播操，一直是令班主任头疼的事。尽管经常教育，学生还是不爱做，不认真做。前些年，学校刚开始推广新一套广播操——《舞动青春》。这套广播操很好看但难度大，学生本来就不重视，以至于半个学期了居然还有一些人没学会，做起操来动作走形、有气无力，看着就让人上火。校运动会即将召开，为提高学生对做操的重视程度，学校专门设立了广播操比赛，这是个集体项目。

当时，我带的那个班女生多，体育成绩本来就不好，很难在田径比赛中取得好成绩。有一天，我偶然从一个体育老师那里听来一句，说我们班有几个学生广播操做得还不错。我当时就觉得这是个突破口，于是到了班上我把体育老师的话变成了这样：“体育老师说了，我们的广播操是做得最好的，所以这次广播操比赛我们一定能取得好成绩。”其实，我知道，广播操只要重视、认真做，谁都能做好。因为我们别的项目不行，大家正为此事郁闷着呢，一听这话，来劲了，都想在运动会上一展身手。本来，学生都不愿意练广播操，现在既然能出好成绩，就不用我多动员了。

当时，因为是刚学的操，还有不少人不太会做，所以平时做操时每个年级队伍前面都要有一个领操员做示范。现在的高中生哪个愿意站到前面领操？谁都不愿意，那就我们班来。大家推荐了一个做操最好的同学，我让她天天站到前面为全年级领操。这无疑在表明，我们班的操做得好，否则怎么会让我们班的同学领操呢？过了几天，我别出心裁地每天换领操员，做得好的才有资格上去领操。领操的人要在大庭广众之下展示自己，谁都不敢怠慢。我把这个差事当成了一个荣誉。

不少人都看过《汤姆·索亚历险记》，那一章《光荣的刷墙手》说的就是这个意思：人的心态变化会导致完全不同的做事态度。把一件事赋予积极的意义，就会完全改变我们对“苦差事”的看法。有了一批领操员之后，我就让他们分组辅导做得差的学生，把自上而下的任务变成了自下而上的追求，这个道理和把“要我学”变成“我要学”是一样的。我们还在课余时间把全班学生拉到操场上练习。看到我们班的这种气势，其他班已经从心理上输掉了，缴械投降。

根据马太效应，强者恒强，于是所有人就理所当然地觉得，我们班的操做得好，有我班在，他们只敢争第二。其实，我知道，做操就是个态度问题，只要认真了没有做不好的。我带的那个班真叫差，平时连操都做不好，现在转眼间做操却成了我们的优势项目。最后比赛结果怎样？我们班只拿了第二名，但是如果不这样，以我们班当时的状态，一定是倒数。更何况，谁会记得那么多？所有人都知道了这样一个事实：我们班的广播操真棒！即使屈居第二，也还是很棒！这样一张班级名片就打造好了，从此，做广播操就成为我们传统的强项了。

别人不重视的事，就是你的突破口，这就叫人弃我取。所以，在班级活动中一定要做有心人，因为机会总是留给有准备的人。

（二）人无我有

组织班级活动要想出彩，就必须立意新颖，出人意料。“不按常理出牌”往往会有意想不到的效果。但活动的大框架又不能随意突破，要遵守游戏规则，不能为夺人眼球而采用哗众取宠的手段。常规活动精心设计，在平凡的活动中凸显不平凡的创意，才是对班主任和班级智慧的挑战。

“人无我有”是达到上述目标的指导思想。搞活动最忌讳不动脑筋随大流，没有创意，完全被动参与。这样学生在活动中不仅没有成就感，得不到锻炼，还会从内心抵触这些活动。当我们接受一项活动任务时，我们的第一反应应该是如何运用智慧高质量、有创意地完成它。我们要思考的是：一般情况下别人是如何完成的？有没有更好的办法？

［案例二　巧卖西瓜］

很多年前，学校组织了一场全校性的大型义卖活动。

此事我拿到班委会上讨论，大家的建议不外乎是什么布置展台（其实就是几张课桌、几张宣传海报什么的）呀、动员大家把东西拿到学校来卖呀。因为过去也搞过，所以大家都没太在意，反正是完成任务嘛。不过班委都认为，东西挺难卖的，人人都在卖东西，卖给谁呀？

因为是义卖，所以参加的人是不会算经济账的，反正钱是要捐出去的，卖得多又不能落到自己口袋里。班委讲完后，我发话了：“每次义卖都是那一套，满场追着硬逼着人家掏钱买东西，就不能换换思路，多卖一点儿钱，多做点儿贡献？人家义卖都是赔钱，我们就不能真正赚一点儿钱吗？”

“那我们卖什么？每个人卖的东西不都差不多嘛，不就是书本、玩具、小工艺品什么的？哪里能赚到钱哪？”班委们一脸难色。

我说：“思路打开点儿，不能别人怎么做我们就只能怎么做，要有创新嘛。要我说，我们得卖别人都不卖的。”

学生奇怪了：“我们卖什么别人都没有的呢？”我说：“过去美国西部淘金热，满世界的人都去淘金，有几个能淘到黄金发财的呢？结果是谁第一个发财了呢？是一个卖水的人。因为所有淘金者都需要喝水，而当地炎热干旱，卖水的人正好大发其财。无论你有没有淘到金子，你都必须买他的淡水。就这样，卖水的人赚到了他的第一桶金子。我们也是这条思路，别人卖东西，我们为卖东西的人提供服务。钱，就从这里赚到……”“那我们也卖水吧。”

“卖水利润太低，大家都知道矿泉水和饮料的价格，你卖得贵了人家心里有抗拒感。我们得卖一种没有价格可比的东西。”

“什么？”

“我们卖西瓜，批发来切片卖，一块钱一片，价格不起眼，利润还高。”

于是，第二天上午我们买来了很多西瓜。为了保持卫生，我们还准备了一个桶专门用来装西瓜皮。我又偶然发现学校附近的一家超市正在搞冰红茶降价促销活动。如果按促销价进来，稍微加一点儿价格就有30%的利润，就卖饮料来说这已经很不错了。我赶紧让学生去超市买来一批。

那是个5月份的下午，天气燥热，义卖活动在大操场上进行。我们班的学生，从家里带来了各种各样的东西，摆在课桌搭成的临时柜台上，林林总总一大堆，但是更引人注目的，是卖西瓜的摊子。劳动委员操着西瓜刀，把西瓜切成片，明码标价，一元一片。饮料也摆了出来，价格只比超市正常价格高两角钱。试想，如果你口渴了想喝水，从大操场跑到学校外面去买饮料是不是很麻烦？义卖时叫卖是不是让你口干舌燥？那正好，我们的西瓜和饮料就在你面前，而且价格你绝对能承受。

义卖的场面很热闹，操场上人声鼎沸，大家忙得不亦乐乎，唯独我们卖西瓜和饮料的柜台少人问津。还有路过的人说：“西瓜一片一块钱，太贵了。”学生都有点儿急了，问我怎么办，要不要降价。我说义卖刚刚开始，大家还想不到要喝水，决不要降价，卖不掉宁可自己吃。只要有需求就一定会有人买，如果没要求，即使再降价也没有用。

果然，等了一会儿，卖西瓜的开张了，而且一发不可收。大家都在传说，我们班那儿有西瓜卖，拿着西瓜啃的学生和老师成了活广告。天气太热了，在口渴的情况下，谁还在乎一块钱呢？一个西瓜切16片，卖16元，利润率超过100%。劳动委员切西瓜都忙不过来，收钱的学生乐得嘴都合不拢，累得满头大汗，而我们的学生一口西瓜也舍不得吃。这可能就是做生意初尝成功的感觉吧，大家那个开心哪，批来的西瓜根本不够卖。而另一边，饮料因为价廉物美而且大家都需要，也卖得很好。

不到一小时，西瓜和饮料全部卖完，学生急了。天气越来越热，需要饮料的人越来越多。我赶紧告诉学生，去那家超市再去买饮料来补货。

一场义卖，我们班大获成功，赚了很多钱。看到大家很辛苦，为了让大家真正体会成功的喜悦，我们还给每个参加义卖的学生象征性地发了一点儿劳务费作为奖励，其余的全部捐给了学校。活动的另一项收获是，我们班卖西瓜的摊位被评为最有创意的义卖柜台。

至今难忘的是那些学生在收工后点钱的场景，真是很像那些做小生意的忙了一天后回家点钞票。零钱一大堆，一元、两元，学生就像在数百元大钞一样。可能，这是他们的初次体验吧，他们一定会觉得做点儿生意不容易。但是用智慧和汗水赚钱，也给他们带来了很多感悟。

这次活动为什么能成功呢？因为我们没走寻常路，别人卖东西，我们为卖东西的人服务；别人卖的都是差不多的商品，而我们卖的东西别人没有，怎么会不成功呢？

人家拿义卖活动当好玩，当应付差事。我和他们不一样，我拿义卖当社会实践活动，当绝好的教育题材。所以，每次义卖我们都会认真准备，真刀实枪地做一次生意。第二次义卖时，我们去批发市场，和老板讨价还价进了一批货，在义卖会上出售。这次冒险依然取得了成功。因为别人卖的都是旧货，是可买可不买的。而我们卖的是真正的商品，也很实用，卖得自然比较好。

人无我有，出奇制胜。组织其他活动也可以参照这条思路。

（三）人有我优

当大家都很积极地参加某项活动，竞争很激烈时，那就比质量，硬碰硬。我相信，只要认真准备，积极努力，就一定会有收获。如果做不到人无我有，没有捷径可走，那就看谁表现得更出色。不要害怕竞争，唯有竞争，才能引发学生不肯服输的精神。竞争可以最大限度地调动人的积极性，其智慧也可以在竞争中发挥到极致，这叫“人无我有，人有我优”！

［案例三　热卖凉扇］

还要说说义卖，因为爱心义卖已经成为我校的一项传统活动，几乎每隔一两年就要举行一次。通过几次义卖活动，各个班级、各个班主任都积累了经验，也都想在义卖活动中一展身手。在义卖活动中出彩，变得比过去困难多了。举个例子，自我们从批发市场批来商品拿到义卖会上出售后，别的班看到效果不错，也学会了这一招。在哪里进货大家都很清楚，价格也差不多，义卖时我们“独此一家”的局面被打破了。

既然大家都知道，就不是“人无我有”了，我们这生意还做不做？做！当然要做！因为我深信“戏法人人会变，各有巧妙不同”，大家都卖东西，那就比谁的进货眼光独到，谁的东西更能吸引买家。

很多事情，只要尝试一下，锻炼一下学生，就可以了，毕竟我们的主要工作还是教育教学。社会实践活动的机会比较少，所以要用好，让它发挥最大效益。在活动中不断思考新的创意，既可以增长经验，丰富自己的阅历，也可以让学生在活动中有所收获。把每次活动都当成一次难得的锻炼和教育机会，组织活动时就不会有负担。心态好了，干劲就会提高。多年来，“做生意”这种小小的创业活动，我组织过很多次，几乎每一届学生都有这种经历。

2008 年汶川大地震，震惊世界。我们以各种方式捐款赈灾，此时学校又组织了一次大型义卖。天气还是很热，但是这次不能再卖西瓜了。我从来不愿意重复自己，曾经做过的，下次一定要超越。

卖东西的万能法则就是：第一，低价进来高价卖出；第二，进的货能及时卖掉 —— 无论是高科技产品还是一粒纽扣。过去，我们卖东西能成功不外乎是遵循了这两条法则而已。这次也一样。哪儿的东西便宜？当然是批发市场。所以，那天中午我毫不犹豫地带着我的子弟兵奔向批发市场扫货。

到了市场后，我并没有指定要买哪些东西，而是让学生按照自己的想法进货，我对他们的指点只是：如果你是一个学生，你最需要什么？凡是学生平时经常用到的消耗品都可以进一点儿，从批发到零售，总有差价。结果，学生买了一大堆东西：纸巾、笔、如意贴、胶带。当然，这么热的天，饮料是肯定会卖得很火的，于是也进了一批。学生一边拿东西一边担心："老班，这些东西能卖掉吗？""只怕不够卖的，卖不掉我全包了。"我很自信地回答。

最后，进完货要离开时，我总觉得缺了点儿什么。看看学生拿的那些东西，品种真挺多的，该买的全买了，还缺什么呢？

想来想去，我明白了——缺少一样能把所有人吸引到我们班摊位前的主打商品。我们进的货没有什么特色，我们来批发市场批发，别的班现在也学会了这一招，我们凭什么胜出？

一定要有特色！要用智慧！

想起那年我卖西瓜的点子，至今还很得意。但是我不能让别人说我就知道卖西瓜，要有创意呀！我们在大市场里转来转去，脑子也在飞快地转来转去：这么热的天，在大操场上，除了口渴（饮料）、流汗（纸巾），你还需要什么？你一定需要凉快（冷饮一定好卖，但是我们没有冰柜）。室外哪里会凉快！没有空调，哪怕待在树荫下也好，吹一阵凉风也好……有了！我们停留在一个卖扇子的摊位前，那些塑料的折扇真是漂亮！有各种颜色、图案，连我们都被吸引得驻足观赏。一样东西只有自己都觉得好，才会推荐给别人，卖东西不也这样吗？

我说："你们看，这些扇子多漂亮！下午义卖会上，那些学生、老师拿着扇子逛市场，可以扇风，还可以遮阳，一定会卖疯的。就是它了！"

我终于找到了我们的亮点，犹如画龙点睛一样，这扇子就是卖点——人有我优！经过一番讨价还价，最后以1.8元一把成交，学生问我卖多少钱，我说："便宜一点儿，3元一把。"学生一吐舌头，说："卖这么贵呀？"

我说："你们懂什么？到哪里去找这么漂亮的扇子？3块钱一把简直像不要钱。"

我知道，这个东西比较特别，不是大路货，没有可比性。你可乐多卖一角钱人家都知道你卖贵了，而这个扇子你卖10块钱一把都没有关系，因为别人不知道你的进价。我更知道，一件东西的价值是可以变化的，在这么热的天气下，如果只有我们卖扇子，那就是奇货可居。3元一把，这个价位我衡量过，应该在一般学生能承受的范围之内。也就是说，别人看到这个价格的第一感觉是：挺便宜的呀！人们心理上能接受，再加上扇子样子很好看，也实用，所以没有理由不好卖。一把扇子虽不起眼，我们却有67%的毛利润。

我说："无论进多少把，扇子将是今天下午第一个脱销的东西。不信我们到时候看。"

为了援助灾区，大家的热情都很高，下午的义卖活动非常成功。不出我的预料，这次大家增长了经验，有好几个班级也开始批发东西来卖了，但是只有我们一个班想到了卖扇子。我们漂亮的扇子一推出，就被人抢购一空，稍迟一步就买不到了，学生直喊进少了。其实，进多进少并不重要，重要的是让他们学会了做生意的技巧。满操场的人拿着我们的扇子，边扇边逛，顺便遮挡烈日，成了我们最好的广告，把顾客吸引到我们班的摊位前，带动了其他东西的销售。不到一个小时，我们班的东西就基本卖完了。

组织班级活动是班主任的常规工作之一，要想让你的学生在活动中取得成功，关键是要用心。只要用心，就一定会有奇思妙想。"人有我优"的理念，反映了班主任在平凡的工作中不甘平庸、力求创新的精神，也是班主任战胜职业倦怠感的良方。

（四）人优我变

社会生活的节奏越来越快，新生事物层出不穷，人们习惯了接受新奇的事物，强调把单调、重复的工作做出新意。班级活动也是如此。当大家都很用心地去做，积极展开竞争时，活动一定会搞得有声有色、精彩纷呈。在这样的情势下，让你的班级活动冲出重围鹤立鸡群的最后一招，就是善于变化，推陈出新。这就叫"人优我变"。下面提供一个运动会入场式的设计方案，它能在一定程度上诠释什么叫"人优我变"。

[案例四　巨型魔方]

我校每年都举办秋季体育节，体育节为期一周。在这一个星期里，各年级都将举行各种类型的体育比赛，饶有趣味。体育比赛是最能锻炼意志、培养团队精神的活动。每年体育节的高潮是为期一天的田径比赛，而比赛前的入场式表演又是重头戏，每个班都要参加。所有的班级都把入场式表演当作展示班级文化和学生才艺的舞台，用心的班主任每年都要为在运动会入场式的表演上一展班级风采而煞费苦心地做准备。

从初中到高中，每个班级的特色都是不一样的，有多少个班级就有多少个入场式表演。学校规定，每个班最多可以有三分钟的表演时间。入场式结束后进行评比，评出最佳表现奖。这项活动年年搞，怎样在每年的表演中拿出精彩的创意是对班主任和班级的一大挑战。

在历届入场式表演中，我带的班级几乎每次都会得“最佳表现奖”。能做到这一点完全就靠一个“变”字——每次活动时我都力图以出人意料的方式呈现“没有最好，只有更好”的设计理念。每次表演前，我都会和学生一起商量，选出最佳方案，悄悄地排练直到满意为止。这种认真的态度，加上每次别出心裁的创意和精心的准备，让这项活动一直成为我所带班级的特色之一。学校师生已形成了一个思维定式：只要是我带的班，入场式的表演一定会和别的班级不一样。所以，每次运动会前大家都对我们班充满期待。带着这种压力上阵，要想不让大家失望，唯有不断改进，不断突破自我。

举个很简单的例子——入场式的队形这么个细节也需要动脑筋。传统的做法是用队形体现班级的编号，比如“三班”，就组一个“3”字。有点儿想法的会把“一班”用“No.1”表达。但这里有两个问题：第一，因为一个班的人数少，所以不容易看清楚；第二，人在行进中很难保持队伍不变形，一变形就很难看。更重要的是，人人都这样做，怎么能出彩？有一届我带的班级是“五班”，开始时学生也想用队形组个“五”字，因缺乏创意被否定了。最后，我们采用了一个学生的建议，用队形组成一个麻将牌“五条”，到了主席台前变形为“五筒”。此队形一出场立即引起轰动，开创了我校运动会入场式上用图案表达数字之先河，形象生动，一鸣惊人。

所以，在设计班级活动时，思路要放开，思维要发散，要敢于突破思维定式，不能墨守成规。时光荏苒，转眼我又带了一届学生，这次班级的编号是“六”。这个班我是中途接手的，高一的运动会入场式我没赶上。那次入场式的方案是学生自己想的：用红绸拉出巨大的六角星图案，分别由六个女生拿着六角星的一个角，缓缓通过主席台。虽然比较简单，但也有些创意，这让我看到了这个班学生的潜能。到了高二，又要开运动会了，这次我们该拿出什么方案来呢？

直接组成数字的方案，早就被我们弃用了。无论是麻将牌的“五条”，还是红绸拉出的六角星，都是以图案暗示数字，是很好的创意。但如果我们的思维止步于此，每届如此，就会让人产生审美疲劳。我们需要的是不断突破。所以，高一用过了六角星，高二就不能再用了。这次怎样呈现“六”，我们开班会讨论。

思路进一步发散，过去使用图案之所以成功，是因为形式新颖。但用多了就谈不上新颖了，反倒是落入了俗套，而且别的班也已经学会了。再好的方案也必须求“变”，只有不断变化，才是不断取得成功的诀窍。经过反复研究，新的想法诞生了：把平面的图案改成立体的。

这种做法过去没有人试过，如果可行，一定会取得成功。具体设想是，用泡沫拼图板制作一个大魔方。立方体的六个面可以象征“六”，而且魔方的寓意就是变幻无穷，创造出无数的可能，这也符合我们的理念。

这个方案在班会上一致通过，并且得到完善：去年的六角星仍然沿用，六角星的中间是魔方。六角星由六个学生拉成，中间的魔方由四个学生举着，魔方的六个面上画上不同的图案，行进中六角星和魔方都在旋转。在魔方里事先藏好氢气球，到主席台前取下最上面的盖子，释放出气球，一定可以取得最佳现场效果。

接着，是讨论魔方的大小。我的原则是要尽可能大，小了达不到预期效果，最后确定魔方的边长是一米八。

方案虽好，但当时几乎所有人都认为难度太大，不可能完成。我说，要先有想法，不怕做不到，只怕想不到。只有有梦想，才能努力去为实现梦想而奋斗。凡事都是一个道理。

很快，我们做好了分工。魔方的六个面要有六幅图案，而且是拼图，分别是班徽、班级口号（文字）、运动简图（9幅，组成一个面）、五星红旗、奥运五环、校训，分别由六个小组完成。每块板边长60厘米，9块板组成一个面，6个面用54块泡沫拼图板，边长一米八，体积很大，一旦出场，效果将非常震撼。

但在实际操作过程中我们遭遇到了难题：因为泡沫板没有附着点，两块板之间没有支撑，中间是软的，搭起来一定会变形，甚至塌下来，根本无法拼成一个牢固的立方体。为此，我们想了各种各样的办法，都不理想。学生开始信心不足了，想放弃。

但我们最终没有放弃，放弃不是我的个性。我请来了两位家长帮我们想办法。家长的到来再次印证了隔行如隔山的道理。在家具厂工作的家长看了一下，说这个简单，用木条做成"井"字形框架，在木条上贴上双面胶，将拼好的平面往上一贴即可。我说："是啊，但怎么做这个框架呢？"家长说："这个对我来说是小事，交给我吧。"问题就这么解决了。

支架的问题搞定了，我心里一块石头落了地，开始大胆实施我们的设想：做一个超大魔方。魔方的制作过程体现了班级的凝聚力，学生反复试验，修改制作方案，花费了大量心血。在教室里、在宿舍里，到处都留下了学生辛勤的汗水。54块板分别有坐标编号，分到各个小组制作完成，化整为零。整个制作过程是保密的，外人并不知情，就像奥运会的点火仪式一样，不到最后时刻，谁也不知道我们在做什么。六个女生依然拿着改进过的六角星每天练习，这次的六角星比前一次大了许多，因为中间要嵌套魔方。

最后的时刻终于来临。举行入场式表演的那天一大早，我们魔方的制作班子就来到了运动场上，家长为我们度身定做的框架也运到了。我们在半个小时内，将魔方组装了起来。在魔方的里面，藏了两百个氢气球。最后一道工序完成后，学生一阵欢呼："终于成功了！"我们完成了几乎不可能完成的任务，一个巨大的魔方呈现在众人眼前，所有人都围着看。没有任何一个班级能想出这样的点子，即使想到了，也不敢做。我们六班，就是要想别人不敢想的，做别人做不到的。

当六班的四个小伙子抬着魔方到达主席台前，释放出里面的气球时，全场一阵惊呼。高二（6）班巨型六角星嵌套巨型魔方的入场式表演，再次荣获校运会入场式“最佳表现奖”。

这就是变化。世界每时每刻都在变，我们组织活动也需要不断地变换形式，为传统的活动注入新元素。唯一不变的，是对成功的不断追求。这种追求促使我们向着更高的目标迈进。

［补记］ 送走了六班，我再次带班，这次班级编号变成了“一”。又逢运动会，又要做入场式的创意。这次我们既没有用平面图案，也没有用立体的符号来象征“一”。因为我们觉得还是要突破，想别人想不到的，人优我变，领先潮流，引导风尚。当所有人都在苦心经营入场式的队形时，我带的一班根本没有组成数字队形，而是让二十多名学生围着四个大头娃娃和一个巨大的维尼熊跳舞，一片喜气洋洋。我们第一次在入场式上使用了吉祥物，只这一个吉祥物的创意就击败了所有对手，我们再次赢得“最佳表现奖”。追求无止境，变化，永远在继续……

四、翻越那一面毕业墙——班级活动的延伸教育艺术

目前，学校之间升学率的竞争仍然是非常激烈的，开展活动并非教育教学的主旋律。有的学校为了应对考试，随意挤占活动的专用时间，连班会时间都被拿来上文化课。有的学校一个学期连一次像样的活动都组织不起来，难得组织一次活动，领导、老师们又开始担心了：搞活动会不会让学生分心，影响考试成绩呢？

在这样的背景下，组织一次有意义的活动更显得难能可贵。但令人遗憾的是，一些班主任并不注意抓住这难得的教育契机。或者说，有的班主任本身对活动的教育意义认识不足，认为学生活动嘛，就是玩玩，放松一

下，能有什么意义呢？其实，任何活动都能深入挖掘其中的教育意义，关键看你能不能想到、愿不愿意去做。

我认为，首先不能为搞活动而搞活动，为走形式作秀而搞活动，也不能活动是活动，学习是学习，活动一结束就什么事都没有了。其实，活动也是教育，而且是一种体验式的教育。学生亲身参与、感受，是最直接也是最有效的教育。凡是活动必有它的意义，活动的成功与失败需要总结，学生在活动中的感悟需要提炼，班主任对学生思想的提升、引领也要在活动之后进行。总之，活动过程中大家不妨尽情地去做、去玩，但活动结束后的后续教育要能跟上。如果这一点做好了，就能发挥活动的最大效益，让学生有更大收获。

不爱动脑筋的班主任把活动应付过去就完事了，有智慧的班主任往往是活动前思考、活动后总结，活动结束才是教育的开始。在此，我推荐一条思路供大家参考：活动前，精心策划，认真准备；活动中，热情参与，团结进取；活动后，思考、总结、提炼、感悟。

活动后可以开展以下形式的教育工作：写出书面总结，召开交流点评会、表彰会，召开和活动相关的主题班会甚至系列主题班会，出活动简报或板报等，让活动持续发挥教育功能。需要指出的是，如果班主任布置学生写关于活动的总结，就一定要找时间总结、点评。这些后续工作应该纳入整个活动计划中。开展教育工作应该有时效性，在活动结束后越快开始效果越好，要趁热打铁。此时，学生对活动还记忆犹新，活动带来的感动、感悟还未消退。如果能在这个关键时刻再加一把火，就必然能够使活动的效应更加突出。下面我们来分享一个案例。

[案例五　翻越那一面毕业墙]

一个春光明媚的星期天上午，我带着班里的 42 名学生来到郊外的大学生户外拓展训练中心。我们将在这里度过一天的训练生活。

这次活动我筹划已久。开展有意义的集体活动，是培养团队精神和增强集体凝聚力的好办法。对我接手的这个差乱班来说，首要的工作，就是把散了的人心重新凝聚起来。为此，我做了大量工作，使出了浑身解数，谈心，家访，开班会，让学生写周记，和学生交朋友……班级面貌终于有了起色，良好的班级氛围在渐渐形成。但我总觉得还差一把火，得让他们在思想境界和团队协作方面再上一个台阶。“二战”期间，英国为训练年轻海员在海上的生存能力和船触礁后的生存技巧而设计了户外拓展训练项目。战争结束后，拓展训练的独特创意和训练方式逐渐被推广开来，训练对象扩大到军人、学生、工商业人员等各类群体。训练目标也由单纯的体能、生存训练扩展到心理、人格、管理训练等。

拓展训练的课程很多，我们做的只是其中较为简单的一种，即场地训练。场地课程是在专门的训练场地上，利用各种训练设施，开展各种团队组合课程及攀岩、跳越等心理训练活动。拓展训练一律要求在专业人士指导、保护下完成，所以我们的活动也配有专门的教练和指导人员。

到了训练营地，学生换上了整齐的迷彩服，列队站好，气势马上就不同了，大家一改平时拖拖拉拉的作风。正如我们学生事后总结的那样，原来以为就是去玩玩的，谁知道刚到营地就感受到了一种凝重的气息。

第一个环节的团队热身是在宣读完誓词后进行的，是由教官讲课，介绍训练的目的、内容，为的是初步培养学生的团队意识。一个多小时的室内课，队员们席地而坐，听得仔细、认真，没有人不遵守纪律。而一个小小的团体游戏更让人回味无穷：十个同学，每人伸出一个手指，托住一根竹竿。教练宣布开始后，要用最短的时间把竹竿高度降下来。结果三次尝试均告失败，竹竿不仅不降反而往上跑。原因就在于他们没有统一的思想，相互间没有信任和默契。

大家似乎明白了什么，接下来的分组建立临时团队，非常顺利，气氛也很热烈。包括推选队长，选择吉祥物，设计队名、队旗、团队口号，选队歌，这些都在10分钟内完成了。

接下来是户外训练。包括激光彩弹射击、高空项目的“跨越断桥”“跳出真我”、团队合作项目的“翻越毕业墙”等。这些项目有的带有游戏娱乐的成分，更多的则是对学生体力特别是心理的考验，需要他们战胜心理的恐惧，向自己的极限发起挑战。每当学生克服困难，顺利完成一个项目时，他们都能够体会到发自内心的胜利感和自豪感，获得人生难得的高峰体验。

例如，高空项目中的“跨越断桥”，8米高的断桥，能跃过即算合格。看似难度不大，有安全绳，没有危险，但这个项目绝对是对人心理承受力的考验。如何战胜恐惧，勇敢地跨出这一步？队友的鼓励、自我的激励、义无反顾的跨越，一个小小的断桥，象征着人生中的多少道坎！跨过去，你就是强者！有人一跃而过，有人在断桥边踯躅许久，终于鼓足勇气实现跨越，跨过之后再回首——困难不过如此。也有个别学生犹豫再三，最终选择了放弃。这个项目给人带来很多感悟。在“跳出真我”项目中，参与者站在离地7米高的跳台上。在前方一臂以外的空中，悬着一根单杠。参与者要做的，是从跳台上凌空跃起，抓住那根单杠。尽管每个学生的腰间都拴着一根足够安全的保护绳，但对高空的恐惧成为完成该项目的障碍。有的学生在高空中抱着柱子浑身发抖就是不敢松手，那个场景我至今仍然记忆犹新。

再比如，“翻越毕业墙”，这是我们做的最后一个团队项目。一面4米高的、光秃秃的墙，我们把它称为“毕业墙”。翻过它，就意味着圆满完成了任务，毕业了。而这面墙，单靠个人的力量是绝对无法翻越的。怎么办？只有靠团队合作。底下要有人梯，上面要有接应，周围的人群要参与保护，自己要全力蹬腿向上，才有可能翻越。做之前教练也很担心，这个主要为大学生和企业白领设置的训练项目，对高一的学生来说，难度确实大了一点儿，尤其是我们去的学生中只有12个男生。但这个看似不可能完成的任务，却激发了大家的勇气。在这项活动中，班级的每个成员都调动起潜能，把个人力量和团队合作精神发挥得极佳，最终圆满地完成了任务。

黄昏时分，大家坐上了返程的汽车，一天的活动在欢声笑语和奋力拼搏中结束了，学生似乎还意犹未尽，在车上唱起了歌。一天的训练结束了，但是，让他们意想不到的是，我们的教育才算刚刚开始。

原来，完整的拓展训练一共由四个环节组成。

①团队热身。在训练开始时，团队热身活动将有助于加深学员之间的相互了解，消除紧张，建立团队，以便轻松愉悦地投入各项训练活动。②个人项目。本着心理挑战最大、体能冒险最小的原则设计，每项活动对受

训者的心理承受力都是一次极大考验。③团队项目。团队项目以改善受训者的合作意识和受训集体的团队精神为目标，通过复杂而艰巨的活动项目，促进学员之间相互信任、理解、默契配合。④回顾总结。回顾将帮助学员消化、整理、提升训练中的体验，以便达到活动的具体目的。总结使学员能将培训的收获迁移到工作中，以实现整体培训目标。

我们已经圆满完成了前三个环节，而这第四个环节，就需要回去后再做了。在车上，我把任务布置下去：回去后，每个人都要完成对今天活动的总结，第二天交上来。

我本以为学生累了一天，回去后就是随便写两笔应付一下而已，谁知道第二天交上来的总结却精彩连连。看来这次活动确实让他们有了很多感悟，特别是最后一个项目“翻越毕业墙”，给全班学生带来了巨大震撼。

> 大家开始行动，几个男孩做“垫脚石”，先让余同上去拉人，然后把女生一个个送上去。天哪！当我踩着王骥的腿的时候，心里有些不忍；当我抓住潘锦轩的手和左琎奕的手时，我觉得好温暖。我在半空中，脚拼命地往上踩。余同和小田，拽住了我的腿，把我拉了上去……大家真是齐心协力地完成了这项几乎不可能完成的任务。我们高一（6）的心永远在一起。我们又成长了。一天的活动结束了，在车上，想起一天的点点滴滴，心里总是暖暖的。高一（6）每个人都是团结的。我们会努力的！高一（6），我爱你！……

> 那面墙，让我们真实地感受到，什么是团结协作，什么是奉献，什么是勇敢。那么高的墙，咱们多牛哇！就那样，一个一个，都过去了。那么高的“坎”都可以过去，以后还有什么能难倒我们呢？在集体这个圆里，每个人都是那么重要。看着那些在下面垫底的男生紧抿着嘴，脸涨得通红，还在坚持，坚持为一个个同学提供阶梯，这让我心中泛起了深深的敬佩之情。看着每一位攀爬的同学，手磨出了口子，胳膊蹭出了血痕，依然努力跃上墙头，我的心中一点儿一点儿弥漫着感动。看着同学们终于被拉上去并安全落地，我忍不住拼命鼓掌欢呼。

每一个环节的每一位同学，都那么重要，因为我们是一个集体，我们谁都不可或缺……

4 米高墙挑战了集体，我们个个都很勇敢。我们的集体很团结，再高的墙我们也会齐心攀过。这正意味着高一（6）的前面无论有多么高的“墙”，我们都会一起克服。对每一位同学都不放弃，要大声喊出“我们是最棒的”“我能行”……

大家互相鼓励，互相帮助，当最后一个人上去时，大家欢呼雀跃。大家翻过的不仅仅是一道墙，六班又克服了一个困难，六班真的变了，教官对我们连声称好。我们在这里锻炼了体能，跨越了心理障碍，增强了心理素质，整个人脱胎换骨……

从未看到过大家为了一个目标这么认真努力过……我感觉我更爱高一（6）了，觉得我们不像个班级，而更像一个大家庭……今天，全身都像散了架一样，但觉得疼得很爽！我们不能做温室里的花朵，人在成长过程中就应该经历点儿什么……这是一次毕生难忘的经历！

看完这些总结我非常激动。看来，这次活动对每一个参与者来说，都是一次非常好的自我教育。很多学生其实已经把我想说的话说出来了，这就是最好的教育。我得抓住机会，强化后续工作，让他们得到更多收获。为此，我设计了三节主题班会。

第一节，拓展训练总结。主要是交流学生活动后的感悟，朗读如上面所摘录的一部分优秀总结是这节班会的主要内容。我设计这节课的目的主要有三个。第一，让认真写总结的学生有一个展示的机会。和大家交流、分享活动体验，也算是一种鼓励吧，倾听别人的想法对自己也是一种启发。第二，让全体学生重温当时的感觉，以免时间长了印象模糊了。第三，这节课主要是读学生自己的作品，我基本不讲，点到为止，为接下来的班会课做铺垫。学生限于自身的阅历和思想局限，对问题不可能想得那么深远。

有些关键的地方，还得班主任去指点和借题发挥。要想弄明白班主任搞这项活动的真正用意，就要先对事件有亲身的参与和体验。自己做了还不够，还要再去思考，要有自己的想法。一切铺垫做好了，再进行深入教育，效果就明显了。做教育就是这样，把教育的目的隐藏得越深越好。在学生有感悟的基础上适当点拨，能起到四两拨千斤的作用。

第二节主题班会，“断桥遐想”。素材主要来自高空断桥项目。首先，回顾跨越断桥的过程，然后交流站在高空断桥前的想法和跨越后的高峰体验。最后把断桥的寓意加以引申。断桥意味着什么？讨论时我们做了大量比拟，把断桥想象为人生中的很多坎儿，这些困难真的那么难以克服吗？为什么在平地上跨越 1.5 米的沟没有任何心理障碍，高度升到 8 米之后感觉就会如此不同？学生展开了热烈讨论。本来拓展训练的目的之一就是增强自信心，改善自身形象，克服心理惰性，磨炼战胜困难的毅力。通过跨越断桥这个项目，学生已经有了切身体验。我的想法是让这次训练成为今后相当长时间里激励他们前进的动力。这就需要学生把在此处获得的感悟迁移到学习、工作中的各个方面。我想这才是拓展训练中“拓展”二字的真正含义。这节班会开得也挺成功。

开了两节班会后，当两周前的活动给学生带来的热情逐渐消退，当一切似乎又归于平静时，在第三周的班会上我带着学生围绕拓展训练再次展开讨论，这次的主题是“翻越我们的毕业墙”。

我沿用了第二节班会“断桥遐想”的思路，针对最后一个团体项目“翻越毕业墙”进行发散、拓展。很明显，学生此时已经明白，此时提到的“毕业墙”已经不是场地训练时遭遇的那一面四米高的砖墙，而是另有所指。当然，“毕业墙”的字面意思是高中的学业和高考。高考像是横亘在他们眼前的高墙，单靠他们自身的力量是难以逾越的。想一想：我们是怎么翻过那面墙最终圆满毕业的呢？原来，我们是靠三方的共同合作：下面的人墙、上面的牵引、自身的努力。只有这样，才能齐心协力实现翻越。学习是不是也是这个道理？

我问大家：“为什么教官开始时觉得我们不可能翻过毕业墙？”经过讨论，我们得到了两点认识。第一，我们年龄太小，相对这面高高的墙来说，力量太弱。就像大家现在的实力，离高考的要求还相差很远一样。第二，我们只有12个男生，却有30个女生，我们可以依靠的人梯太少。就像现在的班级，能做人梯帮助别人的人太少。所以，教官对我们没有信心，就像我们的老师、我们的家长，不敢相信我们真的能做到一样。

结果怎么样？我们做到了吗？我们做到了，而且是全体同学都做到了，一个都没少。我们为什么可以做到？继续讨论后，大家得到了三点认识。第一，要有人梯。比如说，老班我就可以当这个人梯，为大家提供一切可能的帮助，让大家踩着我的肩膀往上走。第二，上面还要有拉手的人。我们当中每个人都可以成为这样的人。第三，要靠你自己。如果下面有人托，上面有人拉，但中间的你不拼命往上蹬，同样无济于事，还是上不去。

所以，以目前的情况看，一个人无法完成的任务，我们只要团结协作，共同努力，就一定能完成。这次活动我们都体验到了什么叫团队精神。团队精神是很强大的。我们班就是一个团队，所以，只要抱着必胜的信念，付出我们的努力，就能把不可能变成可能。包括班主任在内的所有人，都可以在某些时候做人梯，去帮助别人，而做人梯的人同样也需要别人的帮助才能上去。你数学好，你在数学上就可以做人梯或做在上面拉手的那个人，但在英语上，可能你就是需要别人拉的人。道理是一样的。我问大家："为什么就不能相信我们可以完成这个任务？你们试过吗？你们拼过吗？"

然后我让大家思考："你可以在什么地方做你同学的人梯？你又在哪些方面需要帮助？"每个人都是志愿者。

这次主题班会的直接成果就是成立了班级互帮互助小组。这种自下而上的自发行为对全班学生的学习积极性是一个很大促进。这次拓展训练的"拓展"目的也算基本达到了。

组织一次这样的活动很不容易，如果不好好挖掘其中的教育素材，真的就太可惜了。这个案例告诉我们，依托活动展开教育是一种很好的方式，能为学生喜爱和接受，可以让他们在活动中不知不觉地接受很多教育。为了达到好的教育效果，班主任必须在活动前就策划好，巧妙引导，适当点拨，最好能从一个新高度对活动的意义加以重新认识，将一次活动的内涵通过系列化的后期教育充分挖掘出来。

第六讲

班主任的非常规教育艺术

家长被我挡在屋外不让进，不知道现在他们的情绪怎样了。她妈妈应该还好，这位父亲可是个大老粗，对自己女儿出手还这么重。出了学生房间，看见孩子的爸爸坐在那里，开了一瓶酒，在一个人喝闷酒。见此情形，我忽然有了主意，对家长说:“大哥，一个人喝酒多没劲，我来陪你喝两杯，咱们边喝边聊……”

一、班主任成长三部曲

（一）从无法到有法

都说艺术家的成长要经历“无法 —有法 — 无法”的过程，开始时没什么章法，信手涂鸦。然后是掌握一定的技法，按章办事，完成作品，乃至技艺娴熟，驾轻就熟。然而如果停留在第二个阶段，不能进一步突破现成方法的局限，达到“心中有法，笔下无法”的境界，终究难以进入自由王国。

做班主任也一样。我多次在外培训班主任，总是感觉班主任们怀着“西天取经”的美好愿望，希望通过聆听报告、认真记录，取得“真经”，拿回去用在自己做教育上。偏偏教育中有太多变数，学生一变，教育情境一变，别人用得得心应手的方法到了自己手上却会失灵。即使一句相同的话，在不同的场合，面对不同的对象，用不同的语气，从不同的人口中说出来，效果也完全不同。学习理论吧，不是觉得理论把什么问题都理想化了，就是觉得理论远远脱离了现实，高深莫测，难以对实际教育、教学起到指导作用。

的确，按教育学的说法，教育是一种广泛存在于人类社会生活中、有目的地培养人才的活动，教育学的研究具有客观性、必然性、稳定性、重复性、现实性、辩证性、科学性。然而，在现实中，因为教师和教育对象都是有思想、有个性、会变化的人，所以教育也存在主观性、偶然性、多变性、不可复制性、理想性、人文性等特点，唯有辩证性是一致的。到底是理念错了，还是我们的想法出了问题？应该说，大家都没有错，因为所有这些问题都是发展的、辩证的。如果我们死搬教条，就会发现根本解决不了实际问题；但如果没有理论指导，我们的行动就完全是凭感觉、靠经验，难以把握方向和提高层次。

一名班主任的成长，也需要经历从“无法”到“有法”再到“无法”的螺旋式上升过程。初当班主任，面对一个班级四五十个甚至更多的学生，我们会有手足无措的感觉。此时，我们特别希望学习一些带班的经验、方法，可以让我们入门，站稳脚跟。于是，我们向老教师学习，参加培训，看书做笔记，这些都是在“学法”。随着带班时间的推移，我们的经验也在增加，这也是在“学法”。直到成为业务熟练的“老班主任”，我们才终于实现了从“无法”到“有法”。

我们在实践中会发现两个问题。第一，对别人的方法直接用“拿来主义”行不通，南橘北枳啊。第二，自己的一些运用纯熟的带班“法则”也是要变的，因为学生在变化，班级在变化，自己的思想认识也在变化，不存在放之四海而皆准的“法”，也不存在一成不变的“法”。

真正的法，是变化的法，是不断更新的法。千百年来，无数先哲都在思索教育，留下了大量智慧的结晶。我们对教育问题的思考从没有停止过，也从来没有得出一个终极完美的答案。因为人类一代一代延续下来，始终在发展，在变化。几千年前提出的问题，我们今天仍在面对，还在不断地思考。古希腊哲学家柏拉图说：“教育乃人心灵的转向。”这个命题无疑是正确的，但是怎么“转”却有成百上千种方法。我们可能阶段性地取得了一些进展，然而要想毕其功于一役，彻底解决教育中的问题，乃是天方夜谭。唯有不断地围绕教育中的核心命题，在不同的时期，针对不同的人群，寻求最恰当的教育方法，才是我们所要做的。班主任不仅是提出问题的人，更是解决问题的人。无论采用多少种方法，使学生的心灵转向，而且是向正确的方向转向，这是班主任的职责。

（二）从有法再到无法

随着经验的增长、阅历的丰富、对教育思考的深入，班主任的教育智慧也在积累。教育的方法和手段日益丰富，变式也开始增多，这时就需要不断突破思维定式，寻求创新，向着“无法”的境界靠近。

如果说从“无法”到“有法”，是班主任专业化发展的阶段，是必修课，那么从“有法”再到“无法”，就是班主任自由发展的阶段，是选修课，因为不是每个班主任都有这样的追求。

即使班主任已经做得很职业了，也不能说他就是一个卓越的班主任。这个“卓越”，不是指有多少学生考取了重点大学，而是指班主任对学生成长的终身影响。要想成为卓越的班主任，就必须拥有教育的大智慧，突破教条主义条条框框的束缚，实现从有法到无法，从必然王国走向自由王国。

这种境界并非虚妄的。有些卓越的班主任来到学生中间，不必多说什么，也不必多做什么，他的存在本身就是一种影响、一种引领。教育家本身就是教育。

虽然我们距离“无法”还很遥远，而且班主任工作的绝大部分仍然要“有法”，否则必然会乱了章法；但是，对一种理想的境界，我们依然要孜孜以求，用自己踏实的实践，逐渐参透“法”中奥妙，以求达到“心中有法，手中无法”的境界。

达到此种境界的班主任有这样几个特征。①总是自信和乐观。不管遭遇多么困难的局面，都能想出办法应对。他们享受教育和工作的乐趣，付出智慧与汗水，收获学生的成长，没有职业倦怠感。对他们而言，班主任是最富有创造性、最能体现人生价值的工作。②对教育中常用的手段了如指掌，运用自如。看似随手拿出一种来用，但总是恰到好处。一次是碰巧，如果常常这样，显然就不是巧合或运气所能解释的了，只能说他具备了教育的灵感和智慧。看似波澜不惊，实则举重若轻。这样的班主任能把平凡的小事做得令人赏心悦目。③善于创造性地解决问题。不走寻常路，不拘泥于现成的法则和传统的做法，处理问题看上去往往是“不按常理出牌”。这种创新并不是体现为做出一些别出心裁的举措，而主要体现在传统教育活动中。越是传统的活动越是能做出新意，常做常新，体现出高超的教育智慧。

（三）从循规蹈矩到超越常规

相对于教育中的常规做法，一些“无法”的班主任经常采用一些非常规的方法解决教育中的难题。

手中“无法”的前提是心中“有法”，“无法”并非真的没有章法，而是指教无定法。其实，仔细研究一些使用非常规方法的案例，我们就会发现它们有一个共同特征：它们虽然“出乎意料”，但一定“在情理之中”。“非常规”只是相对于通常的做法而言的，形式虽有不同，但一定是符合教育规律的。

非常规方法并不是班主任刻意生造出来的，也不是本来就存于班主任的头脑中的，而是班主任根据当时的具体情境生成的，有的在瞬间完成，有的则经过深思熟虑。这些做法都很好地解决了一些具体问题，但并不具备可复制性，有时一种方法只能用一次。但有智慧的班主任的非常规方法不仅不是偶尔为之，还会经常涌现，因为产生这些方法的源泉不会枯竭。只要班主任在继续工作，他对教育的思考就不会停止，突破与超越，已成为一种习惯。

非常规方法只是一种圆融、变通，虽然运用了逆向思维或发散性思维，但也只是用更为巧妙的策略达到教育效果，不能为达到目的而伤害学生或家长的人格和尊严。

非常规方法只针对具体情境下发生的事件，离开了当时的情境，不太可能重复运用。

既然非常规教育方法一般不可复制，那么为什么我们对此还特别有兴趣呢？不仅是因为那些很给力的非常规故事有很强的趣味性和戏剧化的效果，更重要的是因为我们能透过表面的“非常规”读出实质的“有规律”。仔细分析这些方法的共性和实质，能找到一些规律性的东西，可以做一些提炼、整理，可以为今后遭遇类似情况提供解决问题的思路。如果离开了这个前提，非常规方法的价值就不大。

我们要学习的是一种思维方式，而不是具体的做法。

要努力拥有做教育的“大智慧”，那么什么是教育的大智慧呢？智慧和技法的差别到底在什么地方？这个问题需要弄清楚。在很多案例中，我都在说：“这是教育智慧。”似乎说智慧比谈技巧高出一等。但事实上，在很多案例中，包括本讲中选编的一些，我们很难辨别清楚哪是技巧、哪是智慧。也许，智慧与技巧的差别仅在毫厘之间。

然而，失之毫厘，谬以千里，差别虽小，却是决定性的。以我个人的判别，智慧和技巧有一个最大的不同——出发点。技巧只关注技术层面，很少涉及对人们心灵的影响。它以解决问题为最高目标，为达到目的可以采取各种手段。而一旦我们把这些手段从人的成长的大背景中剥离出来，既不了解前因，也不考虑长远的影响，只是将其总结为什么什么法，这种技法其实是没有价值的。因为说白了，聪明一点儿的人都能想到一些取巧和走捷径的方法。如果把这些作为班主任追求的目标，当然就会走偏，甚至南辕北辙。

教育智慧产生的源头是对学生的爱。有了爱，就会为教育对象的健康成长苦苦思索，自然就会有智慧，做教育时产生的奇思妙想当然也会不绝如缕。小爱产生小智慧，大爱产生大智慧。大智慧不一定很巧妙，甚至看上去有些愚笨，但从长远来看，对人的影响是很大的。因为学生不仅可以从教师那里学到知识、技能，更重要的是可以受到教师人格的影响。所以，班主任做教育的境界决定了学生发展可能达到的高度。向往卓越的班主任应该把追求教育境界，以发展人为目标作为努力的方向。

班主任只有摆脱了对技法的追求，才有可能向着更高的层次发展。每个人成长的速度是不一样的，但成长一定都需要一些时间，时间和经历会影响思想的厚度。另外，反复在同一层次上操作根本不可能取得实质性突破。学无止境，追求无止境，当我们拥有大智慧时，教育的灵感和方法就会不断涌现，对教育手段的运用也会纯熟。这时，对事情的处理看似无法，甚至和传统的做法背道而驰，但仔细想来，那些非常规做法恰好暗合了某些教育规律。它们遵循的是人成长、发展的“大法”。正是因为尊重人的个性、注重教育行为的实效性，才产生了教育的个性。

陶行知先生著名的“四块糖”的故事是一个经典的非常规教育案例，看过的人都佩服陶行知的教育智慧。如果陶先生不是真正从关爱孩子的角度出发，这样的“技法”是怎么也不会想出来的。在现实中，我们也有班主任效仿陶行知“四块糖”的做法，效果却不好。失败的原因何在？是因为学生还不能感受到我们的爱和良苦用心，他们只是利用我们的善良和宽容来掩盖自己的错误，满足自己的虚荣心。

由此可见，更换了具体情境，离开了对学生的爱，技巧不仅不能帮助我们教育学生，反而会让我们的教育蒙上功利主义的色彩。教育需要运用一定的技巧，但技巧绝不是教育。

二、巧排座位

排座位是班主任工作中一个很小的环节。每个班主任编排座位都有自己的原则，但总体上看，都需要考虑教学效果、课堂纪律、班级和谐等因素。一般来说，学生坐在什么位置，都是班主任指定的。很多班主任为了防止同桌的学生上课讲话，影响课堂纪律，会有意识地对学生进行“混搭”。爱说话的学生，给他安排一个性格内向的同桌；关系好的学生，让他们隔得远远的；不太遵守纪律的学生，让他坐在老师眼皮底下以方便提醒、控制……这些考虑都没有错。

如果换一种思维，让学生按照自己的意愿选择座位会如何？老师们会想：那肯定乱套！关系好的都聚到一块儿了，那上课讲话还不讲疯了？

事实果真如此吗？我们尝试一下，看看会出现什么状况。

小小的座位问题，困扰着多少班主任。

教室就那么大，有坐第一排的就有坐最后一排的，最后一排是第六或第七排，离黑板五六米远。

如果不是特殊情况、个别情况，每个人都有一个同桌。

谁坐第一排？谁坐最后一排？谁是你的同桌？

班主任都知道，难哪！视力问题、身高问题、成绩问题、纪律问题、个性问题，哪一个在排座位时没有体现？没有一种排法能让所有人都满意，没有最好，只有更好。

前两天又和同事讨论座位问题了。同事问我排座位有什么学问，我说我们班学生的同桌是自己选的。

说完全是自己选的，也不准确；说大部分是他们自己选的，倒是真的。

和其他班主任一样，座位问题也困扰着我。我经常接到学生调换座位的申请，但无法一一满足。调一个座位，往往是牵一发而动全身，会引发连锁反应。班上公认的好位置就那么多，不可能每个人都满足。为了满足学生调座位的愿望，我经常绞尽脑汁。我时常在想：有没有一个比较好的办法或标准能相对科学地解决这个问题？

没有标准，就制定标准。标准总是人制定的，大家都同意就可以了，这就是游戏规则。人不是机器，不可以随机排座位。其实，完全随机排座位倒不失为一个办法，公平嘛。有人不满意，就经常随机排座位，随机调换座位。只是，这是一种比较低级、原始的方法，貌似公平，其实是班主任不作为。所以，应先制定规则，然后在大家遵守基本规则的前提下，再做个性化的考虑。

我们制定的基本规则如下。①排座位不考虑视力问题。因为现在很多学生都近视，看不清可以配眼镜。看不清黑板不能作为向前调座位的理由。②身高是重要考虑因素。尽量不让前面的人挡住后面的人的视线，个子最高的人只能坐后排。③上课需要和同桌讨论问题的理由一般也不予考虑。学习上的问题可以课后讨论，上课讨论过多既会影响听课效率，也会影响课堂纪律。④男生和女生可以同桌，大家都是好同学。⑤同桌需要经常换。要试着和不同性格的同学相处，一般一个学期可以调整一次。⑥不以成绩好坏作为排座位的依据。⑦好的位置和相对差的位置需要轮流坐。

接下来，是对坐在不同座位上同学的要求。①如果你坐在一个公认的好位置上，那么请你珍惜你的座位，好好听课。如果你上课时不专心听讲，经常被老师批评，对周围同学造成不良影响，说明你并不需要这样的好位置，违纪累计到一定次数，那么请你将座位让出来，给那些想学习的人。

②如果你认为你的座位不理想，想换一个好位置，那么请你在现有的座位上好好表现，不能因为座位不好就不听课。如果以没有坐到好位置为由不好好学习，那么你的要求将不能得到满足。只有在现在的座位上尽自己的努力好好学习，调换座位时才会优先考虑。③在座位问题上表现出大度、谦让、顾全大局的同学在调整座位时将优先考虑，或在其他荣誉问题上给予补偿，不会让老实人吃亏。

管理班级、教育学生，无小事。小小的座位问题，蕴涵着大学问，也是考验班主任智慧、公正、公平的一把尺子。一个座位问题，看似微不足道，我却费尽心思，目的就是不想让学生为一个座位问题伤心或影响学习的积极性。

座位问题，其实能折射出一个班级的整体氛围和学生的学习态度。座位是小环境，班级风气是大环境。教室很小，如果大家在课堂上吵闹，无论坐在哪里都会受影响。班级不好，任何人都不能独善其身。所以，要想从根本上解决问题，就必须保证班级整体的课堂纪律。班级纪律好了，学习气氛浓了，换座位的压力就小了。

刚开始时，由于班级纪律很差，想学习的学生躲到哪儿都不行；不想学习的人坐在哪儿都无所谓，只要方便讲话就可以。因为不想学习的人多，很少有人会关心自己的座位。后来我发现，要换座位的人多了，我知道这是好事，因为有越来越多的人关心自己的学业了，想学了，于是就想在一个好位置上听讲。其实，座位的好坏，是相对的。对一个从不想学习的人来说，坐在最后的角落里最舒服，老师不大容易管得到，坐到前排就不那么自由了。

每次调整座位，我都会征求班委的意见，从班级课堂纪律的大局出发，动之以情，晓之以理。尽管总是大费周章，但一定会有人不满意，提意见。我这人好说话，学生和我提意见根本没有顾忌，还经常胡搅蛮缠，搞得我一点儿办法都没有。

又是一段时间下来，要求换座位的意见又积累了不少，我又要调整座位了。

我和学生说了这次调整座位的思路 —— 让大家自己选择同桌。

我让每个人拿出一张纸，写下自己最想和谁成为同桌，选择三个人作为备选。这三个人一定是自己中意的，根据意愿，还要分成首选、次选、备选，就像填第一、第二、第三志愿一样。这是一次尊重民意的做法。之所以要他们写三个，是为了在编排的时候有更大的选择余地，避免可能发生的“撞车”。

很快，纸条交上来了。我带着一大堆纸条回到家里，在桌子上把纸条像纸牌一样排开，开始排列组合，弄得家人一头雾水，以为我在破案。原以为这项工作很烦琐，一做才知道，这样做比我自己想破脑袋排座位省事多了。如果你选我，我也选你，就基本上满足了。三个候选人只要满足其中一个，就可以搞定。而我也可以根据他们的实际情况，在三个候选人中，选择我认为最合适的，这样就皆大欢喜了。其中有特别受欢迎的学生，被很多人选择，也有个别没有人选的，但绝大多数人都没有问题。我很顺利地排出了大概的座次表，剩下几个小问题解决起来就方便多了。

第二天再做一些个别学生的工作，新座位表就出台了。绝大多数人如愿以偿，情绪很好，再没有到我这里来提意见，甚至哭哭啼啼的了。

这样操作带来的一个疑问是：学生自己选择好朋友做同桌，上课讲话问题不是会更严重吗?

大多数班主任会有意识地把爱说话和不爱说话的人放到一起，以为这样可以减少上课讲话的现象，还会把特别要好的朋友拆散，以防止他们过于亲密影响课堂纪律。而我却反其道而行之。

对此，我的对策如下。①充分相信学生选择同桌的动机是良好的，是为了有个好心情更好地上课，还可以互帮互助。②所有座位，试坐一个星期，根据试坐情况调整。③因为尊重了学生的意向，所以大家都很满意。为了让自己和满意的同桌能长期坐下去，同时回报老班对自己意见的尊重，请每个人珍惜来之不易的同桌，共同为班级良好的课堂纪律做贡献。④不自重的、在一起互相有坏影响的、影响课堂纪律的，你们的意见就不配得到尊重，老班会再把你们调开。

这样做效果如何呢?很多班主任都会觉得，学生自己选择同桌那还不乱了套啦，喜欢讲话的都凑到一块儿了。我们不排除有人不识抬举，但如果以这样的心态去怀疑每个人，事情就会很糟。事实上，大多数人是懂得珍惜的，即使有人不自觉，也有规则来应对，还怕什么呢？我们为什么总是假设学生的想法和动机是很坏的呢？

事实上，这样编排座位后，我们的课堂纪律不仅没有受到影响，反而还好转了。出乎意料，却在情理之中。

三、改变称呼

老师怎么称呼学生？这有什么学问？喊名字就行了。你试过用其他方式称呼你的学生吗？改变一下称呼，可能会带来许多意想不到的惊喜呢！

都说细节决定一切，此话虽然不无夸张的成分，但也足以说明细节的重要性。我常说："教育无小事。"孩子成长这件大事就是由许许多多小事组成的。在学校教育中，什么是好的教育方法、什么是不好的教育方法，不是用机械的理论来定义的。在我看来，学生能接受的方法就是好的教育方法，否则即使你认为你的教育很正确、很精彩，得不到学生的认可，也只能是孤芳自赏。班主任是做"人"的工作的，人是有思想、有情感的，所以，要想让学生接受你的教育，首先就必须让学生接受你这个"人"。

建立良好的师生关系，是实施有效教育的前提。"良好的师生关系"，不能简单地理解为关系近，甚至关系"铁"。真正意义上的"良好的师生关系"，是健康而令人舒适的，有适度的距离，有合适的交往尺度，既有师生之间纯洁的情谊，也饱含教师对学生的关爱和教师的威信。

建立良好的师生关系是一门学问，更是一门艺术。从理论角度可以挖得很深；而在实践中，有时又那么朴实而简单。有智慧的班主任会很好地把握工作中的一些细节。班主任对学生的称呼，就是其中常常被忽视却又非常重要的一个细节。

有一次，一位国外的专家为一批骨干教师授课，他做的第一件事就是让每位学员提供一个最喜欢被别人喊的称呼，然后他就用这种称呼来喊自己的学员。有人不理解他的做法，而专家的解释很简单——用对方最喜欢的称呼可以迅速建立信任，拉近人与人之间的距离，让对方感到亲切而温暖。由此可见称呼的重要性。

班主任该如何称呼自己的学生呢?

班主任对学生的称呼有面向全体的，也有针对个人的。老师称呼学生需要考虑三个方面的问题：第一，师生之间的年龄差距；第二，师生关系的默契程度；第三，称呼的场合和情境。

比如，面对全班说一声“同学们”，是最常见的，但比较刻板。把学生称为“孩子们”，是我最常用的做法。这个称呼无论在我的文章里还是日常口语里出现的频率都非常高，效果也很好。听到这种称呼，“孩子们”确实感觉老班很亲切。“同学们”是不带感情色彩的，学生听到这三个字不会有什么感觉；而一改成“孩子们”，马上就不同了。需要说明的是，没有一种称呼是完美的、放之四海而皆准的。如果你是一位年轻的教师，和学生的年龄差距不太大，叫“孩子们”就不是很合适了。所以，还要看具体的对象和场合。

老师对同一个群体、同一个人的称呼也不是一成不变的。学生习惯了某一种称呼，如果有一次称呼被换掉了，那么他的感觉就会很不同，注意力也会在瞬间提高。这给了我们一个启发，当你想引起对方注意或者想强调一些问题的时候，最好就从改变称呼开始。比如，你习惯了称你的学生为“孩子们”，某一天忽然用很严肃的语调说一声“同学们”，学生会立即紧张起来，此时你就已经开始营造你讲话所需要的气氛了。课堂上和课余时间对学生的称呼也可以是不同的，该严肃时必须严肃，而该轻松时也不能总是那么刻板。

所以，没有绝对好或坏的称呼，只有合适与不合适的称呼。我带的是高中班，我平时对学生除了直呼其名之外，还有几种变通的称呼方法。

（一）只呼其姓或名，不用全称

在师生双方不熟悉的情况下，班主任可以对学生呼全名。随着双方熟悉程度的加深，渐渐地可以在姓名上做一点儿文章。比如，只呼其名，省略其姓。“田晓玥”，就叫“晓玥”，省掉一个字，距离立即拉近了不少。同样是这个学生，有时又只呼其姓，叫“小田田”。如果是单名，无论是姓还是名，都可以重叠地喊，看哪一个更顺口，以名的叠音为主。比如，“徐丹”就叫“丹丹”等。

使用这些称呼时需要注意的是，一定要自然，不矫情。师生关系和师生称呼是相辅相成的。亲切的称呼可以加深师生情谊，良好的师生关系可以让昵称变得亲切、自然。

（二）用学生之间的互称来称呼学生

这样称呼很容易融入学生的世界，和他们打成一片。

班里曾经有个学生叫张珩，成绩好，人缘好，比同龄人显得成熟，像个大姐一样，大家都喊她“珩姐”，于是我也喊她“珩姐”。她第一次听到比她辈分大的人喊她“珩姐”，很不好意思，但是我感觉到她很开心。就是这样的意外——从来没有一位老师这样喊她——胜过了一切美妙的语言。这里要说一下，你的年龄和辈分比学生大，但不影响你用他们自己的称呼来喊他们，这样做并不掉价。老师称呼她的昵称，说明了老师对她的接受和认可。

（三）用家人的称呼来称呼学生

这就更进一步了，用于和我关系特别好的学生。过去，有一个学生和我关系非常好。她的父母都是公安干警，在很远的外地工作，每年只能和她短暂地相聚，平时她就拿我当她的家人。有一次我问她：“你父母是怎么喊你的？”她想了一下，说：“也没什么特殊的，我老妈喊我‘丫头’。”好了，以后我就喊她“丫头”，她给我写信、发信息也自称“丫头”。后来她考上了大学，又去英国留学，现在已经毕业工作了。她年纪不大，但是在天南海北漂泊了许多地方，而南京是她的最爱，她一直梦想着在南京定居。一个重要原因是她的高中是在南京度过的。这里有她高中时的好友，有她的老班。

很多人读了十几年书都不会碰到一个能启迪他生命的人生之师。只有少数人有这样的幸运，这是缘分，也是教育的真正意义之所在。我教过的学生很多，但有多少能让我有这样的感觉呢？类似于“丫头”这样的称呼，只存在于我们之间，跨越了年龄和时空，忽视了身份、地位的差别，纯洁得如白雪一样晶莹。

（四）给学生起名字

这样的名字同样只有你和他听得懂，也是用于你们那种特定的友好关系。每当你这样称呼他时，他就是你的死党。师生关系达到“默契”才是最佳的。使师生关系和谐的要义之一就是，你必须拥有一些只属于你和他的故事，那是维系你们良好关系并值得永远珍藏的美。

我的班上有个可爱的女孩，人长得很娇小。我对她其实很严厉，像个严肃的父亲。有一次她上课看杂志，我当场把她的杂志撕得粉碎。还有一次，因为她晚自习迟到，我硬是把她留到快 11 点钟才让她打车回家……但是我有一样法宝让她对我又爱又怕，那就是我对她有一个只属于我们自己的称呼 —— 我总是喊她“小朋友”。她有什么困难我总是尽力帮她解决，这种关心让她对我始终恨不起来。更有甚者，有时她找我帮忙，我无法拒绝，只能叹息一声：“怎么办呢？你是我家丫头哇！”那次撕了她的杂志，虽然是她有错在先，但是我在气头上做得也有点儿过分。怎么办呢？我不想解释，也没有找她谈心讲大道理。第二天，我到班上说事的时候，路过她的座位，我一边说话，一边看似很随意地摸了摸她的头，给她一个微笑。我看到她的眼里也充满了温暖，便知道她已经不再生我的气了。从头到尾，我没有就此事和她说一句话，但是那种默契，也只存在于我和“我家丫头”

之间。这样的情感，除了存在于父女之间，恐怕就存在于她和她的老班之间了。我喊她“小朋友”，她来而不往非礼也，回敬我“老朋友”，这一老一小倒是相映成趣。师生关系的默契就是从称呼开始的。

对男生的称呼，要符合他们的个性特点和语言习惯，要有阳刚之气。比如，有时我会直接喊男生的绰号，只要绰号不伤人就可以。男生好讲义气，“哥们”之间也有称呼。有男人味的那种，喊得他们听了很受用。比如“双哥”（名字里有“双”）、大个儿、大王（块头儿大）……总之，你要走进学生中去，听听他们是怎么称呼自己同学的，然后将其用到你对他们的称呼上。

（五）学生称呼我

我曾经听到过朋友的抱怨，说学生会给老师起绰号，背后喊老师绰号，问我怎么办。能怎么办呢？一笑了之呗。学生给老师起绰号，要看看是善意的还是丑化老师形象的。一般来说，学生很有才，给老师起的绰号都非常形象，令人哑然失笑。如果学生给老师起一个很恶毒的绰号，老师就要好好反思一下，到底为什么给学生留下了不好的印象。这事不太好管，因为学生都是背地里喊，当面不敢。如果学生给老师起的绰号无伤大雅，那不妨淡然一些，毕竟学生能用其他方式称呼老师说明了学生对老师的一种另类的亲近。

现在的学生当着你的面会叫你一声：“老师好。”背后谈论到你的时候，常常是直呼姓名或者喊绰号。时代的潮流就是这样的，这是没办法的事。你一个人阻挡不了，心态放平和一点儿就好。班主任的待遇稍好一些，因为学生会称呼你为“老班”。我觉得“老班”这个名字挺好的，没有贬义，还透着几分亲切。学生似乎没有给我起过外号，最多在背后直呼姓名，我也不恼，就当没听见。一些和我关系很好的学生一度称呼我为“老陈”。事情的起因是，我在偶然间发现一个学生在手机里存我的号码时用了“老陈”两个字。这个学生和我关系非常好，完全拿我当他的亲人。既然他背地里称我为“老陈”，我干脆就把我QQ的名字也换成了“老陈”，这样学生喊我“老陈”就从地下转为公开了。不知道什么原因，我听到学生这样喊我一点儿也不生气，甚至认为学生能这样称呼我是我的一种幸福。

学生能用“姓名”“老师”以外的称呼喊老师，是不是也说明了师生关系非同一般呢？或者说，学生有了自己对老师的称呼，感觉会很不一样？应该是吧。

以上讲的这些都很简单，但简单中包含了大智慧。不要小看称呼的改变，这可是很多专家、学者都一致认可的改善人际关系的妙招。

四、狭路相逢

教师在上课或者与学生的接触中经常会遇到一些突发事件，一些顽劣的学生会无视学校纪律，公然挑战教师的权威。这样的情景虽然不会经常遭遇，但一旦狭路相逢，就是对教师勇气和智慧的考验。无论怎样应对，果断采取措施控制住事态都是必需的。在针锋相对的瞬间，教师既要自保，又要顾全大局，还要考虑对学生的教育。因此，教师做出的反应几乎是本能的、非常规的。每次事件的起因都不相同，每次的处理方式也不可能一样，虽然事件不可复制，但解决问题的思路或可借鉴。下面这篇《交锋》，当属此列。

那是很多年前了。他是我见过的最叛逆的学生之一。也许用“叛逆”来形容是不够的，简直是无法无天。在他眼里，根本没有学校的纪律，根本没有尊敬老师的概念。他从不学习，上课不是胡闹就是睡觉——我倒是宁愿他睡觉。这还不是最糟糕的，最糟糕的是他的眼神，他的眼神里透着一股邪气，让你看了心里发毛——那种无视任何规则、仇视一切正义的眼神，仿佛随时会掏出一把刀捅你的感觉。所有教师都认为他不可救药，对他敬而远之。而他则沉浸在自己的世界里 —— 只要你不惹他。

他是蛮横的，虽然身材瘦小，但习武好斗。无论同学还是老师，都会尽量离他远一点儿，避免惹麻烦。

但我们有时还是要惹他，因为他会破坏课堂气氛。

为了叙述方便，我不妨称他为小徐。当时我在小徐班上，只是一个代课老师。那个班很混乱，课堂纪律非常不好，我在那个班上课时经常发火。每次发完火，才能继续把课上下去。但我尽量不碰小徐，只要他不过分。说实话，这样的学生哪个老师都不愿意招惹，况且我当时只是一个代课老师。当时我在那个班代课的时间不长，和学生还没有什么感情。但不是冤家不聚头，终于有一天，我不得不和小徐正面交锋。

那天我走进教室上课，教室里一如既往地混乱，但那天学生似乎特别兴奋，比往常乱得更厉害。我往讲台前一站，没有说话，但脸是拉着的 —— 这就是快要骂人了。我最不能忍受的就是上课铃响，我已经进了教室，底下还乱成一片。但我会尽量克制一会儿，只是严厉地看着他们。如果下面的声音渐渐变小了，一般我就不发火了。那个班的学生多少还是知趣的，看到我的脸沉着，他们的声音果然渐渐变小了。这还差不多。正当我准备上课时，小徐不知道触动了哪根神经，忽然做了个很嚣张的举动。他把一个喝空的可乐罐放在课桌上，用拳头猛烈敲打，发出巨大的响声，一直到把它砸扁了。他似乎是在发泄什么怒气，或者只是为了显示他拳头的力量。这件事发生在刚上课时，是对课堂纪律的公然破坏，也是对我这个教师尊严的公然挑衅。小徐这一敲，本来还有些喧闹的课堂顿时安静下来。学生都在看着我，他们想看看我会做何反应，是视而不见，容忍他这样的无理举动，还是针锋相对地和他冲突起来。这个班的风气，说实话不太好，我看得出他们有点儿看笑话的意思。我若是不敢管小徐，以后怎么管其他人？

我当时脑子转了一下，小徐是个邪头，硬碰硬不知道他会怎样，很有可能当时就干起来 —— 就像他曾经和别的老师发生过冲突那样。

但依我的个性，又不能不管，若是视而不见，我在这个班将再也没有威信可言。

略加思考，我没有看小徐，而是对着全班人说了一句："刚才我进教室，下面很吵闹，所有人都在讲话，班干部也不管，我正准备发火，这时小徐帮我解了围。他提醒大家，已经上课了，大家不要吵闹了。现在大家很安静。为此，我要感谢小徐。"

学生没想到我会这样说，小徐当然也没有想到，我的话一下子把他的思路搞乱了。他愣了一下，我看得出他感到很意外。但是他很快反应过来，发现我在说反话，这让他很没有面子。像小徐这样的问题学生，什么都可以不要，唯独面子是绝对不能丢的。所以，正当所有人都以为我已经把这个矛盾巧妙地化解了时（甚至我还想一定有学生在佩服我的智慧），小徐却来了一句："老子不是这个意思！"

教室里的气氛顿时又紧张起来。本来小徐是可以顺着杆儿爬的，就势大事化小，小事化了，可小徐偏偏不接我的招，硬是要和我对着干。我感觉得到，大家的目光又集中到了我的身上。

"对！小徐不是这个意思！"我不能给他任何反击的机会，将错就错，立即就把他的话头接了过去。"小徐本来是想大声说一声'安静！'的，但你们确实太吵了，说了也听不见，干脆敲桌子。他用这种方式提醒大家，效果很好。同学们，我知道大家很活跃，但上课就是上课，没有良好的课堂纪律，我们怎么学得好呢？话说回来，在这种混乱的时刻，我们的班级需要有这样一种正义的声音，需要有人站出来提醒大家。我希望以后我再来上课时，再遇到这种情况，小徐或其他同学，特别是班干部，仍然能站出来，自觉地维护课堂的秩序。谢谢小徐，你什么都不要说了，我理解。"

底下一片安静。盗亦有道，此时的小徐，头低了下去。他知道，我已经给足了他面子，而他也明白，我也要面子。如果我把话说到这个份儿上，他还是不依不饶的话，那就等于在全班人面前承认自己是无赖，就再也没有下台阶的机会了。我想过，如果我这番话说完，小徐还是继续纠缠下去，我就立即请他出去，或者去教务处申请停他的课，要么他走，要么我走。好在最终没有发生这种情况。

一场风波平息了，整整一节课，小徐没有再说一句话，甚至还破天荒地拿出了化学书，做了一点儿笔记。

下课后，我没有像其他老师那样，把小徐留下来再谈话，就像什么也没有发生过一样。我太清楚这样的学生了，此刻谈心是不会有任何效果的。而刚才发生的一切，使我们都已经充分了解了对手，也都充分尊重了对手，一切谈话都是多余的。很多事情，不一定要辩个对错，我把他留下，是希望他承认错误吗？我要教育他什么？不用了。第一，他不会认错，即使他心里觉得错了，而更有可能的是他根本不会去想这个问题。第二，我也不会让他认错，因为我的尊严没有受到伤害，他也没有影响我上课，他敲桌子和别人喧哗有多大区别？既然我不需要他认错，那留下他干什么？行动，本身就是最好的教育。此时我放过他，他一定明白我的意思。

和所有老师都犯毛的小徐，从此以后，在我的课堂上再没有捣过一次乱。这就是小徐这样的问题学生的特点：讲义气。一旦他认可了你，不用多说，他会尊重你的。终于，在我即将离开这个班的时候，他来找我谈了一次话。大概的意思是说我很好，很尊重他。不像别的老师，觉得他很差。他希望我继续教下去，尽管他不学，但和我这样的老师相处，让他第一次觉得有人能理解他。

看得出，小徐仍然仇视正面的教育。我后来了解到，他的背景很复杂，大概心灵被扭曲得很厉害，所以常常以极端的行动发泄出来。理解，说起来容易，但真正做起来，特别是遇到了挑战你尊严的时候，又谈何容易！

教育的事，真是一言难尽。我也只能尽力而为，毕竟我一个人的力量还是太小。这个案例算不上经典，但能说明一个问题，那就是一把钥匙开一把锁。而开锁，用的是智慧和耐心。当然，还有宽容 —— 在不放弃原则的前提下。

五、跟着我吧

你的班级里有没有这样一种孩子：谁都不待见他，谁都不愿意和他玩，特别是组织一些活动时，谁都不想带他？其实，这样的孩子，他的内心未必不苦恼。怎么办？既要保护他的自尊心，又要考虑其他孩子的感受，如何才能两全其美？班主任遭遇此难题时，轻不得重不得。既然大家都不愿意和他相处，那就只好——跟着我吧。

班级活动中的小事也能体现班主任的教育智慧。今天学校组织秋游，这可是一件学生喜爱、班主任劳力劳心的事。前一天就听到同事反映一个困扰他们的难题，今天又听见类似的议论。原来，班主任组织学生秋游，按常规需要将学生分成小组，以小组为单位开展活动，这样疏散、集结都很方便，大多数班级都是这样做的，但不少班级在操作时都遇到了一个问题：有个别学生哪个组都不要。

分组的原则一般是自愿组合，然后选定组长。我通常的做法是，选择大家公认的有号召力和组织能力的人（不一定是班干部）做组长，大致规定一下每组的人数，然后由这些组长招募组员。这项工作一般都比较顺利，几分钟组就分好了。但是也确实遇到过类似的情况——个别人分不进去，主要原因还是个性问题。一些学生或因性格孤僻内向，将自我封闭起来，或因个性太强，以自我为中心，不讨人喜欢，大家都不愿意带他玩，以至于在分组时被集体无情地抛弃。

我们怎么对待这些融不进集体的学生呢？其实，这些没人要或自己不愿意加入大部队的学生，他们在内心里未必不想和同学在一起，他们也很想融入班级大家庭。但是因为性格问题，即使有这样的想法，也不一定会表达出来。他们特立独行，游离于集体之外。对班主任来说，这可真是个棘手的问题。这次又是好几个班出现这种状况。我还听到过这样的案例，说一个学生就是因为第一次春游时没有分进小组，他感觉集体抛弃了他，导致他彻底对集体封闭了自我，每次班级活动都成为他的噩梦。在这种恶性循环的状态下度过三年或六年的集体生活，是一种什么样的感觉？虽说教育不是万能的，性格决定命运，但班主任总不能不关心他们吧？至少要想点儿办法，为他们做点儿什么，希望他们的这种不良心态在我们的帮助之下能有所好转。

看到班主任们的无奈，我就在思考，换了我遇到这种情况，我会怎么处理。首先，我们要了解班上哪些学生可能会出现这种情况。掌握第一手资料是很重要的，只有心中有数，才能采取相应的对策。通过平时的观察、谈话、周记以及和学生“无意”的闲聊，就可以大致了解班级成员的个性特点，对那些平时就独来独往的学生事先就要注意。一种常规的做法是，先找来一个亲和力很好的组长，悄悄地吩咐组长，在分组时观察一下某某。如果没有一组要他，就主动去邀请他，还不要对他说这是老班安排的。这样就可以解决大部分问题。但如果组长不愿意，或是全体组员都抵制，或是邀请了他还是不愿意加入呢？没辙了。如果这一次活动他落单了，他就会形成一种习惯，下次也不会加入任何小组。

应该承认，孤独也是一种生活方式。班主任不是万能的，不可能照顾到所有学生，也不可能解决所有学生的困惑。我个人认为，无微不至的照顾和关爱对学生的成长不一定是有百利而无一弊的，但现实是我们必须尽可能不让特殊的学生心里增加阴影。不管效果怎样，至少我们要努力想办法。

做教育一定要把教育的意图隐藏起来，不能太露，一切要做得自然，如行云流水，不留痕迹。那一年我也遇到过这么一个学生，他就是不合群。我心里知道，春游分组时没有人会邀请他。果然，我分别找了几个组长，他们的组员里都没有他。分组名单一宣布就被动了，我得想个办法在所有人都还没有意识到之前，把这个难题搞定。

想了一下，我心生一计。我先找到那个学生，问他：“你会照相吗？”他说：“会。”这就好办了。我说：“这次春游分组活动，我是总管，但是班上的事情很多，我一个人忙不过来，你能否帮我一个忙？”

他问："要我做什么？"我说："这次春游委屈你一下，你哪一个小组都不要参加了，来做我的助理，负责查问各个组长的点名情况，传达我的通知。另外，为班级活动照相，我们要留些照片做纪念。事情很多，你愿意干吗？"他想了一下，我看得出他很高兴，但是仍然心存疑惑，问我："那么多班干部你为什么不选，单单找到我呢？"我想，这个孩子戒备心理很重，不能让他感觉到我是在照顾他，就说："每个人各有所长，你会照相，别的班干部不一定会。另外，他们都要在下面招集组员，他们有他们的事，你是个自由人，帮班级照相也可以发挥你的特长啊。"他高兴地答应了。我又说："今天我很忙，怕没时间买东西，我给你一些钱，你能否帮我买一点儿吃的明天带上，到时候中午吃饭时我们合吃一份？"他说："太好了，钱我不要，我多带一点儿，到时候你就吃我的吧。"我说："我也不能光吃你的呀，明天我就不带东西了，到时候以你为主，还有别的同学一定有多带的……"这一打岔，他消除了戒备心，欢天喜地地走了。

我把组长们的名单收了过来，去教室安排分组。在分组之前，我先把我的安排说了一下："明天事情很多，组长要负起责任来，把组员照顾好，把活动组织好，出了问题，唯组长是问。为了搞好这次春游的组织活动，我特别请了一位同学担任我的助理，负责各组之间的联系，帮我传达通知，帮班级照相，到时候有什么事找不到我，和我的助理说也一样。下面我就向各位隆重介绍这次春游时我的助理某某某！大家掌声鼓励一下。"（学生鼓掌，有点儿意外）鼓掌后我又说："这次活动是我第一次设定助理，没来得及在全班招聘，是我选的，因为他有照相的特长。下次如果哪位同学有兴趣，也可以报名。下面我宣布其他同学的分组……"

第二天，他带了一部很好的相机，还帮我带了很多好吃的。我们的活动很圆满，大家玩得都很开心，没有人在活动中"受伤"。

一个谁都不要的同学成了班主任助理，那位同学在班级的情况顿时改观，更多的人知道了他还有照相的特长（不管是不是特长，姑且这么认为吧）。在以后的活动中，各个组都抢着要他为同学照相，他也渐渐融入了集体。而为班级照相，成了他的专利和个人名片，也成为他在同学中的立足之本。事实证明，他后来确实也钻研了摄影技术，为了让自己名副其实——这成了那次活动的意外收获。

六、“哀兵”必胜

学校规定学生每天都要穿校服上学，否则就要扣班级的常规分，严重的还不让进门，让回家换好了校服再来。这个问题可能很多班主任都遇到过，很让人烦恼，特别是个别学生，就是不愿意穿校服。我们不必讨论规定的对错，我说过：“班主任不是提出问题的人，而是解决问题的人。”学校如此规定，班主任只能执行。我带过一个后进班，当时我每天为校服、迟到的问题伤透了脑筋。和风细雨式的谈心、暴风骤雨般的训斥，都没有太好的效果。怎么办？既然“晓之以理”行不通，那就“动之以情”吧。我写了一封书信，想让孩子良心发现，开始自觉地穿校服。班主任并不需要总是很强势，偶尔示弱，说不定也能收到奇效。但是请注意，是“偶尔”。本案例曾获得南京市教育案例评比一等奖。请看我给这个学生写的信——《因为你，我们的集体永远不能优秀》。

×××，你好！

你很幸福，因为你在六班，在我们这个温暖的大家庭里。

大家都团结友爱，互相帮助，每个人都生活在希望中，每个人都生活在快乐中。

你的成绩不好，总有老师对你摇头叹息，可是没有人嫌弃你。你很有个性，你无忧无虑，你为我们的集体带来了很多快乐。

你不缺少爱——来自父母的，来自朋友的，来自我的。

你不缺少关心，你和大家都相处得很好。我把你看成自己的家人，你也把我看成自己的家人。说实话，我们的集体如果少了你，一定会少许多欢乐——这是你带给我们的，我很感谢。

而不知你意识到没有，其实我有时因为你真的很伤心。

和你谈了很多次，总不见什么效果。尽管每次你都会承诺很多，事实上你几乎没有做到过什么。你总是懒懒散散，好像对什么都无所谓的样子。

昨天，你穿着鲜艳的衣服，在校园里走来走去。说真的，那衣服很好看。我也明确告诉你，我们的校服不仅穿着不舒服，而且不好看。我不是不知道。

但我更知道，别人看到你这样的穿着，当面会夸你的衣服好看，背后却会说："你看，六班的，穿成这样……"

我们的集体给你带来了什么？温暖、阳光、感动、友情、关爱……

而你除了一次次破坏集体好不容易建立起来的荣誉，什么也没干。

你的热情、友善、快乐不会被外人看见，外人只知道你会哄闹、迟到、爱吃零食、不学习、不求上进，而且是六班的。他们不会深入地了解你的内心，他们不是我，可以宽容你一次次的不拘小节。

我把你看成家人，所以我对你好；你把我看成家人，却总伤我心。

我笑着对你说："衣服很漂亮嘛！你的校服呢？"其实我心里很难过。

你满不在乎地说："在画室里呢。"其实你根本不会看到我的难过。和你做了无数次的交谈，只是想让你进步，让你对得起自己的青春，对得起我们的班集体。专门为你写了日志，我要你母亲理解你，要天下做母亲的都能理解你，而你，已经17岁了，你理解过谁？

我来告诉你，因为你自己要美，我们的班级就永远得不到优秀。我们不是为优秀来到学校的，但是你看看，我们的同学为了这个集体，用了多少心，取得了多大的进步！你怎么能忍心让这么一个温暖的大家庭因为你自己爱美就总受到批评？

领导批评你，我为你扛着，说你们不懂我的学生，你们要给他们时间，给他们机会，其实他们是很好的。我说这话的时候，自己都底气不足，因为我知道你是很难改的，而且只要有一个像你这样的同学，我们班就得不到大家的认可。校长说，你的班光你自己说好没用，要让别人都说你们好。可是，我怎么让别人说你们好呢？

领导批评完了，我转身面对你，装作什么事都没有发生，依然和你开玩笑，这笑容的背后藏着我多么深的叹息呀！因为我答应过你，要让你在充满善意的环境里长大，我不能把领导的怨气转嫁到你的头上。而你，真的懂我吗？

如果你懂，就不会总是这么敷衍我，就不会不考虑到你是这个集体中的一员。班级包容了你的一切，而你却不愿意为她分担哪怕是一点点的责任。

只因为我关心你，我才会为你伤心，也为我们这个没人爱的集体伤心。连我们自己家人都不爱护这个家，还指望谁来爱护她呢？

如果你真的善良，如果你真的喜欢这个班级，如果你真的拿我当成自家人，你一定不会这么由着性子来。你的背后，有多少双眼睛在看着你，在等待着你拿出行动。我们的集体，就缺你了。如果你不能战胜那些诱惑，我就只能放弃你，不再批评你，不再和你说话。我可以为了你不要集体的荣誉。你自由了，我们都为你沉默。

从现在开始，我不和你谈话，只看你的行动，随时准备为你的进步喝彩。等到你醒悟的那一天，我一定把最好的微笑送给你。我们大家，都在前面等着你，因为我们是一个团结的集体，不能让任何人掉队。

好孩子，能赶上来吗？我想，你一定可以的。记住，你的校服不仅属于你，更属于这个班级，这个你最爱的班级。好了，就说这么多了。

爱你的老班

换了你是她，读完这封信，会怎样呢？也许仍然会无动于衷，也许能有所表现，但这些都不是最重要的。重要的是，这种教育会在她的心里留下点儿什么。教育是一种影响，是一片云推动另一片云。校服不会说话，让穿校服这种生硬的规定变成充满温情的教育资源的是班主任的用心与智慧。

七、把酒夜话

关于教师职业规范和师德修养的规定很多，南京市就有著名的“三要八不准”规定。班主任也会遇到家长请吃饭的情况，“不吃请”应该是基本规范吧。即使偶尔“吃请”，也是悄悄地进行，不便于拿到台面上公开谈论。如果班主任去家访，不仅吃了家长的饭，还和家长称兄道弟，推杯换盏，相谈甚欢，这算是有违师德的行为吗？都说“一把钥匙开一把锁”，我用喝酒的方法做通家长的思想工作的故事，曾经随着媒体的报道被热议过一段时间，从此我被冠以“非典型教师”的称呼。一部分观点认为，教无定法，这是在特殊情况下采取的特殊办法，可以理解。另一部分观点则认为，班主任用社会上喝酒谈生意的公关手法做家长工作总是不太好。不管怎样，我还是认为教育没有固定的模式，只要是基于对学生和家长的关心，采用对方最能接受的方式做思想工作，不合常规也未尝不可。

那天晚上 9 点多钟接到家长的电话，他要请我帮忙，语气很焦急。我忙问“什么事”。电话那头家长说，刚才把女儿狠狠揍了一顿，可能打得重了一些，孩子现在把自己关在房间里，把房门反锁了，在里面哭。他家住高层，他很担心孩子一时想不开出事，房间又打不开，想请我赶紧过去劝劝孩子。如果我不来，他就要砸门了……

我答应他马上过来，穿上外套出门打了辆车直奔他家。当了班主任，手机就一直处于开机状态，经常会有这种意想不到的电话。出了问题，班主任得随时处理。没办法，班主任就这命，有时候就像消防队员，有时候又像居委会大妈。

我一路上和家长通电话，想搞清楚事情的原委。家长的情绪很激动，他一会儿担心孩子，一会儿又对孩子恨得咬牙切齿。原来，这个孩子自打上了高中，就开始爱美爱打扮，特别是对自己的身材格外注意。她本来不是很胖，只是脸圆圆的，但她总是担心自己过于肥胖，要吃减肥药。减肥药多半对身体有损伤，特别是处于青春期的少女，岂能乱吃？她父亲特别反对她吃减肥药，看见一次骂一次，而且控制了她的零花钱。表面上，她听话了，也没钱买减肥药，事情算是平息了。但今天她父亲又在她的书包里发现了减肥药，再问她买药的钱是从哪里来的。孩子只好交代是用买午饭的钱买的。这下可把这位暴躁的父亲气坏了，他动手就打，而且打起来没轻没重。孩子受不了，一气之下反锁了房门……

来到学生家，学生的妈妈在唉声叹气，父亲余怒未消，孩子的房门紧锁。我先不和家长搭话，直接就去敲学生的房门，说“老班来了，你把门打开，我来看看你”。

许久，房门开了，学生在抹眼泪，脸上还能看见被打过的痕迹，看来被揍得不轻。我进了学生的房间，请家长回避，和学生谈了很久，很多内容都记不清了，只记得第一句是：“孩子别怕，你爸爸太不像话了！打人是不对的，有《中华人民共和国未成年人保护法》，你有什么委屈老班给你做主。”我这样一说，学生反倒不好意思了，检讨了自己的不是。我趁机说了做父母的不容易，一番好言相劝，终于让学生破涕为笑。

这边安抚好了，我心想外面还有一位呢，该怎么做家长的工作呢？家长被我挡在屋外不让进，不知道现在他们的情绪怎样了。她妈妈应该还好，这位父亲可是个大老粗，对自己女儿出手还这么重。出了学生房间，看见孩子的爸爸坐在那里，开了一瓶酒，在一个人喝闷酒。见此情形，我忽然有了主意，对家长说：“大哥，一个人喝酒多没劲，我来陪你喝两杯，咱们边喝边聊……”

在那种情况下，酒是我们关系的润滑剂。虽然我酒量不大，但是为了和家长沟通，还是豁出去舍命陪君子了。家长听见我这样说，非常高兴，几杯酒下肚，话也多了起来。一瓶酒喝完，思想工作完全做通，还和家长交上了朋友，为以后进一步沟通扫清了障碍。

我不知道，如果没有那瓶酒，我和那位家长将如何沟通。如果我是一个女教师，或者我滴酒不沾，家长喝酒，我在一边坐着怎么和他说话？这些我都没有想过，但我相信，即使对方是一位女家长，即使我不喝酒，我依然会有好的沟通方法。问题不在于喝酒好不好，关键是喝酒能不能解决问题，除了喝酒之外还有没有更好的方式。如果在特定的情境下，喝酒是解决问题的最佳方式，那就用它，不必过于在小节上纠结。我和这位家长喝酒无疑就是投其所好，比和他空谈教育理念有用得多。

班主任要有这样一种随机应变的能力，见到什么方法最合适拿起来就用，手边有什么资源就用什么资源。而教育中很多事情是无法预设的，一个有智慧的班主任要善于观察并抓住教育中的最佳切入点大胆突进，才能取得良好的效果。任何因循守旧或囿于教条的行为，都会让教育的良机与我们擦肩而过。

八、坚持到底

距离高考不到一个月，进入了最后的复习时间，学生的身心已经非常疲惫，体力不支，效率下降。虽未进入考场，成绩却大局已定。在这最困难的时期，所有人都在经历着黎明前的黑暗。各种媒体为考生和考生家长支着儿，无一例外都是要做心理疏导，安抚考生情绪，给他们减压、放松。班主任此时的工作重点也是给学生减压，做心理按摩，要求学生注意休息，保证睡眠和营养，不要太拼了，越到最后，复习的量越应该相应地减少，以调整状态为主。家长会安慰孩子，不要紧，考试尽力就行，结果怎样不要去管它……这些都是常规的做法。如果在这种时候，班主任要求学生不仅不能放松，反而要更加玩儿命；不仅不能休息，就是累趴下，爬也要爬进考场。那你会怎么想？

你一定会觉得他肯定是疯了，想升学率想疯了，为了高考，完全不考虑学生的健康和心理承受能力。有的事就是要有逆向思维，学生本来还能平静的心被来自四面八方的关照搅得不得安宁，此时，给他们来一声振聋发聩的怒吼，宛如给他们久已疲惫的身体注入一针强心剂，也许能起到意想不到的激励作用。当然，所有的教育策略都必须配合当时的形势，非常规的做法能否起效，关键还要看班主任对局势的判断和把握。下面分享“最牛的高考励志演讲”——《坚持到底》。

还有 27 天，你们的高中生涯即将结束。

这是最困难的 27 天，也是最关键的 27 天。不用我说，大家很清楚自己的处境。我们已经浪费了太多时间，我们别无选择，我们退无可退。

想放弃吗？从一些人的眼神中我读到了胆怯，你们如要上战场的童子军，浑身都在颤抖。从另一些人的眼神中，我看到了久违的迷茫，那种根深蒂固的劣根性，再次考验着你们的信心。

我知道，你们很多人已经极度疲惫，身心都是如此。现在还有什么能拯救你们？只有毅力二字。即使你会随时倒下睡着，也要随时醒来战斗！拿出纸和笔，丢下最后的心理障碍，去找你们的老师，从他们那里汲取最后的信心和力量，去看看还有哪些能够弥补的，或者只是去他们身边感受一下他们对你们的关爱。圈出你们能得分的、最后的考点，如作战地图上的堡垒，一个一个摧毁它们——用你们的头脑，更用你们的意志！

对很多人来说，现在大局已定，等待着他们的，是高考的尘埃落定。现在，正是你们的机会，趁着别人喘息之际，你们已经又向前赶了一步。你们的每一分钟，都要用来追赶。你们的每一分气力，都要用在走向考场的路上！

你们应该骄傲，因为现在你们是世界的中心，你们是万众瞩目的考生。这种荣耀对你们来说，一生只有一次。尽管它会如流星般快速划过，但是已经在夜空中绽放了最后的光芒。有没有人记住并不重要，重要的是这 27 天将永远铭刻在每一个奋斗到最后的战士心中，成为你们一生的回味。

丢掉所有杂念，战胜一切恐惧，忘掉所有的疲劳，咬紧牙，沉住气，手上永远拿着笔，心中永远在想着该想的事。你们所有的时间，都要在备战中度过。吃饭，仅仅是为了积聚能量。睡觉，仅仅是为了恢复体力。除此以外，无更多意义。所有的意念，只集中在一点上，那就是高考！

在你们漫长的一生中，那 3 天短到仅有 72 小时，你们生命中遭遇的战斗，远远不止这一次考试。但是，那又怎么样？此刻，这才是你唯一的战场，甚至是你来到这里唯一的价值。正因为我们痛恨它，才不怕它。经过这样的洗礼，你才算是一个真正的中国学生 —— 这是你们不可逃避的命运！

物竞天择，你们是硕果仅存的骄傲。想一想，有多少人在你们前面黯然出局，而你们，已经坚持到现在。

那就继续你们的坚持吧！为自己的高中生活画上一个重重的惊叹号！

你们不需要调适心理，所有心理疏导仅仅是欺骗弱者的谎言！你们只需要去战斗 —— 从醒来到睡去，在梦中也要回忆。让每一分钟都在背诵、解题中度过，你们就没有任何机会叹息，也没有任何机会疲倦。

尽管你们中有人实力不济，但是不到最后决不放弃，到了最后也不能放弃，就是爬也要给我爬进考场！喝彩总是留给战胜自己的人。只有战胜了自己，才有可能战胜别人，从千军万马中杀出一条血路！现在倒下，除了被人不屑，就是遂了那些对手的心愿。

这就是高考，这就是你们成人以后的第一次考试。改变命运不是从提高你们的分数开始，而是从改变你们的态度开始！

不要再去关心能否考上，你们要做的，就是无休止地复习、复习，再复习！不要相信那些考前放松的鬼话，给我复习到进考场的前一秒钟。只有这样义无反顾的人，才有资格获得上帝的垂青。

再说一遍，高考不相信眼泪。收起你的矫情，马上拿出书本，在我说话的这一瞬间，已经又向高考逼近了一分钟。那就什么都不要说了，给我去战斗！像角斗士般勇敢，像骑士般纯粹，除了最后的目标，你的眼中已经没有任何东西！

孩子们，坚持到底！让你们的生命怒放！